高等医学院校实验教程

系统解剖学实验教程

主　编　刘　星　汪剑威
副主编　扈清云　侯金才　纪长伟
编　委　（按姓氏拼音排序）

陈庆龙（哈尔滨医科大学大庆校区）　　关晓颖（哈尔滨医科大学大庆校区）
侯金才（齐齐哈尔医学院）　　　　　　扈清云（佳木斯大学基础医学院）
纪长伟（哈尔滨医科大学大庆校区）　　李明秋（牡丹江医学院）
李志军（内蒙古医学院）　　　　　　　刘　星（牡丹江医学院）
刘跃光（牡丹江医学院）　　　　　　　马　萍（哈尔滨医科大学大庆校区）
沈　雷（齐齐哈尔医学院）　　　　　　汪剑威（内蒙古医学院）
王培军（佳木斯大学基础医学院）　　　王晓东（牡丹江医学院）
姚立杰（齐齐哈尔医学院）

编写秘书　李明秋

北京大学医学出版社

XITONG JIEPOUXUE SHIYAN JIAOCHENG

图书在版编目（CIP）数据

系统解剖学实验教程/刘星，汪剑威主编. —北京：
北京大学医学出版社，2010.9（2025.7重印）
ISBN 978-7-5659-0008-2

Ⅰ.①系⋯　Ⅱ.①刘⋯ ②汪⋯　Ⅲ.①系统解剖学－
实验－医学院校－教材　Ⅳ.①R322-33

中国版本图书馆 CIP 数据核字（2010）第 177447 号

系统解剖学实验教程

主　　编：	刘　星　汪剑威
出版发行：	北京大学医学出版社
地　　址：	(100191) 北京市海淀区学院路 38 号　北京大学医学部院内
电　　话：	发行部 010-82802230；图书邮购 010-82802495
网　　址：	http://www.pumpress.com.cn
E-mail：	booksale@bjmu.edu.cn
印　　刷：	北京瑞达方舟印务有限公司
经　　销：	新华书店
责任编辑：韩忠刚	责任校对：金彤文　责任印制：罗德刚
开　　本：	787 mm×1092 mm　1/16　印张：12　字数：300 千字
版　　次：	2010 年 9 月第 1 版　2025 年 7 月第 14 次印刷
书　　号：	ISBN 978-7-5659-0008-2
定　　价：	20.00 元

版权所有，违者必究

（凡属质量问题请与本社发行部联系退换）

高等医学院校实验教程编审委员会

主 任 委 员 程伯基

副主任委员 （按姓氏拼音排序）
　　　　　　　崔光成　关利新　乔远东　魏晓东　毅　和

委　　　员 （按姓氏拼音排序）
　　　　　　　卜晓波　陈志伟　李艳君　梁　军　林雪松
　　　　　　　刘　星　刘伯阳　刘东璞　刘文忠　马淑霞
　　　　　　　马小茹　欧　芹　沈晓玲　宋印利　孙宏丽
　　　　　　　田国忠　新　燕　云长海　张　涛　张晓莉
　　　　　　　张振涛　朱金玲

前　言

实验教学是系统解剖学教学过程中的一个重要环节，实验课的成功与否，将会直接影响教学效果以及学生独立观察能力和思维能力的培养。为进一步上好实验课，使学生更好地掌握系统解剖学知识，并为后继课程和专业技能的掌握打下良好的基础，我们编写了这本《系统解剖学实验教程》。

《系统解剖学实验教程》的内容主要分成两部分。第一部分为基本实验教学内容，明确了学生的学习目的，使学生了解实验课的实验教具，精练了实验教学内容，给学生预留了一些课后思考题，以供学生在做题时加深对实验课教学内容的理解。第二部分是实验报告，实验报告的主要内容是填图，通过学生对每节实验课标本主要结构的辨认、填写，既可以强化学生对所学内容的记忆和理解，又可以使教师了解学生学习的程度。

我们编写的这本《系统解剖学实验教程》作为医学院校的配套教材，是对系统解剖实验教学的新探索和实践，内容编排得层次分明、详略得当、重点突出，以期提高学生学习系统解剖学知识的乐趣，改善学习方法，提高学习效率，补充课堂学习的不足，掌握更完备的知识。

本书由常年从事解剖学教学的专业人员历经数次易稿，不断总结经验，查阅大量文献汇总而成。参编单位及具体人员有牡丹江医学院刘星、刘跃光教授，李明秋副教授；内蒙古医学院汪剑威、李志军副教授；佳木斯大学基础医学院扈清云教授，王培军副教授；齐齐哈尔医学院侯金才、姚立杰、沈雷副教授；哈尔滨医科大学大庆校区纪长伟教授，马萍、关晓颖副教授，陈庆龙讲师。

本书实验报告部分的解剖学图片均由西安交通大学医学院林奇教授精心绘制，在此也对林奇教授表示诚挚的感谢！

在编写过程中，各位编者力求完善和完美。由于编者水平有限，书中欠妥之处在所难免，衷心欢迎使用本教材的师生提出批评和改进意见。

2010 年 8 月

编　者

目 录

第一篇　运动系统

第一章　骨学 ... 1
第一节　总论 ... 1
第二节　躯干骨 ... 1
第三节　附肢骨骼 ... 2
第四节　颅骨 ... 7

第二章　关节学 ... 12
第一节　总论 ... 12
第二节　躯干骨连结 ... 12
第三节　附肢骨连结 ... 13
第四节　颅骨的连结 ... 19

第三章　肌学 ... 20
第一节　总论 ... 20
第二节　躯干肌 ... 20
第三节　头颈肌 ... 23
第四节　上肢肌 ... 24
第五节　下肢肌 ... 27

第二篇　内脏学

第一章　总论 ... 30
第二章　消化系统 ... 32
第一节　消化管 ... 32
第二节　消化腺 ... 36

第三章　呼吸系统 ... 38
第一节　鼻 ... 38
第二节　喉 ... 39
第三节　气管和支气管 ... 40
第四节　肺 ... 41
第五节　胸膜 ... 42
第六节　纵隔 ... 43

第四章　泌尿系统 ... 44
第一节　肾 ... 44
第二节　输尿管 ... 45
第三节　膀胱 ... 46

第四节　尿道 ································· 47
第五章　生殖系统 ································· 48
　　第一节　男性生殖器 ························· 48
　　第二节　女性生殖器 ························· 50
　　附：乳房和会阴 ······························ 52
第六章　腹膜 ·· 55

第三篇　内分泌系统

第四篇　脉管系统

第一章　心血管系统 ································ 61
　　第一节　总论 ································· 61
　　第二节　心 ···································· 62
　　第三节　动脉 ································· 67
　　第四节　静脉 ································· 72
第二章　淋巴系统 ································· 76

第五篇　感觉器

第一章　视器 ·· 80
　　第一节　眼球 ································· 81
　　第二节　眼副器 ······························ 83
　　第三节　眼的血管和神经 ·················· 84
第二章　前庭蜗器 ································· 85
　　第一节　外耳 ································· 86
　　第二节　中耳 ································· 86
　　第三节　内耳 ································· 87

第六篇　神经系统

第一章　总论 ·· 89
第二章　中枢神经系统 ···························· 91
　　第一节　脊髓 ································· 91
　　第二节　脑 ···································· 93
　　第三节　神经系统的传导通路 ············ 101
　　第四节　脑和脊髓的被膜、血管及脑脊液循环 ··· 105
第三章　周围神经系统 ··························· 109
　　第一节　脊神经 ······························ 109
　　第二节　脑神经 ······························ 112
第四章　内脏神经 ································· 116

实验报告

第一篇 运动系统

运动系统是构成人体的形态学基础,由骨、骨连结和骨骼肌组成。承担着支持、保护和运动等功能。

第一章 骨 学

第一节 总论

第二节 躯干骨

【实验目的】

1. 掌握骨的形态、构造和分类;椎骨的一般形态和各部椎骨的主要特征;胸骨的形态、分部及胸骨角的临床意义;肋的一般形态和分类。
2. 熟悉运动系统的组成和基本功能;躯干骨的组成。
3. 了解骨的理化特性及生长发育;第1肋、第11～12肋的形态特征。

【实验教具】

1. 多媒体课件。
2. 标本 颈椎7块,胸椎12块,腰椎5块,骶骨1块,尾骨1块(较难寻找),完整的骨性脊柱,肋骨12对,完整的骨性胸廓。
3. 模型 脊柱,胸廓。
4. 挂图 骨学全套挂图。

【实验内容】

一、椎骨

(一)椎骨的一般形态

1. 椎体 表面的骨密质较薄,内部充满骨松质。后面微凹陷,与椎弓共同围成椎孔。
2. 椎弓 呈弓形,紧连椎体的缩窄部分是椎弓根。椎弓根上、下缘有椎上切迹和椎下切迹。椎弓板上有7个突起:棘突1个,横突2个,上关节突2个,下关节突2个。

(二)各部椎骨的特点

1. 颈椎 椎体较小,横断面呈椭圆形。上、下关节突的关节面几乎呈水平位。横突有横突孔。椎孔较大,呈三角形。

第1颈椎(寰椎) 呈环状,无椎体、棘突和关节突,由前弓、后弓及侧块组成。前弓较短,后面正中有齿突凹。侧块连结前后两弓,上面各有一椭圆形关节面,下面有圆形关节面。后弓较长,上面有横行的椎动脉沟。

第 2 颈椎（枢椎） 椎体向上伸出齿突。

第 2～6 颈椎的棘突较短，末端分叉。

第 3～7 颈椎体上面侧缘有向上微突的椎体沟。

第 7 颈椎（隆椎） 棘突长，末端不分叉，活体易于触及。

2. 胸椎 椎体从上向下逐渐增大，横断面呈心形。横突末端前面有横突肋凹（与肋结节相关节）；椎体的侧面有肋凹（与肋头相关节）。关节突的关节面几乎呈冠状位，上关节突的关节面朝向后，下关节突的关节面朝向前。棘突较长，向后下方倾斜，呈叠瓦状排列。

3. 腰椎 腰椎关节突的关节面几乎呈矢状位，棘突宽而短，呈板状，水平伸向后方。各棘突的间隙较宽。

4. 骶骨 呈三角形，由 5 块骶椎融合而成。底朝上，前缘的中部有向前突出的岬。尖向下，接尾骨。前面光滑而微凹，有 4 对骶前孔，可见到 4 条椎体融合的横行痕迹。背面粗糙隆凸，有 4 对骶后孔，正中线上有骶正中嵴。骶骨内有纵行的骶管，它构成椎管的下部，与骶前孔、骶后孔均相通。骶管的下口——骶管裂孔呈三角形。骶管裂孔的两侧各有一个向下突起的骶角，可在体表摸到。骶骨两侧面的上部各有一个耳状面，耳状面的后方为凹凸不平的骶粗隆。

5. 尾骨 由 3～4 块退化的尾椎融合而成。

二、肋的形态

观察肋骨后端的肋头，上有与胸椎肋凹相关节的关节面。肋头向外为稍细的肋颈。颈外侧有突起的肋结节，上有与胸椎横突肋凹相关节的关节面。肋体长而扁，内面近下缘处为肋沟。体的后份急转弯处称肋角。

第 1 肋 扁宽而短，无肋角和肋沟。内缘前份有前斜角肌结节，其前、后方分别有锁骨下静脉和锁骨下动脉经过的压迹（沟）。

三、胸骨

1. 胸骨柄 上宽下窄，上缘中份有颈静脉切迹，两侧有锁切迹。
2. 胸骨体 长方形，外侧缘有与 2～7 肋软骨相接的肋切迹。
3. 剑突 扁而薄，下端游离。

观察柄与体连接处微向前突的胸骨角。

第三节　附肢骨骼

【实验目的】

1. 掌握上肢各骨的形态，上肢骨的组成、分布、排列和名称。
2. 掌握下肢各骨的形态，下肢骨的组成、分布、排列和名称。
3. 了解上、下肢骨常见的变异。

【实验教具】

1. 多媒体课件。
2. 标本 全身骨骼标本，附肢骨骼，锁骨、肩胛骨、肱骨、桡骨、尺骨、完整手骨标本，髋骨、完整骨盆标本、股骨、胫骨、腓骨、完整足骨标本。
3. 挂图 骨学全套挂图。

【实验内容】

一、上肢骨

（一）锁骨

在全身骨骼标本上辨认出锁骨所在的位置：横架于胸廓前上方，左、右各一。观察锁骨的形态特点：其上面光滑，下面粗糙。两端之中有一端圆钝，是它的内侧端即胸骨端。另一端扁平，则是它的外侧端即肩峰端。锁骨的全长，呈"～"形，它的内侧2/3是凸向前的；外侧1/3是凸向后。

（二）肩胛骨

先观察肩胛骨在全身骨骼标本上所居位置：贴伏于胸廓的后外侧，左、右各一。然后，取下一个肩胛骨，观察其形态特点：为一三角形扁骨。既然是三角形，它就有3个角，3个边（缘）。又因为是典型的扁骨，所以就有2个面。先来观察它的2个面：你会发现一个面有一大的浅窝，这个面是前面，窝即肩胛下窝；另一个面则为后面，被一横位的骨嵴-肩胛冈分成上、下2个窝，上方的是冈上窝，下方的是冈下窝。肩胛冈的外端游离，形成一个上下略扁的结构为肩峰，肩峰居于肩胛骨的外上方。再看肩胛骨的3个角，有一个角较肥厚，末端为浅梨形的光滑面，这个角为外侧角，也称关节盂，在关节盂的上、下各有一粗涩的结节，即盂上结节和盂下结节。知道了肩胛骨的前、后面和外侧角，你手中所拿的肩胛骨为哪一侧的已能分辨出来。定位后，观察其另外两角，即上角和下角。在全身骨骼标本上，上角约平第2肋，下角约平第7肋。最后观察肩胛骨的3个边，即3个缘。上缘薄而短，其近外侧角处有一向前弯曲的指状突起，为喙突，在喙突根部的内侧有一凹陷，为肩胛切迹。外侧缘厚，因朝向腋窝，也称腋缘；内侧缘薄锐，因邻近脊柱，也称脊柱缘。

（三）肱骨

先辨认肱骨在全身骨骼标本上所居位置：臂部，左、右各一。然后，手持一个肱骨，观察其形态特点：为典型的长骨，分为一体两端。先观察两端：一端有半球形的光滑面，为上端；另一端则为下端。上端的半球形光滑面为肱骨头，朝向内侧并稍向后方。这样，就能区分开手中的肱骨为哪一侧的了。在肱骨头的周围有环形缩窄部，为解剖颈。肱骨头的外侧和前方各有一隆起，外侧的是大结节，内侧的是小结节。两结节之间的凹陷为结节间沟。大、小结节向下延伸的骨嵴为大结节嵴和小结节嵴。肱骨上端与体交界处稍细，为外科颈。

再观察下端：前面有个光滑面，内侧的呈滑车状，为肱骨滑车；外侧的是半球形，为肱骨小头。在滑车的上方有一凹窝，为冠突窝；在肱骨小头上方也有一凹窝，为桡窝。观察下端的后面，会看到在滑车的上方有一稍大的凹窝，为鹰嘴窝。在下端的两侧各有一个突起，内侧的是内上髁，外侧的是外上髁。在内上髁的后下方有一浅沟，为尺神经沟。最后观察肱骨体：体上部呈圆柱形，下部呈三棱柱形。体中部的外侧有粗糙的隆起，为三角肌粗隆，粗隆后方有由内上斜向外下的浅沟，为桡神经沟。体中部的内侧面有向上开口的滋养孔。

（四）桡骨

首先在全身骨骼标本中辨认桡骨所居位置：前臂二骨中位于外侧者，左、右各一。然后，手持一个桡骨，观察其形态特点：为长骨，分一体两端。先观察两端：一端稍膨大，呈象棋子形，为上端；另一端则为下端。上端的膨大为桡骨头，头上面的凹陷为关节凹。头周围环状光滑面称环形关节面。下端也膨大，但呈扁形，且前凹后凸，有一凹陷的光滑面（尺切迹）居内侧。另外，下端有一显著的突出，为桡骨茎突，居外侧。下端的下面有一光滑的面，为腕关节面。最后观察体：体的上端与桡骨头相接处缩细，为颈。颈的下方内侧有朝向前内侧的突起，为桡骨粗隆。整个桡骨体呈三棱柱形，内侧缘锐薄，为骨间缘。体前面中部稍上方有向下开口的滋养孔。

（五）尺骨

首先辨认在全身骨骼标本上尺骨所居位置：前臂二骨中位于内侧者，左、右各一。然后，手持一尺骨，观察其形态特点：为长骨，分一体两端。先观察两端：一端较粗大，上有深的凹陷，为上端；另一端则为下端。上端的深陷为滑车切迹，位居上端前面。切迹的前下和后上各有一突起，前方的是冠突，后方的是鹰嘴。冠突外侧面有一小光滑面，为桡切迹。冠突的前下方的粗糙隆起为尺骨粗隆。再观察下端：下端较小，为尺骨头，其前、外、后有光滑的环状关节面。下端还有一小的突出，为尺骨茎突，位于下端后内侧，呈锥状。最后观察体：尺骨体大部呈棱柱形，外侧缘锐利为骨间缘。体中部稍上的前面有向下开口的滋养孔。

（六）腕骨

首先在全身骨骼标本上观察腕骨（共8块）所在位置：手部近侧。8块腕骨排成近侧、远侧2列，每列4块。

1. 舟骨　位于近侧列桡侧第1块。舟骨细长，2个光滑的关节面为其上、下两面，上面凸，下面凹。掌侧略粗糙，背侧较光滑。

2. 月骨　位于近侧列桡侧第2块。月骨侧面观呈半月形，掌侧呈较宽的四方形，背侧尖窄，上面凸隆，下面凹陷。

3. 三角骨　位于近侧列桡侧第3块。三角骨呈锥形，内侧粗糙，下面凸凹不平，掌侧有卵圆形关节面。

4. 豌豆骨　位于近侧列桡侧第4块。豌豆骨是腕骨中最小的，掌面粗糙而凸隆，背面光滑。

5. 大多角骨　位于远侧列桡侧第1块。大多角骨上面凹陷，下面呈鞍状，掌面有嵴状隆起。

6. 小多角骨　位于远侧列桡侧第2块。小多角骨近似楔形，从侧方看略似"靴子"形，"靴子"底朝向背面，"靴子"尖朝向前。

7. 头状骨　位于远侧列桡侧第3块。头状骨的头部呈球形膨大，居上方。下面被2条微嵴分成3个关节面。3个关节面呈矢状位，呈内、中、外排列。

8. 钩骨　位于远侧列桡侧第4块。钩骨呈楔形，下面被一道微嵴分为两部，内、外2个呈矢状位的关节面。掌面上部有一明显的突出"钩"。

（七）掌骨

首先在全身骨骼标本上辨认掌骨所居位置：手中部，共5块。观察掌骨形态：为长骨，分一体两端。先看两端：一端膨隆，呈圆形光滑的关节面，此端为下端，亦称掌骨头。另一端上有凹陷的光滑关节面，为上端，亦称掌骨底。其中，呈鞍状掌骨底的为第1掌骨。其余4块中以第3掌骨为最长，第2掌骨次之，第4掌骨比第2掌骨略短，第5掌骨最短。最后观察体：掌面略凹，背面平，横断面呈三角形，前缘将掌面分为前内侧面和前外侧面。每个掌骨体内侧面或外侧面的中1/3处可见1个明显的滋养孔。

（八）指骨

首先在全身骨骼标本上辨认指骨所居位置：手部远侧，共14块。近节指骨最长（共5

块。拇指近节指骨最粗，中指近节指骨最长，依次略短为示指、环指、小指）；中节指骨次之（共4块，中指中节指骨最长，依次略短为环指和示指，长度基本相等，小指最短）；末节指骨最短（共5块。长度基本相等）。观掌指骨形态：为长骨，分一体两端。先看两端：一端呈滑车状，光滑关节面为下端，即指骨滑车，末节指骨下端掌面粗糙，形成远节指骨粗隆。另一端则为上端，呈微凹的光滑关节面，即指骨底。而远节指骨底加宽，有2个侧结节，其间有一倒置的"V"形嵴。最后观察指骨体：掌面微凹，背面平。

二、下肢骨

（一）髋骨

首先在全身骨骼标本上观察髋骨所居位置：身体中部，构成骨盆的前、外侧壁。然后，手拿一块髋骨，观察其形态特点：为一不规则骨，上部扁阔；中部窄厚，有一深窝；下部有一大孔。髋骨中部的深窝为髋臼，居外侧；扁阔上部内面有一外形似"耳"状的粗糙面，居后方。这样，你便能分出手中所持髋骨为哪一侧的了。

髋骨是由髂骨、坐骨和耻骨3块独立的骨长合而成。16岁以前，3骨仅借软骨彼此结合，3骨会合于髋臼。16岁左右，软骨结合处开始骨化，使3骨逐渐融合为一体。分别来观察这3个组成部分。

1. **髂骨** 可分为体和翼两部分。体构成髋臼后上方的2/5弱，翼是从体向后外扩展的扇样骨板。观察翼：翼的上缘厚，称髂嵴。髂嵴的前端突出为髂前上棘，其下方的另一突起为髂前下棘。两棘之间为一凹陷。在髂前上棘的上后方5～7cm处，髂嵴的外唇有向外的突起，为髂结节。髂嵴的后端亦有2个突起。上方的为髂后上棘，下方的为髂后下棘。两棘之间有一较小的凹陷。髂骨翼内面一大而浅的凹陷为髂窝。髂窝的下界为一由后上走向前下的钝圆骨嵴，为弓状线。翼后下方粗糙的、外形似"耳"状的面为耳状面。耳状面后上方凹凸不平的结构为髂粗隆。髂骨翼外面亦即臀面。

2. **坐骨** 是髋骨的后下部，分体和支两部分。坐骨体上份较肥厚，构成髋臼的后下2/5强；体下份呈三棱柱形，后缘有一三角形的突起，为坐骨棘。坐骨棘与其上方的髂骨翼之间有一大的凹陷，为坐骨大切迹；坐骨棘下方有一小的凹陷，为坐骨小切迹。坐骨体下端向前、上、内延伸为较细的结构即坐骨支。坐骨体、坐骨支移行处的后部是一肥厚而粗糙的隆起，为坐骨结节。

3. **耻骨** 是髋骨的前下部分，亦分体和支。耻骨体构成髋臼前下1/5，与髂骨结合，在弓状线的前、下、外方有一隆起，为髂耻隆起。体从髂耻隆起处向前内伸出的结构即耻骨上支，其末端急转向下，为耻骨下支。耻骨上、下支移行处内侧的椭圆形粗糙面即耻骨联合面。耻骨上支上面有一锐利的骨嵴为耻骨梳，向后上与弓状线相移行；向前下末端形成一突出，为耻骨结节。耻骨结节到中线处的粗糙隆起为耻骨嵴。

最后观察：髋骨下份的大孔为闭孔，由耻骨与坐骨围成。髋臼内有一大半环形的光滑面，为月状面；粗糙的中部为髋臼窝。髋臼缘下份缺如，即髋臼切迹。

（二）股骨

首先在全身骨骼标本上观察股骨的位置：大腿部，长度约为身高的1/4，为长骨，分一体两端。手拿一根股骨，你会发现其有一端明显突起的球形结构，下方缩细，这一端为上端，球形的结构为股骨头，朝向内上方。再看骨的中部，体并不直，呈略弓状，弓形突出向前，这样你已能区分出手中所持有的股骨为哪一侧的。先观察股骨两端：上端的股骨头较光滑，头中央有一小窝，为股骨头凹。头下方缩细的结构为股骨颈，长约5cm，颈上有多个供血管通过的孔。颈与体大致成120°～130°的夹角。颈与体交界处有2个隆起，一个位于外上方，为大转子；另一个位于后内侧，为小转子。在两个转子之间，在股骨前面、后面均有斜行走向的突出结构相连，前方的为转子间线，后方的为转子间嵴。接着，来观察下端：下端膨大形成2个隆起，居内、外侧，分别为内侧髁和外侧髁。两髁在前、下、后均连成光滑面，其中前面为髌面。在内侧髁的内侧面和外侧髁的外侧面均有一小的突出，分别为内上髁和外上髁。在内上髁的上方又有一小突起，为收肌结节。最后观察股骨体：略弓向前，上段呈圆柱形，中段呈三棱柱形，下段前后略扁。骨表面光滑，体的后面有一条纵行的骨嵴，为粗线。粗线向上展开，形成内、外2个粗糙面，分别为耻骨肌线和臀肌粗隆；粗线中部两侧有伴行的骨性突出，分居内、外侧，为内侧唇和外侧唇。

（三）髌骨

首先在全身骨骼标本上辨认髌骨的位置：股骨下端前面。观察髌骨，一面粗糙，另一面光滑。粗糙面为前面，光滑面为后面。后面被一纵嵴分为两部分。髌骨周缘有一侧较尖，为其下缘，与下缘对应的上缘较宽。

（四）胫骨

首先在全身骨骼标本上观察胫骨所居位置：小腿两骨位于内侧者，为长骨，分一体两端。先来看两端：一端明显膨大，为其上端，另一端则为下端。上端与体交界处有一矢状位的明显隆起，为胫骨粗隆，居前。

胫骨上端的上面有2个微凹的关节面，分居内、外侧，分别为内侧髁和外侧髁。两髁之间有一矢状位走行的隆起，为髁间隆起。在外侧髁的后下方有一小而平坦的光滑面，为腓关节面。两髁的前下方为胫骨粗隆。再观察下端：稍膨大，内侧有一向下的突出，为内踝。下端的外侧面有一沟形凹陷，为腓切迹。下端的下面和内踝的外面均为光滑的关节面。最后观察体：呈三棱柱状，3个棱即3个缘，分居前侧、内侧和外侧（骨间缘）。由3缘之间形成了内、外、后3个面。体后面上部有一由外上斜向内下的粗糙线，为比目鱼肌线，此线下方有向上开口的滋养孔。

（五）腓骨

首先辨认腓骨在全身骨骼标本上的位置：小腿两骨居外侧者，为长骨，分一体两端。然后，手持一根腓骨，观察其形态：其两端均膨大，但其中一端有一凹窝，此窝为外踝窝，这一端为下端，外踝窝的位置在下端的内后方。这样，你已能区分出所拿腓骨为哪一侧的了。先看其两端：上端稍膨大，为腓骨头。头的内上方有光滑的关节面。头的下方缩细为腓骨颈。下端亦膨大，外侧明显突出为外踝。外踝的内侧面较光滑。最后观察体：细长，内侧缘明显突出。

（六）跗骨

首先观察跗骨在全身骨骼标本上的位置：足部近侧共7块，为短骨，排成前、中、后3列。

1. 距骨　位于后列上方。可分头、体、颈3部分。头，为向前下方的突出，前端圆隆。头后方缩细的为颈，颈后占距骨大部分的是体。体的上部为滑车，滑车内侧面为一半月形关节面；外侧面为一三角形关节面。体的中间凹陷，两边突出，形成鞍形，前宽后窄。体的下部有与跟骨相关节的前、中跟关节面及由后内斜向前外的距骨沟。

2. 跟骨　位于后列下方，跟骨为最大的跗骨，呈不规则的长方形，前部窄小，后部宽大，向下移行于跟骨结节。在跟骨的内侧有一隆起，为载距突，跟骨的上面有3个关节面：后关节面最大，中关节面位于载距突上，有时与前关节面相连。

3. 足舟骨　位于足中部内侧份。足舟骨的后面凹陷；前面有左、中、右3个大小不同的关节面；内侧缘有一向下垂的突起，为舟骨粗隆。

4. 楔骨　共3块，位于前列内侧，由内向外为内侧、中间、外侧楔骨。内侧楔骨最大，外侧楔骨次之，中间楔骨最小。内、外侧楔骨的宽面朝上，窄面朝下；中间楔骨的宽面朝下，窄面朝上。

5. 骰骨　位于前列外侧。骰状骨，下面有一沟，后面的突起为骰骨粗隆，位于跟骨平面以下。

（七）跖骨

首先确认跖骨在全身骨骼标本上的位置：足中部，共5块。由内向外依次为第1到第5跖骨。观察其形态：属长骨，有一体两端。第1跖骨最短，第5跖骨最长，第2、3跖骨长度近似，第4跖骨略次之，第1、5跖骨有一端膨大非常明显为近端（即底），第5跖骨底形成的向外后方的突出，为第5跖骨粗隆，第2~4跖骨的一端有一居外侧斜行的沟，此端为底，跖骨的另一端为头，略膨大，第1跖骨头特别向前突出。

（八）趾骨

首先辨认趾骨在全身骨骼标本中的位置：足远部，共14块。近节趾骨最长（共5块，拇趾近节趾骨最粗，其余4趾近节趾骨长度近似）。中节趾骨次之（共4块，拇趾没有中节趾骨，第2、3趾中节趾骨长度大于第4、5趾的长度）。远节趾骨最短（共5块，拇趾远节趾骨最粗、最长，其余4趾长度近似）。观察趾骨形态：为长骨，分一体两端，近端膨大略大于远端膨大，近端即底。近、中节趾骨远端为滑车，远节趾骨远端膨大为粗隆。第5趾的中、远节趾骨常融合在一起。

第四节　颅骨

【实验目的】

1. 掌握颅骨的组成、分布排列和名称，脑颅和面颅各骨组成、名称以及位置，下颌骨的形态结构，颅底内面三个颅窝的境界和重要结构，颅底外面观的结构，眶的构成、形态及孔裂，骨性鼻腔的构成、鼻旁窦的位置和开口部位，颅的侧面观。翼点的位置及临床意义。

2. 熟悉新生儿颅的特点和生后变化。

3. 了解颞窝、颞下窝、翼腭窝的位置。

【实验教具】

1. 多媒体课件。

2. 标本　完整的全颅骨标本、新生儿颅、经颅腔的水平切面标本、颅正中矢状切面标本、分离的脑颅骨、面颅骨。

3. 模型　颅的放大模型。

4. 挂图　颅骨相关挂图。

【实验内容】

一、脑颅骨

1. 额骨　能分辨出组成额骨的三部分，额鳞、眶部、鼻部。

2. 枕骨　能辨认出枕骨的组成部分，基底部、枕鳞部及侧部。
3. 顶骨　能辨认出顶骨的位置及外形。
4. 筛骨　能辨认筛板、鸡冠、垂直板、筛骨迷路、筛窦、上鼻甲及中鼻甲。
5. 颞骨　能辨认出颞骨的组成部分，鳞部、鼓部、岩部。
6. 蝶骨　能辨认出蝶骨的组成部分，体、大翼、小翼、翼突。体为中间部的立方形骨块，内含蝶窦。

二、面颅骨

1. 下颌骨　先区分体和支。在下颌骨体上观察其上缘的牙槽弓和牙槽，外面正中凸向前的颏隆凸，前外侧面的颏孔，里面正中的2对颏棘，颏棘下外方的椭圆形浅窝——二腹肌窝及构成下颌骨体下缘的下颌底。在下颌支上观察前方的冠突、后方的髁突及两突之间的凹陷——下颌切迹。辨认髁突上端的下颌头、下颌颈，下颌支后缘与下颌底相交处的下颌角、下颌支内面中央的下颌孔，孔的前缘有伸向上后的下颌小舌。
2. 舌骨　观察舌骨中间部——舌骨体，体向后外延伸的长突——大角及向上的短突——小角。
3. 腭骨　能辨认出水平板和垂直板。
4. 上颌骨　能辨认出额突、颧突、牙槽突、腭突、上颌窦。

三、颅的整体观

在整体颅上辨认出23块脑颅骨各自所在位置。

（一）颅的顶面观

1. 颅盖外面　前窄后宽，由额鳞大部分、顶骨及枕鳞小部分借缝组成。观察两侧顶骨间的矢状缝、两侧顶骨的前缘与额骨间的冠状缝、两侧顶骨后缘与枕骨结合处的人字缝。在额鳞前外份有平缓突出的额结节。矢状缝后段常有顶孔。
2. 颅盖内面　观察冠状缝、矢状缝和人字缝。沿矢状缝走行的上矢状窦沟，前端终于额嵴，沟两侧有许多颗粒小凹。

（二）颅后面观

可见到一非常明显的骨性突出，居后面中部为枕外隆凸。枕外隆凸向两侧延续到乳突有一弧形隆起为上项线。观察枕外隆凸上方的骨缝，位于顶骨与枕骨之间的为人字缝。在人字缝上方可见到部分矢状位走行、位于两顶骨之间的矢状缝。

（三）颅底内面观

观察自前向后的3个窝，颅前窝、颅中窝和颅后窝。

颅前窝：位置最高。窝正中有一高耸的骨性隆起为鸡冠。鸡冠两侧有15~20个小孔是筛孔，孔外侧即眶上壁，由额骨眶部构成孔所在的位置（即筛板）为鼻腔的顶（即上壁）。在颅前窝各处可见到明显的脑回压迹。

颅中窝：较颅前窝低，由蝶骨、颞骨及顶骨构成。观察它与颅前窝及颅后窝的分界线。

颅前、中窝分界线：蝶骨小翼后缘和交叉前沟前缘。

颅中、后窝分界线：颞骨岩部上缘和蝶骨鞍背。

观察颅中窝内部。窝中部一接近方形的骨性隆起为蝶鞍。蝶鞍上部一凹陷即垂体窝。在垂体窝的前方有一横行的骨性突出为鞍结节。鞍结节前方有一横位的浅沟，即交叉前沟。沟的两侧通向位于眶尖部的视神经管。在视神经管的外侧有左、右各一的薄锐的骨性突出即蝶骨小翼。在蝶骨小翼的下方可见到眶上裂。蝶骨小翼后缘的内侧膨大突出，称前床突。垂体窝后方高耸的四方形骨板为鞍背，其两端略突出，即后床突。观察垂体窝两侧，各有一紧靠垂体窝呈矢状位的浅沟，为颈动脉沟，沿沟向后可见到颞骨岩部尖端的颈动脉管内口。在颈动脉管内口的前下方，紧邻有破裂孔。

在眶上裂内侧端，蝶骨大翼根部起始处，位于蝶鞍两侧，可见到由前内向后外排列的3个孔，分别是圆孔、卵圆孔和棘孔。从棘孔起向颅侧壁有树枝状的沟延伸，其中有一位于前部的浅沟一直延伸到翼点内面（此处可为沟压迹，也可是骨管）。观察颞骨岩部，前面中份有一隆起为弓状隆起，此隆起与颞骨鳞部之间的骨板即鼓室盖。颞骨岩部近尖端处有一微凹的浅沟为三叉神经压迹。

颅后窝：其位置最低。在窝中央的大孔即枕骨大孔。在枕骨大孔前方有一斜行的骨面为斜坡。在枕骨大孔后方正中有一呈矢状位的骨崤为枕内崤，向后上延续为一骨性突出即枕内隆凸，隆凸两侧呈冠状位的浅沟为横窦沟，延续到颞骨乳突内面，最终通向枕骨大孔两侧的2个较大裂孔的沟为乙状窦沟，其末端的孔为颈静脉孔。在枕骨大孔两侧前部可看到一对小孔为舌下神经管内口。再观察颞骨岩部，后面近中部有一孔为内耳门。在内耳门的后下方可见到一裂隙为前庭水管外口。沿枕骨基底部侧缘与岩部前端后缘处有一浅沟，为岩下沟；岩部上缘有一浅沟，从前内走向后外，为岩上沟。

（四）颅底外面观

前界为上颌骨的牙槽弓，后方至枕骨上项线（从枕外隆凸到乳突的骨性隆起），两侧以颧弓、乳突为界。

先观察颅底外面前部由上颌骨腭突和腭骨水平板构成的骨腭（两骨以中偏后、横行的骨缝为界，前方为上颌骨的腭突，后方为腭骨水平板）。骨腭正中线前端的孔是切牙管的开口，骨腭后外侧份有一对腭大孔。骨腭的后缘构成鼻后孔的下界，一对鼻后孔中部是犁骨，在鼻后孔的外侧可见到翼突内、外侧板。再找到乳突，两侧乳突之间可见一较大的孔即枕骨大孔。枕骨大孔位于颅底外面后部中央，孔的前外侧有左、右各一呈椭圆形的光滑突起，即枕髁。枕髁后方有一窝，窝底有一孔即髁孔。枕髁前外侧偏上有一孔为舌下神经管外口。枕髁前、中1/3交界处外侧有一窝为颈静脉窝，窝底有一不规则的孔为颈静脉孔，孔的外侧有一细长的骨性突出为茎突，茎突的后外方即乳突，两突之间可见到一孔为茎乳孔。在颈静脉孔前方有一圆形孔是颈动脉管外口，拿探针由此口可通向一由后外向前内斜行的骨性管道。位于颞骨岩部前半部分的即颈动脉管，管的前端开口为颈动脉管内口，紧邻颈动脉管内口的前内侧有一孔，由颞骨岩部尖端、蝶骨大翼和枕骨基部（枕骨大孔前方骨质）共同围成，此孔即破裂孔，在破裂孔处，翼突内侧板根部有翼管的开口，用探针经此孔进入翼管，前通翼腭窝。在破裂孔的外侧，可见到前、后2个孔。居于前内侧的是卵圆孔，位于后外侧的是棘孔。棘孔的外侧有一大而浅的窝为下颌窝，是下颌关节的关节窝，窝的前缘隆起为关节结节，窝的后界为颞骨鼓部。另外，在颞骨与枕骨相接处常可见一孔，为乳突孔，向颅内通乙状窦沟，有乳突导静脉通过。

（五）颅的侧面观

突出于颅侧面由颧骨和颞骨的颧突构成的骨弓为颧弓。先区分颧弓平面以上的颞窝和以下的颞下窝。观察颧弓根内下方的颞下窝和关节结节，下颌窝后方的为外耳门，外耳门后下方的骨性突起为乳突。

颞窝：先观察前端起自额骨的颧突，弯行经过冠状缝达顶骨侧面后份，继而转向前下，止于乳突前方的颞线，此线即颞窝的前、上、后界。辨认蝶骨大翼、额骨、顶骨及颞骨。观察额、蝶、顶、颞四骨交汇处呈"H"形的翼点，距颧弓约4cm。

颞下窝：前界为上颌骨体，外侧界为下颌支，内侧界为翼突外侧板，下界与后界空缺。观察颞下窝内侧壁在上颌骨体与蝶骨翼突外侧板间的裂隙——翼上颌裂。

翼腭窝：把颧弓、下颌骨去掉来观察翼腭窝。先辨认构成此窝的骨，后方为翼突，前方为上颌骨体，内侧为腭骨垂直板（在颅的正中矢状切面，去掉鼻中隔的标本上可见到），在三骨之间的不规则的狭窄间隙即翼腭窝，此窝的外侧壁即翼上颌裂。可用探针来观察翼腭窝的交通。在内侧借蝶腭孔通鼻腔，向后上借圆孔通颅中窝，向前经眶下裂通眶腔，借翼突根部的翼管向后通颅底外面，向外经翼上颌裂通颞下窝，向下移行为翼腭管，经翼腭管下端的开口（位于骨腭后外侧）——腭大孔通口腔。

（六）颅的前面观

此面可见额骨和面颅骨。面部中央有骨性鼻腔的前口，即梨状孔。其外上方为眶，下方是上、下颌骨构成的口腔支架。眶上缘内侧上方的隆起为眉弓，其深面有额窦。

眉弓上外侧的隆起是额结节；两眉弓之间的平坦区是眉间。前面观的重要结构是眶、骨性鼻腔和口腔。

1. 眶　眶是底朝前下外方、尖向后内上方的四边锥形腔，上邻颅前窝，下为上颌窦，内侧为鼻腔，外侧为颞窝。眶内容纳眼球及其辅助结构等。先辨认出眶的底、尖和4个壁。

（1）眶底：呈钝角的四边形。有上、下、内、外4个缘。眶上缘由额骨构成，其内、中1/3交界处有眶上孔（或眶上切迹）。

（2）眶尖：指向后内上方，视神经管约位于眶尖处，视神经由此管入颅中窝。

（3）内侧壁：呈矢状位，左右眶内侧壁约相互平行。前下份一长圆形窝为泪囊窝，它向下延续为鼻泪管，通至下鼻道。内侧壁后部为筛骨眶板，骨质菲薄，分隔眶与筛窦。

（4）外侧壁：斜向后内，根据骨缝可见到前方为颧骨，后方为蝶骨大翼。其后部与上壁交界处有一由外上斜向内下的裂隙为眶上裂，通向颅中窝。

（5）上壁：是分隔颅前窝与眶的薄骨板，从前到后为额骨眶部和蝶骨小翼。壁的前外部（近眶底外上角）有泪腺窝，容纳泪腺；壁的前内部（近眶底内上角）有滑车凸或滑车棘，有上斜肌腱于此绕过。

（6）下壁：主要由上颌骨体的上面（眶面）构成。下壁和外侧壁交界处有一由内上斜行走向外下的裂隙为眶下裂。眶下裂前方中部有一呈矢状位走行的浅沟为眶下沟，沟的前端通入骨质内一管道为眶下管，管的前端在眶下缘中点下方开口即眶下孔。

2. 骨性鼻腔前面观　首先见到由上颌骨和鼻骨围成的梨状孔。在梨状孔的两侧能见到部分露出的中鼻甲和下鼻甲，在梨状孔的中部能见到犁骨和部分露出的筛骨垂直板。

（1）矢状切面（保留鼻中隔）：观察骨性鼻中隔的构成。位于前上方的为筛骨垂直板，位于后下方的为犁骨。鼻中隔也是两侧鼻腔的内侧壁。

（2）矢状切面：观察鼻腔外侧壁、上壁和底壁。外侧壁从上到下有3个扁薄的骨片即上、中、下鼻甲，均向下弯曲，垂入鼻腔。各鼻甲下方的空间为上、中、下鼻道。上鼻甲后端与蝶骨体之间的狭小空间为蝶筛隐窝。中鼻甲后方有蝶腭孔。中鼻道后方有上颌窦口，前方有半月裂口，两口之间为筛骨钩突。上壁主要由筛骨筛板构成。下壁是硬腭（骨腭）的上面，前端有由后上斜向前下的管道为切牙管。最后观察上壁前上方的额骨内空腔——额窦、上鼻甲后方的蝶骨体内空腔——蝶窦及其开口。

(3) 矢状切面（去掉鼻中隔及部分鼻甲）：在上鼻道能见到后筛窦的开口。在中鼻道辨认前、中筛窦的开口。在下鼻道观察前端的鼻泪管开口。

在颅的前面去掉泪骨可见到部分位于泪骨后面的筛窦，在颅的冠状切面（与眶前部垂直平面）上观察位于颅前窝中下部、两眶之间、鼻腔上外方的筛窦及眶下方、鼻腔外下方的上颌窦。

(4) 后面观：观察中部为犁骨的一对鼻后孔。

3. 骨性口腔　观察由上、下颌骨的牙槽弓构成的前壁和侧壁。

四、新生儿颅的整体观

首先可见面颅（前下部）与脑颅（后上部）相比所占比例较小。眶间距较宽。眉弓上方的额结节和顶骨中部的顶结节很突出，使颅顶呈"五角形"。在颅盖各骨之间为结缔组织，可见矢状缝前端的前囟（呈菱形）及矢状缝后端的后囟（呈三角形）。

【思考题】

1. 判断颈椎、胸椎、腰椎的根据？
2. 小儿颅内高压易误诊的原因？
3. 肱骨不同部位骨折易损伤哪些神经？

（姚立杰）

第二章 关节学

第一节 总论

第二节 躯干骨连结

【实验目的】
1. 掌握关节的基本结构、辅助结构；椎间盘，黄韧带，前纵、后纵、棘间、棘上、项韧带及关节突关节；胸廓的组成和运动。
2. 熟悉骨连结的定义和分类；脊柱的组成、功能和生理弯曲；胸廓的形态。
3. 了解直接连结的分类、特点和功能；脊柱的运动。

【实验教具】
1. 多媒体课件。
2. 标本　整体骨架；部分矢状切椎骨间连结标本；寰枢关节标本；肋椎连结标本；胸锁及胸肋关节标本。
3. 挂图　各部关节学。

【实验内容】

一、椎骨间的连结

在一段脊柱标本的矢状切面、水平切面上观察各椎骨之间的连结：首先观察位于椎体之间的椎间盘、前纵韧带、后纵韧带。

1. 椎间盘　连结相邻两个椎体的纤维软骨盘，由中心部分胶状富有弹性的髓核和周边部分多层按同心圆排列的纤维软骨环两部分构成。
2. 前纵韧带　位于椎体前面，宽而坚韧，与椎体和椎间盘牢固连结。
3. 后纵韧带　位于椎体后面，窄而坚韧，与椎间盘纤维环及椎体上、下缘紧密连结，而与椎体结合较为疏松。

接下来观察椎弓间的连结：黄韧带、棘间韧带、棘上韧带、横突间韧带、关节突关节。

4. 黄韧带　位于椎管后外侧，黄色，在相邻两椎弓板之间协助围成椎管，在后正中线处留有小裂隙。
5. 棘上韧带　是连结胸、腰、骶椎各棘突尖的纵长韧带，其前方与棘间韧带融合。在颈部，从颈椎（第2~7颈椎）棘突尖向后扩展成三角形板状的弹性膜，为项韧带。项韧带向上附于枕外隆凸和枕外嵴，向下在第7颈椎棘突外续于棘上韧带。
6. 横突间韧带　连结于相邻椎骨横突之间，常呈圆索状。
7. 关节突关节　由邻位椎骨的上、下关节突构成，关节面有透明软骨覆盖，关节囊附于关节面周缘，多属平面关节。每对椎骨的左、右关节突关节属于联合关节。

二、脊柱的整体观及运动

在完整的脊柱标本上观察。

1. 前面观　椎体由上向下依次加大，自骶骨耳状面以下突然变小。椎间盘在中胸部最薄，颈部较厚，腰部最厚。

2. 侧面观　有 4 个生理弯曲。颈段和腰段呈凸向前的颈曲和腰曲；胸段和骶段呈凸向后的胸曲和骶曲。

3. 后面观　各椎棘突并不是都在后正中线内，因各椎棘突都可能稍有偏斜。同时，正常的脊柱轻度侧屈是存在的。在一系列棘突的两侧是 2 条纵沟，为脊椎沟。此沟在颈部最浅，在胸部最深，在腰部介于两者之间。惯用右手的人，脊柱胸段上部略向右侧凸曲，下部则代偿性地凸向左，反之亦然。

4. 椎管　几乎贯穿脊柱全长，由全部椎骨的椎孔串连而成，在颈部和腰部较为宽大。椎管上方经枕骨大孔通颅腔；下端终于骶管裂孔；两侧通向 24 对椎间孔和骶前、后孔；后方，两侧黄韧带之间有小裂隙。

5. 椎间孔　是椎管与管外相通的孔道，实际是"管"。孔的前界是邻位椎体之间的椎间盘和紧邻椎间盘的部分椎体；上界和下界是上位椎骨的椎下切迹和下位椎骨的椎上切迹；后界是两椎骨关节突关节。

三、胸廓的连结

1. 在全身骨骼标本上辨认组成胸廓的 12 块胸椎、12 对肋骨和 1 块胸骨。

2. 在一段胸椎与肋骨相连结标本及打开其肋头关节、肋横突关节的关节腔的标本上观察。

肋头关节：由肋头的上、下关节面与相应的邻位胸椎体的下、上肋凹及其间的椎间盘构成。（第 1 及第 10~12 肋头仅有 1 个关节面，故仅与相应的胸椎相关节）。肋头的关节囊附于关节面周围，并由囊前方的韧带加强。

肋横突关节：由肋结节关节面与胸椎横突肋凹连结构成。关节囊附于关节面周围。关节周围有韧带加强。

3. 在胸骨与两侧肋软骨相连结及其一侧为冠状切面标本上观察。

胸肋关节：为肋软骨与胸骨间的连结。第 1 肋软骨与胸骨间为软骨结合；第 2~7 肋软骨与胸骨的肋切迹构成滑膜关节，关节囊附着于关节面周缘，囊的前、后面有韧带加强。

四、胸廓的整体观及运动

在完整的骨性胸廓标本上观察：胸廓有上、下两口及相互延续的前、后和两侧壁。上口较小，肾形，由第 1 胸椎、第 1 对肋及胸骨柄上缘围成。上口的前缘比后缘低约 2 个椎骨。下口宽阔，由第 12 胸椎、第 12 对肋、第 11 对肋、两侧肋弓和剑突围成。两侧肋弓在前正中线相接，形成向下开放的胸骨下角，角内夹有剑突。胸廓前壁最短，由胸骨、上 10 对肋软骨及肋骨前端构成；后壁较长，由脊柱胸段及肋角内侧的肋骨部分构成；外侧壁最长，由肋骨构成，突向两侧。

邻位肋之间的空隙为肋间隙。

第三节　附肢骨连结

【实验目的】

1. 掌握肩、肘、腕关节的形态、结构特点和运动，髋、膝、踝关节的形态、结构特点和运动。

2. 熟悉骨盆的组成和性差、足弓的结构及功能。
3. 了解上肢其他关节的形态和运动、下肢其他关节的形态和运动。

【实验教具】

1. 多媒体课件。
2. 标本　肩关节标本、肘关节标本、前臂骨连接标本、腕关节标本、手关节标本，骨盆（干、湿标本）、髋关节整体标本、膝关节整体及矢状切标本、足关节整体、水平切标本、下肢骨连结整体标本、足湿标本。
3. 挂图　各部关节学。

【实验内容】

一、上肢骨连结

（一）胸锁关节

在锁骨与胸骨相连结及其冠状切面的标本上观察：胸锁关节由锁骨的胸骨端和胸骨柄的锁切迹及第1肋软骨构成。关节囊强韧，其前、后及上方均有韧带加强，第1肋和锁骨之间也有韧带相连。关节内有纤维软骨构成的关节盘。关节盘的下份与第1肋软骨、关节盘的上份与锁骨关节面的上缘结合特别紧密。关节盘将关节腔分为上外和内下两部分。

胸锁关节绕矢状轴使锁骨外侧端升降，绕垂直轴使锁骨外侧端向前、后移动，经冠状轴能做轻微的旋转运动。

（二）肩锁关节

在锁骨与肩胛骨连结标本上观察：肩锁关节由肩峰和锁骨肩峰端的关节面构成。关节囊的上、下都有韧带加强。肩锁关节属平面关节，微动。

（三）喙肩韧带

在肩胛骨本身连结的标本上观察：连于喙突与肩峰之间的韧带。

（四）肩关节

在肩部与臂部相连结、暴露肩关节腔的标本上观察：肩关节由肱骨头和肩胛骨的关节盂构成。关节囊薄而松弛，上方在盂的周缘附着；向下附于肱骨解剖颈，其内侧份的附着处低达外科颈。关节囊的上壁有喙肱韧带加强；上壁、前壁、后壁还有腱纤维编入以加强囊壁，下壁无类似的韧带和腱纤维加强，最薄弱。关节腔内可见：关节盂的周缘附有纤维软骨构成的盂唇；肱二头肌长头腱起自盂上结节，向外经结节间沟突出囊外，腱表面有滑膜包裹。

肩关节为全身最灵活的关节，属多轴关节。绕冠状轴的屈、伸总和为110°～140°，屈大于伸；绕矢状轴的外展为40°～60°，臂继续抬高则伴有肩胛骨的转动；绕垂直轴的旋内、旋外总和为90°～120°，旋内大于旋外；并能做环转运动。

（五）肘关节

在臂部与前臂部相连结，暴露肘关节的标本上观察：肘关节是由肱骨下端和桡、尺骨上端构成的复关节。肘关节有3个组成部分：由肱骨小头与桡骨关节凹构成的肱桡关节；由肱骨滑车与尺骨滑车切迹构成的肱尺关节；由桡骨头环状关节面与尺骨桡切迹构成的桡尺近侧关节。

关节囊的上端分别附着于冠突窝、桡窝和鹰嘴窝的上缘；下端附于尺骨滑车切迹关节面的边缘和桡骨环状韧带。囊的前、后壁薄而松弛（后壁最为薄弱）。两侧有韧带加强：内侧为尺侧副韧带，呈扇形，自肱骨内上髁张至尺骨冠突和鹰嘴；外侧为桡侧副韧带，自肱骨外上髁张至桡骨环状韧带。桡骨环状韧带附于尺骨桡切迹的前、后缘，与切迹共同围成上口大、下口小的骨纤维环，容纳桡骨头。

当前臂处于伸位时，臂和前臂并不在同一矢状面内，而是前臂下端偏向外侧，与臂形成约163°向外开放的角度，为提携角。

肘关节中的肱桡关节虽为多轴关节，但因受肱尺关节的限制，不能做展、收和环转运动，而只能随肱尺关节（滑车关节）做屈伸运动及其自身的旋转。肘关节的伸使臂与前臂成180°角，屈可使前臂与臂的前面接触。

（六）前臂骨间膜

在尺、桡骨相连结的标本上观察：位于尺、桡骨相对缘的坚韧的纤维膜。纤维的方向从桡骨斜向下内达尺骨。当前臂处于旋前或旋后位时，骨间膜松弛，前臂处于半旋前时，骨间膜最紧张。

（七）桡尺远侧关节

在尺、桡骨相连结的标本上观察：在下端由尺骨头的环状关节面与桡骨的尺切迹构成的桡尺远侧关节。自桡骨尺切迹下缘至尺骨茎突根的外侧有个三角形关节盘相连。关节盘与尺切迹共同形成关节窝，容纳尺骨头。关节囊松弛，附于关节面和关节盘周缘，关节活动时，尺骨不动，而是关节窝围绕尺骨头转动。

桡尺远侧关节与桡尺近侧关节为联合关节，使桡骨围绕自桡骨头中心至附于尺骨茎突根部的三角形关节盘尖的纵轴做旋转运动。运动时，桡骨头在原位旋转，桡骨下端则连同手围绕尺骨头旋转。当桡骨下端旋至尺骨的前方而手掌向后时，称为旋前，此时，桡骨与尺骨交叉。与此相反的运动，即桡骨转回至尺骨外侧而手掌向前时，为旋后。旋转运动幅度约为180°。

（八）桡腕关节（腕关节）

在前臂与手相连结、暴露腕关节的标本上观察：由桡骨下端的关节面和尺骨头下方的关节盘下面作为关节窝，以手舟骨、月骨和三角骨的上面作为关节头形成的腕关节。关节囊松弛，囊外各面都有韧带加强。

腕关节为典型的椭圆关节。关节的屈、伸运动总和为60°~70°；收大于展；亦能做环转运动。

（九）腕骨间关节

在手的冠状切、暴露腕骨间关节的标本上观察：关节位于各腕骨毗邻面之间。同列腕骨间关节内有腕骨间韧带，动度甚微；近侧列腕骨与远侧列腕骨之间关节为腕中关节，动度稍大。豌豆骨位于三角骨掌面，形成一个单独的关节。各腕骨间关节腔多彼此相连，但不与腕关节关节腔相通。

腕骨间关节常伴随桡腕关节一起运动。

（十）腕掌关节

在手冠状切、暴露腕掌关节的标本上观察：腕掌关节由远侧列腕骨与5个掌骨底构成。

拇指腕掌关节：由大多角骨和第1掌骨底构成，是典型的鞍状关节。关节囊松弛，可做屈伸、展、收、环转及对掌运动。第1掌骨与其余掌骨并未处于同一平面，而是位于它们的前方，并且向掌侧旋转近90°，致使拇指的指甲朝向外侧，外侧缘朝向前方。在此基础上，第1掌骨向内侧的运动为屈，向外侧为伸，向后为收，向前为展。当第1掌骨的屈伴有外展并稍旋内时，可使拇指远节的掌面与其他4指远节的掌面接触，即为对掌运动。

内侧4个腕掌关节运动范围都小，其中小指的腕掌关节具有稍大范围的活动，示指的腕掌关节几乎不动。

（十一）掌骨间关节

在手的冠状切标本上观察第2~5掌骨底之间的平面关节、关节腔与腕掌关节腔。

（十二）掌指关节

在手的冠状切标本（暴露掌指关节）上观察：5个由近节指骨底与掌骨头构成的掌指关节。掌骨头远侧面呈球形，其形态近似球窝关节，掌骨间掌侧面较平。关节囊薄而松弛，其前、后有韧带加强。前面为掌侧韧带，较坚韧，含有纤维软骨板，囊两侧有侧副韧带，从掌骨头两侧延向下附于指骨底两侧，此韧带在屈指时紧张，伸指时松弛。

当指处于伸位时，掌指关节可做屈、伸、收、展及环转运动，旋转运动因受韧带限制，幅度甚微。当掌指关节处于屈位时，因掌骨头前面的关节面不是球形的，同时侧副韧带特别紧张，仅允许做屈伸运动。手指的收展是以中指的正中线为准，向中线处靠拢为收，远离中线的运动是展。

（十三）指骨间关节

在手的冠状切、暴露指骨间关节的标本上观察：由相邻两节指骨的底与滑车构成。除拇指外，各指均有近侧和远侧2个手指间关节。关节囊松弛，两侧有韧带加强。指骨间关节只能做屈、伸运动。

二、下肢骨连结

（一）骶髂关节

在一完整的骨盆及其连结标本上观察：位于骨盆后壁两侧，由骶骨和髂骨的耳状面构成的骶髂关节。关节面凸凹不平，彼此结合很紧密。关节囊紧张，附于关节面周缘。囊前、后均有韧带加强，分别为骶髂前、后韧带。在后方，还有连于相对的骶、髂骨粗隆之间的骶髂骨间韧带。骶髂关节结构牢固，活动性极小。

（二）韧带

在一完整的骨盆及其连结标本上观察。

1. 髂腰韧带　由第5腰椎横突横行放散至髂嵴后上部，强韧肥厚，可防止腰椎向下脱位。

2. 骶结节韧带　起自骶、尾骨侧缘，呈扇形，集中附于坐骨结节内侧缘。此韧带位于骨盆后方。

3. 骶棘韧带　位于骶结节韧带的前方，起自骶、尾骨侧缘，呈三角形，止于坐骨棘。

4. 闭孔膜　位于骨盆前方两侧，封闭闭孔的膜性结构。膜上部有一管道，由膜与闭孔沟围成，为闭膜管。

（三）耻骨联合

在一完整的骨盆及其连结标本的前部观察：由两侧耻骨联合面借纤维软骨构成的耻骨联合。中间有一矢状位的裂隙，联合的上方有连结两耻骨的耻骨上韧带，下方有耻骨弓韧带。耻骨联合活动甚微。

（四）骨盆

在一完整的骨盆及其连结标本上观察：骨盆由左、右髋骨和骶、尾骨及其间的连结构成。以从后到前的界线（骶岬、弓状线、耻骨梳、耻骨结节和耻骨联合上缘构成的环形线为界），将骨盆分为界线上方的大骨盆和界线下方的小骨盆。小骨盆又分为骨盆上口、骨盆下口和骨盆腔。小骨盆上口即界线；下口由后向前依次为尾骨尖、骶结节韧带、坐骨结节、坐骨支、耻骨下支和耻骨联合下缘；上、下口之间即小骨盆腔，为一前壁短、侧壁及后壁长的弯曲的管道。两侧坐骨支与耻骨下支连成耻骨弓，它们之间的夹角为耻骨下角。

在全身骨骼标本上观察骨盆：人体直立时，骨盆向前倾斜，骨盆上口平面与水平面构成约60°的角，此角为骨盆倾斜度。因有此倾斜角度存在，两髂前上棘与两耻骨结节在同一冠状面内；尾骨尖与耻骨联合上缘居同一水平面上。由骨盆上口中心点开始，向后下引一条与骶骨弯曲度略为一致的假设线到骨盆下口中心点，此线为骨盆轴。

（五）髋关节

在一骨盆与股骨相连结、暴露髋关节标本上观察：髋关节由髋臼与股骨头构成。关节囊紧张而坚韧，向上附着于髋臼周缘及横韧带，向下附于股骨颈，前面达转子间线，后面仅包罩股骨颈内侧2/3。

髋臼的周缘附有纤维软骨构成的髋臼唇，髋臼切迹被髋臼横韧带封闭。髋臼横韧带与月状面组成环形关节窝的关节面，髋臼窝内充填有脂肪组织，在股骨头凹和髋臼横韧带之间是被滑膜包被、内含血管的股骨头韧带。关节囊周围有韧带加强：起自髂前下棘，向下呈人字形，经关节囊前方止于转子间线的髂股韧带；由耻骨上支向外下融合于关节囊前下壁的耻股韧带；起自坐骨体，斜向上外与关节囊融合，止于大转子根部的坐股韧带。髋关节为杵臼关节，可做三轴性运动即在冠状轴上的前屈、后伸运动；矢状轴上的内收、外展运动；垂直轴上的旋内、旋外和环转运动。

（六）膝关节

在股骨与胫腓骨相连结、暴露膝关节的标本上观察：膝关节由股骨下端、胫骨上端和髌骨构成。髌骨与股骨的髌面相接，股骨的内、外侧髁分别与胫骨的内、外侧髁相对。关节囊薄而松弛，附于各关节面的周缘。

1.韧带　在囊外，髌韧带位于前壁，起自髌骨下缘，止于胫骨粗隆；腓侧副韧带位于外侧，呈索状，起于股骨外上髁，止于腓骨头，与关节囊之间留有间隙；胫侧副韧带位于内侧壁，起自股骨内上髁，止于胫骨内侧髁的内侧面，与关节囊和内侧半月板紧密结合；腘斜韧带位于囊的后壁，起自胫骨内侧髁，斜向外上，与关节囊融合，止于股骨外上髁。在囊内，有前交叉韧带起自胫骨髁间隆起的前方，斜向后上外方，附于股骨外侧髁的内侧面；后交叉韧带起自胫骨髁间隆起的后方，斜向前上内方，附于股骨内侧髁的外侧面。前、后交叉韧带均被滑膜包被。

作用：胫侧、腓侧副韧带在伸膝时紧张，屈膝时最松弛，因此，半屈膝时允许膝关节做少许内旋和外旋运动。腘斜韧带可防止膝关节过度前伸。前交叉韧带在伸膝时最紧张，防止胫骨前移，后交叉韧带在屈膝时最紧张，防止胫骨后移。

2.半月板　在股骨内、外侧髁与胫骨内、外侧髁的关节面之间，垫有2块由纤维软骨构成的半月板。内侧半月板较大，呈"C"形，前端窄后端宽，边缘与关节囊及胫侧副韧带紧密相连；外侧半月板较小，呈"O"形，外缘与关节囊相连。半月板下面平坦，上面凹陷，边缘厚，中间薄，两端借韧带附着于胫骨髁间隆起。

运动：屈膝时，半月板滑向后方；伸膝时，半月板滑向前方。屈膝旋转时，一个半月板滑向前，一个半月板滑向后。

3.滑膜　滑膜在髌骨上缘以上，沿股骨下端的前面，向上突出于股四头肌肌腱深面，达 5cm 左右，形成与关节腔相通的髌上囊；不与关节腔相通，位于髌韧带与胫骨上端之间有髌下深囊；在髌骨下方中线的两侧，滑膜层部分突向关节腔内，形成一对翼状襞，内含脂肪组织。

膝关节属于屈戌关节，主要做屈、伸运动。屈达 130°，伸不超过 10°。膝关节在半屈位时，小腿尚可做旋内、旋外运动，可达 40°。

（七）胫腓连结

在胫骨、腓骨相连结标本上观察：上端由胫骨外侧髁的腓关节面与腓骨头构成的胫腓关节，微动。两骨相对缘附有坚韧的小腿骨间膜。下端借胫腓前、后韧带相连。

（八）距小腿关节（踝关节）

在胫、腓骨与足相接，暴露距小腿关节的标本上观察：距小腿关节由胫、腓骨的下端与距骨滑车构成。关节囊附着于各关节面的周围，前、后壁薄而松弛，两侧有韧带加强。内侧韧带起自内踝尖，向下呈扇形展开，止于足舟骨、距骨和跟骨；外侧韧带为 3 条独立的韧带，前为距腓前韧带，中为跟腓韧带，后为距腓后韧带。3 条韧带均起自外踝，分别向前、向下、向后内，止于距骨和跟骨。

距小腿关节为屈戌关节，能做背屈（伸）和跖屈（屈）运动。当背屈时，关节较稳定；当跖屈时，关节不够稳定，足能做轻微的侧向运动。

（九）跗骨间关节

在足的水平切面标本上观察：跗骨之间形成跗骨间关节。

1. 距跟关节　由距骨体全部、距骨颈一部分及跟骨前 2/3 构成。

2. 距跟舟关节　由舟骨后面、跟骨前面、跟骨中距关节面（载距突与前 1/3 部间较大的关节面）及横过它们之间的跟舟跖侧韧带构成。

3. 跟骰关节　由跟骨前部的凸形关节面与骰骨后部的凹形关节面相连构成。距跟关节和距跟舟关节为联合关节，做足的内翻、外翻运动。跟骰关节和距跟舟关节为跗横关节。最后，观察跗骨间主要的韧带：跟骨与足舟骨之间，位于足底的跟舟足底韧带；起自跟骨背面，向前分为 2 股，分别止于足舟骨和骰骨，呈"V"字形的分歧韧带。

（十）跗跖关节

在足的水平切面上观察：跗跖关节包括 2 种关节。

1. 骰跖关节　由骰骨前面的关节面及第 4、第 5 跖骨底构成。

2. 楔跖关节　由第 1 楔骨与第 1 跖骨底构成鞍状关节及第 2、第 3 楔骨与第 2、第 3 跖骨底构成的平面关节两部分组成。

跗跖关节可做轻微滑动及屈、伸运动。

（十一）跖骨间关节

在足的水平切面标本上观察：由各跖骨底毗邻面构成的跖骨间关节，属平面关节，活动甚微。

（十二）跖趾关节

在足的水平切面标本上观察：此关节由跖骨头与近节趾骨底构成，可做轻微的屈、伸和收展运动。

（十三）趾骨间关节

在足的水平切面标本上观察：此关节由各趾相邻的 2 节趾骨的底与滑车构成。关节囊的两侧有副韧带，仅能做屈、伸运动。

(十四) 足弓

在足骨完整连结的标本上观察：跗骨和跖骨借其连结形成凸向上的足弓，包括：

1. 内侧纵弓　由跟骨、距骨、舟骨、3块楔骨及内侧3块跖骨构成。弓的最高点为距骨头。此弓前端的承重点在第1跖骨头，后端承重点在跟骨结节。

2. 外侧纵弓　由跟骨、骰骨和外侧2块跖骨构成。弓的最高点在骰骨，其前端的承重点在第5跖骨头。

3. 横弓　由骰骨、3块楔骨和跖骨构成。最高点在中间楔骨。

第四节　颅骨的连结

【实验目的】

熟悉颞下颌关节的组成和运动。

【实验教具】

1. 多媒体课件。
2. 标本　幼儿及成年整颅、颞下颌关节标本。
3. 挂图　各部关节学。

【实验内容】

在完整的颅骨上观察缝：冠状缝、矢状缝、人字缝和蝶顶缝等。

在颅底内面观察由软骨骨化形成的骨性结合：蝶枕软骨结合（蝶骨体后面与枕骨基底部之间）、蝶岩结合、岩枕结合。

在头部侧面观、暴露颞下颌关节标本上观察：颞下颌关节由下颌骨的下颌头与颞的下颌窝和关节结节构成。其关节面表面覆盖有纤维软骨。关节囊上方附于下颌窝及关节结节周缘，关节结节完全在关节囊内；下方附于下颌颈。囊外有外侧韧带加强（由颧弓到下颌头和下颌颈）。关节囊内有纤维软骨构成的关节盘。关节盘前部凹向上，后部凹向下，其周缘融合于关节囊，将关节腔分成上、下两部分。

【思考题】

1. 硬膜外麻醉时，穿刺针头进入硬膜外腔需经过哪些结构？
2. 根据连结椎骨各结构的特点，分析为什么髓核易突出？易向哪个方向突出？突出后病人产生症状的解剖学基础是什么？
3. 前臂骨骨折石膏外固定时前臂处于什么位置？为什么？
4. 根据髋关节的构造特点，如何分析判断股骨颈骨折的预后？如果股骨颈骨折有错位时，复位时应注意什么？为什么？
5. 试分析扁平足人不能长时间步行的原因？

（沈　雷）

第三章 肌 学

第一节 总论

第二节 躯干肌

【实验目的】

1. 掌握胸肌的名称、位置和作用，膈的位置、分部、裂孔和作用，腹直肌鞘、白线和腹股沟管、腹股沟三角的构成。
2. 熟悉背肌的名称、位置和作用，腹肌的位置、名称。
3. 了解背肌的起止和胸腰筋膜，胸肌的起止点。

【实验教具】

1. 多媒体课件。
2. 标本 大体标本显示半边浅层躯干肌（主要显示胸锁乳突肌、胸大肌、前锯肌、腹外斜肌、斜方肌、背阔肌、腹直肌鞘和腹股沟管等）；大体标本显示半边深层躯干肌（主要显示膈肌的三个起部、三个孔和中心腱、腰方肌、腰大肌和髂肌及腹股沟韧带；胸小肌、肋间外肌和肋间内肌、菱形肌、肩胛提肌、竖脊肌、胸腰筋膜等）。
3. 挂图 肌学挂图。

【实验内容】

一、背肌

在大体标本上将背部的皮肤、浅筋膜去掉后，观察背部肌肉及筋膜。

（一）斜方肌

在项部和背上部的浅层，每侧有一三角形的阔肌，左、右两侧合在一起呈斜方形，即为斜方肌。该肌起自上项线、枕外隆凸、项韧带、第 7 颈椎和全部胸椎的棘突，上部的肌束斜向外下方，中部的平行向外，下部的斜向外上方，止于锁骨的外侧 1/3 部分、肩峰和肩胛冈。

（二）背阔肌

在背的下半部及胸的后外侧一大的扁肌，位于浅层，即背阔肌。以腱膜起自下 6 个胸椎的棘突、全部腰椎的棘突、骶正中嵴及髂嵴后部处，肌束向外上方集中，以扁腱止于肱骨结节间沟底。

（三）肩胛提肌

在斜方肌的深面，项部两侧，起自上 4 个颈椎的横突，止于肩胛骨的上角。

（四）菱形肌

在斜方肌的深面，背上部两侧，呈菱形。起自第 6、7 颈椎和第 1~4 胸椎的棘突，止于肩胛骨的内侧缘。

（五）竖脊肌

纵列于躯干的背面，脊柱两侧的沟内，背部肌群的深层。起自骶骨背面和髂嵴的后部，向上分出3群肌束，沿途止于椎骨和肋骨，并到达颞骨乳突。

（六）胸腰筋膜

在竖脊肌周围的筋膜特别发达，为胸腰筋膜。在腰部，筋膜明显增厚。胸腰筋膜可分为3层：浅层在竖脊肌的表面，向内附于棘突的棘上韧带，外侧附于肋角，与背阔肌的腱膜紧密愈合，向下附于髂嵴；中层位于竖脊肌深方，其前方为腰方肌，中层和浅层在外侧会合，包裹竖脊肌，成为竖脊肌鞘；深层覆盖在腰方肌的前面。3层筋膜在腰方肌外侧缘会合，作为腹内斜肌和腹横肌的起始部。

二、胸肌

在大体标本的胸部，去掉皮肤及浅筋膜，观察胸肌。

（一）胸大肌

在胸廓前壁，浅层，呈扇形，宽而厚。起自锁骨的内侧半、胸骨和第1~6肋软骨等处。各部肌束聚合向外，以扁腱止于肱骨大结节嵴。

（二）胸小肌

位于胸大肌深面，呈三角形，起自第3~5肋骨，向外上止于肩胛骨的喙突。

（三）前锯肌

位于胸廓侧壁，以数个肌齿起自上8个或9个肋骨，肌束斜向上内方，经肩胛骨的前方，止于肩胛骨内侧缘和下角。

（四）肋间外肌

位于肋间隙的浅层，起自肋骨下缘，肌束斜向前下，止于下一肋骨的上缘，其前部肌束仅达肋骨与肋软骨结合处，在肋软骨间隙处，移行为肋间外膜。

（五）肋间内肌

位于肋间外肌的深面，肌束方向与肋间外肌相交叉，前部肌束达胸骨外侧缘，后部肌束只到肋角，此后为肋间内膜。

（六）肋间最内肌

位于肋间内肌的深层，肌束方向与肋间内肌相同。

三、膈

在大体标本上，打开胸、腹壁，暴露膈肌观察。

膈为向上膨隆，呈穹窿形的扁薄阔肌，位于胸、腹腔之间，成为胸腔的底和腹腔的顶。膈的肌束起自胸廓下口的周缘和腰椎前面，可分为3部：胸骨部起自剑突后面；肋部起自下6对肋骨和肋软骨；腰部以左、右两个膈脚起自上2~3个腰椎。各部肌束均止于中央的腱性结构——中心腱。

膈上有3个裂孔：在第12胸椎前方，左右两个膈脚与脊柱之间有主动脉裂孔，有主动脉和胸导管通过；主动脉裂孔的左前方，约在第10胸椎水平，有食管裂孔，有食管和迷走神经通过；在食管裂孔的右前上方的中心腱内有腔静脉孔，约在第8胸椎水平，有下腔静脉通过。

四、腹肌

在大体标本上去掉腹前及外侧皮肤、浅筋膜，暴露腹前、外侧肌群来观察。

（一）腹外斜肌

位于腹前外侧部的浅层，为宽阔扁肌，起自下位 8 个肋骨的外面，起始部呈锯齿状，肌束由外上斜向前下方，后部肌束向下止于髂嵴前部，上中部肌束向内移行于腱膜，经腹直肌的前面，并参与构成腹直肌鞘的前层，至腹正中线终于白线。

观察腹外斜肌腱膜形成的特殊结构：在髂前上棘与耻骨结节之间，腹外斜肌腱膜卷曲增厚，形成腹股沟韧带；在耻骨结节外上方，腱膜形成近乎三角形的裂孔，为腹股沟管浅（皮下）环。

（二）腹内斜肌

把腹外斜肌掀开，在其深方的扁肌为腹内斜肌。腹内斜肌起始于胸腰筋膜、髂嵴和腹股沟韧带的外侧 1/2 或 1/3，肌束呈扇形，后部肌束几乎垂直上升止于下位 3 个肋骨，大部分肌束向前上方以不同斜度放散而变成腱膜，在腹直肌外侧缘分为前后两层包裹腹直肌，参与构成腹直肌鞘的前、后两层，在腹正中线终于白线。

观察腹内斜肌形成的特殊结构：腹内斜肌的下部肌束行向前下方，呈凸向上的弓形，跨过精索后，延续为腱膜，再向内侧与腹横肌腱膜会合，形成联合腱（腹股沟镰），止于耻骨梳的内侧端；打开精索外筋膜，见到一些细散的肌束，这些肌束是由腹内斜肌的最下部发出的，为提睾肌。

（三）腹横肌

把腹内斜肌掀开，在其深方一较薄的扁肌为腹横肌。腹横肌起自下位 6 个肋软骨的内面、胸腰筋膜和腹股沟韧带的外侧 1/3，肌束横行向前，延续为腱膜，腱膜的上部与腹内斜肌腱膜后层愈合经腹直肌后方至腹白线，下部则和腹内斜肌腱膜后层一起经腹直肌的前方至腹白线，分别构成腹直肌鞘的后层和前层。腹横肌最下部肌束亦参与构成提睾肌。

（四）腹直肌

在腹前壁正中线的两旁，为一对上宽下窄的带形多腹肌。腹直肌在腹直肌鞘内，起自耻骨联合和耻骨嵴，肌束向上止于胸骨剑突和第 5~7 肋软骨的前面。肌的全长被 3~4 条横行的腱划分成多个肌腹，腱划与腹直肌鞘的前层紧密结合。在腹直肌的后面，腱划不明显，未与腹直肌鞘的后层愈合，腹直肌后面游离。

（五）腹前、外侧肌群形成的特殊结构

1. **腹直肌鞘** 在腹前壁中部包裹腹直肌，分前、后两层。前层由腹外斜肌腱膜与腹内斜肌腱膜的前层愈合而成；后层由腹内斜肌腱膜后层与腹横肌腱膜愈合而成。把腹直肌鞘前层打开，掀开腹直肌，可见在脐下 4~5cm 处，鞘的后层缺如，游离的下缘呈凸向上的弧形线，为弓状线。在弓状线下，我们能见到的膜为腹横筋膜。

2. **白线** 位于腹前壁正中线上，介于左右腹直肌鞘之间，有一细长的腱性结构，上方起自剑突，下方止于耻骨联合，由两侧的腹直肌鞘纤维彼此交织而成，即白线。

3. **腹股沟管** 位于腹前外侧壁的下部，由外上斜向内下，在腹股沟韧带内侧半的上方，有一长约 4.5cm 的肌与腱之间的裂隙，即腹股沟管。在腹股沟韧带中点上方约 1.5cm 处，有一腹横筋膜向外的突口，为腹股沟管的内口（腹环）。腹股沟管的外口即腹股沟管浅环。

腹股沟管有 4 个壁：由腹外斜肌腱膜和少许腹内斜肌覆盖在前方，构成前壁；腹内斜肌

和腹横肌的下缘呈弓状从上方跨过，构成上壁；腹股沟韧带在下方，形成下壁；在后方，外侧为腹横筋膜，内侧为联合腱，一起构成后壁。

4. 海氏（腹股沟）三角　位于腹前壁下部，在腹直肌外侧缘、腹股沟韧带上缘和腹壁下动脉（由髂外动脉发出，由腹股沟韧带稍上方经腹股沟管深环内侧上行，进入腹直肌鞘）内缘构成的三角形区域。

（六）腹肌后群

1. 腰大肌　详见下肢肌。
2. 腰方肌　在腹后壁，脊柱两侧，后方为竖脊肌。腰方肌起自髂嵴的后部，向上止于第12肋和第1~4腰椎横突。

第三节　头颈肌

【实验目的】

1. 掌握眼轮匝肌、口轮匝肌、颅顶肌的名称、位置和作用，咀嚼肌的名称、位置和作用，胸锁乳突肌的位置和作用。
2. 熟悉颈阔肌的位置、作用和胸锁乳突肌的起止点。
3. 了解眼轮匝肌、口轮匝肌、颅顶肌的起止点；其他各肌群的名称、位置和作用。

【实验教具】

1. 多媒体课件。
2. 标本　面肌（枕额肌、颊肌、眼口轮匝肌等）；咀嚼肌（示翼内肌、翼外肌、颞肌、咬肌）；颈肌（示舌骨上、下肌群、颈阔肌等）；颈深肌（示前、中斜角肌，斜角肌间隙，头长肌，颈长肌等）。
3. 模型　面肌、颈肌、咀嚼肌。
4. 挂图　头颈部肌学挂图。

【实验内容】

一、头肌

（一）面肌

在头、面部去掉皮肤及浅筋膜暴露面肌的标本上观察。

1. 颅顶肌　阔而薄，左、右各有1块枕额肌，两端为肌腹（前端位于额部皮下，为额腹；后端位于枕部皮下，为枕腹），中间为白色的帽状腱膜。
2. 眼轮匝肌　位于眼裂周围，呈扁椭圆形。
3. 口周围肌　位于口裂周围，呈环形的为口轮匝肌；呈辐射状的为提上唇肌、颧肌、笑肌、提口角肌、降口角肌和降下唇肌等。其中，在颊部，位置较深，紧贴于颊部黏膜外，横位于上、下颌骨之间的肌为颊肌。

（二）咀嚼肌

在头侧部颞窝、颞下窝部位去掉皮肤、浅筋膜，于暴露咀嚼肌标本上观察。

1. 颞肌　起自颞窝，肌束如扇形向下汇聚，通过颧弓止于下颌骨的冠突。
2. 咬肌　位于下颌骨两侧，起自颧弓的下缘和内面，向后下，止于下颌支和下颌角的外面。
3. 翼内肌　位于颞下窝，起自翼窝，向下外方，止于下颌角的内面。

4. 翼外肌 位于颞下窝，起自蝶骨大翼的下面和翼突的外侧，向外方，止于下颌颈。

二、颈肌

在颈部去掉皮肤及浅筋膜，于暴露颈肌的标本上观察。

（一）胸锁乳突肌

斜列于颈部两侧，起自胸骨柄前面和锁骨的胸骨端，止于颞骨的乳突。

（二）二腹肌

位于下颌骨和舌骨之间，有前、后两腹。前腹起自下颌骨二腹肌窝，斜向后下方；后腹起自乳突内侧，斜向前下。两个肌腹以中间腱相连，中间腱借筋膜形成滑车系于舌骨。

（三）下颌舌骨肌

在二腹肌前腹的深部，起自下颌骨，止于舌骨。

（四）茎突舌骨肌

位于二腹肌后腹之上，起自茎突，止于舌骨。

（五）颏舌骨肌

在下颌舌骨肌深面，起自颏棘，止于舌骨。

（六）胸骨舌骨肌

位于胸骨和舌骨之间，颈部正中线两侧，浅层，呈薄片带状。

（七）肩胛舌骨肌

位于胸骨舌骨肌的外侧，为细长带状肌，有上、下腹和中间腱。

（八）胸骨甲状肌

在胸骨舌骨肌深方。

（九）甲状舌骨肌

小短肌，被胸骨舌骨肌遮盖，在胸骨甲状肌的上方。

（十）前斜角肌

位于颈外侧，起自颈椎横突，止于第1肋。

（十一）中斜角肌

位于颈外侧，起自颈椎横突，止于第1肋，前斜角肌止点后方。

（十二）后斜角肌

位于颈外侧，中斜角肌后外侧，起自颈椎横突，止于第2肋。

第四节 上肢肌

【实验目的】

1. 掌握臂前群肌和后群肌的名称、位置和作用，前臂前群肌和后群肌的名称、作用和位置。

2. 熟悉腋窝和肘窝。

3. 了解上肢带肌的名称，手肌的鱼际、小鱼际的位置和作用，手肌中间群的名称和作用。

【实验教具】

1. 多媒体课件。

2. 标本 大体标本的上肢臂部、前臂和手部的前后群浅层肌肉结构，上肢臂部中部、前臂中部和手部中部横断面,大体标本的上肢带肌、臂肌连前臂肌、前臂肌深层肌肉结构,腕管和踝管标本,手肌标本。

3. 模型　手肌。

4. 挂图　上肢的肌学挂图。

【实验内容】

一、上肢肌

在大体标本上,去掉肩、胸、背上部及上肢的皮肤和浅筋膜观察所暴露的上肢肌。

（一）三角肌

位于肩部,呈三角形。起自锁骨的外侧段、肩峰和肩胛冈,肌束从前、外、后包裹肩关节,逐渐向外下方集中,止于肱骨体外侧的三角肌粗隆。

（二）冈上肌

在背上部观察,位于斜方肌深方,冈上窝内。起自肩胛骨的冈上窝,肌束向外经肩峰和喙肩韧带的下方,跨肩关节,止于肱骨大结节的上部。

（三）冈下肌

在背上部观察,位于冈下窝内,把三角肌和斜方肌掀开,则见到冈下肌。起自冈下窝,肌束向外经肩关节后面,止于肱骨大结节的中部。

（四）小圆肌

位于冈下肌的下方,起自肩胛骨外侧缘 2/3 的背侧面,止于肱骨大结节的下部。

（五）大圆肌

位于小圆肌的下方,其下缘被背阔肌包绕。起自肩胛骨下角的背侧面,肌束向外上方,止于肱骨小结节嵴。

（六）肩胛下肌

在肩胛骨的上、外、下方,剪断与其相连的结构,从背部将肩胛骨掀起,暴露其前面、肩胛下窝内的肩胛下肌。该肌起自肩胛下窝,肌束向上外经肩关节的前方,止于肱骨小结节。

（七）肱二头肌

在上肢前面观察,位于臂部,呈梭形,有 2 个头。长头以长腱起自肩胛骨盂上结节,通过肩关节囊,经结节间沟下降,居外侧;短头居内侧,起自肩胛骨喙突。两个头在臂的下部合并成一个肌腹,并以一个腱止于桡骨粗隆。在肘窝前方,肱二头肌腱在止于桡骨粗隆前分出一扁薄的肱二头肌腱膜行向内下,与前臂深筋膜结合。

（八）喙肱肌

在肱二头肌短头的后内方。起自肩胛骨喙突,止于肱骨中部的内侧。

（九）肱肌

位于肱二头肌下半部的深面。起自肱骨下半的前面,止于尺骨粗隆。

（十）肱三头肌

在上肢后面观。位于臂后部。起端有 3 个头,长头居中,起自肩胛骨盂下结节,向下经大、小圆肌之间;内侧头在长头的内下方,起自桡神经沟以下的骨面;外侧头在长头的外上方,起自肱骨后面桡神经沟外上方的骨面。3 个头向下会合成一个坚韧的腱,止于尺骨鹰嘴。

（十一）前臂肌前群

在前臂前面观察，可见到4层肌肉。

1. 第1层　有5块，自桡侧向尺侧依次为肱桡肌、旋前圆肌、桡侧腕屈肌、掌长肌、尺侧腕屈肌。肱桡肌起自肱骨外上髁的上方，向下止于桡骨茎突，其余4肌共同起自内上髁和前臂深筋膜，而止点不同。旋前圆肌斜向外下止于桡骨外侧面的中部，桡侧腕屈肌以长腱止于第2掌骨底，掌长肌的肌腹很小而腱细长，越过腕关节连于掌腱膜，尺侧腕屈肌止于豌豆骨。

2. 第2层　把第1层5块肌的肌腱剪断，掀开，暴露第2层肌，只有1块即指浅屈肌，起自肱骨内上髁、尺骨和桡骨前面，肌束向下移行为4条肌腱，通过腕管和手掌，分别进入第2～5指的屈肌腱鞘。每一个腱在近节指骨中部分为两脚，止于中节指骨体的两侧。

3. 第3层　把指浅屈肌腱剪断，并掀开该肌，暴露第3层。有2块肌，位于桡侧的拇长屈肌和位于尺侧的指深屈肌。两肌起自桡、尺骨上端的前面和骨间膜。拇长屈肌止于拇指远节指骨底；指深屈肌向下分成4个腱，经腕管入手掌，在指浅屈肌腱的深面分别进入第2～5指的屈肌腱鞘，在鞘内穿经指浅屈肌两脚之间，止于远节指骨底。

4. 第4层　把第3层肌的肌腱剪断，把肌掀开，观察第4层肌。仅有一块旋前方肌，位于尺、桡骨下部前方，扁平四方形，起自尺骨，止于桡骨。

（十二）前臂肌后群

在前臂后面观察，可见到浅、深两层肌肉。

1. 浅层　有5块，自桡侧向尺侧依次为桡侧腕长伸肌、桡侧腕短伸肌、指伸肌、小指伸肌和尺侧腕伸肌。这5块肌以一个共同的腱起自肱骨外上髁，止点不同。桡侧腕长、短伸肌向下移行于长腱，分别止于第2、3掌骨底。指伸肌向下分为4条肌腱，经手背，分别到第2～5指。这4条肌腱在手背远侧部、掌骨头附近形成腱间结合，越过掌骨头，向两侧扩展，包绕掌骨头和近节指骨的背面，形成指背腱膜。指背腱膜亦连于中节、远节指骨底。小指伸肌是一条细长的腱，长腱经手背到小指，止于指背腱膜。尺侧腕伸肌腱止于第5掌骨底。

2. 深层　5块肌。由外上向内下依次为旋后肌、拇长展肌、拇短伸肌、拇长伸肌和示指伸肌。旋后肌位于外上方，位置较深，起自肱骨外上髁和尺骨外侧缘的上部，肌束斜向外下，止于桡骨前面的上部。另外4块肌，位于旋后肌的下方，均起自桡骨和尺骨的后面及骨间膜。拇长展肌止于第1掌骨底，拇短伸肌止于拇指近节指骨底，拇长伸肌止于拇指远节指骨底，示指伸肌止于示指的指背腱膜。

（十三）手肌

在手的掌面观察。

1. 外侧群　形成鱼际的4块肌，包括拇短展肌（浅层外侧）、拇短屈肌（浅层内侧）、拇对掌肌（拇短展肌深方）、拇收肌（拇对掌肌的内侧）。

2. 内侧群　形成小鱼际的肌，包括小指展肌（浅层内侧）、小指短屈肌（浅层外侧）、小指对掌肌（小指展肌和小指短屈肌的深方）。

3. 中间群　包括蚓状肌、骨间肌。

4. 蚓状肌　4条细束状小肌，起自指深屈肌腱桡侧，经掌指关节的桡侧至第2～5指的背面，止于指背腱膜。

5. 骨间肌　骨间掌侧肌起自第2掌骨的内侧和第4、5掌骨的外侧面，共3块，分别止于第2、4、5指的近节指骨底和指背腱膜。骨间背侧肌起自各掌骨间隙，以二头起自掌骨的相对侧，分别止于第2～4指的近节指骨和指背腱膜。

第五节 下肢肌

【实验目的】

1. 掌握股四头肌、缝匠肌的位置和作用，大腿后群肌的名称、位置和作用，小腿前群肌、外侧群肌和后群肌的名称、位置和作用。

2. 熟悉髂腰肌、臀大肌和梨状肌的位置和作用，大腿内侧肌群的名称，下肢筋膜、股三角、股管及腘窝。

3. 了解髂腰肌、臀大肌和梨状肌的起止，其他臀肌的名称和位置；足肌。

【实验教具】

1. 多媒体课件。

2. 标本　大体标本的下肢大腿和小腿横断面，大体标本的下肢大腿、小腿和足部的各群浅层肌肉结构，大体标本的下肢带肌、下肢大腿、小腿和足部的各群深层肌肉结构。

3. 模型　足肌。

4. 挂图　下肢的肌学挂图。

【实验内容】

一、髋肌

在大体标本上，掀开腹前壁，去掉腹后壁的壁腹膜，去掉臀部和下肢的皮肤、浅筋膜，观察所暴露的肌肉。

（一）髂腰肌

由腰大肌、髂肌组成。在腹后壁脊柱两侧观察腰大肌，起自腰椎体侧面和横突，肌束向外下方走行；髂肌起自髂窝，呈扇形。两肌向下相互结合，经腹股沟韧带深面和髋关节前内侧，止于股骨小转子。

（二）阔筋膜张肌

位于大腿上部前外侧，起自髂前上棘，肌腹在阔筋膜（位于大腿部的深筋膜）两层之间，向下移行于髂胫束，止于胫骨外侧髁。

（三）臀大肌

位于臀部浅层，大而肥厚。起自髂骨翼外面和骶骨背面，肌束斜向下，止于髂胫束和股骨的臀肌粗隆。

（四）臀中肌

位于臀大肌的深方，为一块扇形肌。起自髂骨翼外面，止于股骨大转子。

（五）臀小肌

掀开臀中肌，见到其深方的臀小肌，呈扇形，与臀中肌皆起自髂骨翼外面，肌束向下集中形成短腱，止于股骨大转子。

（六）梨状肌

掀开臀大肌可见到臀中肌，在臀中肌的下方即为梨状肌。该肌起自盆内骶骨前面骶前孔的外侧，外出坐骨大孔到臀部，止于股骨大转子。

(七) 闭孔内肌

在骨盆正中矢状切面，去掉盆内脏器及腹膜壁层，在闭孔膜内侧的肌为闭孔内肌。在骨盆连有股骨的标本上观察，闭孔内肌起自闭孔膜内面及其周围骨面，肌束向后集中成为肌腱，由坐骨小孔出骨盆转折向外，止于转子窝。

(八) 闭孔外肌

在骨盆与股骨相连结标本上观察，该肌起自闭孔膜外面，经股骨颈的后方，止于转子窝。

(九) 股方肌

掀开臀大肌，观察起自坐骨结节、止于转子间嵴的股方肌。

二、大腿肌

(一) 大腿肌前群

位于大腿前面，共有 2 块肌，缝匠肌：在大腿前面一条斜行的扁带状肌，起自髂前上棘，经大腿的前面，转向内侧，止于胫骨上端的内侧面；股四头肌：4 个头分别为股直肌、股内侧肌、股外侧肌、股中间肌。这 4 块肌中，位于中部浅层的为股直肌，起自髂前下棘；股内侧肌、股外侧肌分居股直肌两侧，分别起自股骨粗线的内、外侧唇；股中间肌位于股直肌的深面，起自股骨体的前面。4 个头向下形成一个腱，包绕髌骨的前面和两侧，继而下延为髌韧带，止于胫骨粗隆。

(二) 大腿肌内侧群

在大腿的内侧，共 5 块，分 3 层排列：浅层 3 块，自外侧向内侧分别为耻骨肌、长收肌和股薄肌；中层 1 块，在耻骨肌和长收肌的深面，为短收肌；深层也 1 块，在短收肌的深方，为一宽而厚的三角形肌，为大收肌。内侧肌群均起自闭孔周围的耻骨支、坐骨支和坐骨结节等骨面，除股薄肌止于胫骨上端的内侧以外，其他各肌都止于股骨粗线。

(三) 大腿肌后群

位于大腿后面，共有 3 块肌，分居内、外两侧：外侧为股二头肌，有长、短两个头。长头起自坐骨结节，短头起自股骨粗线，两头合并后以长腱止于腓骨头；内侧有浅、深两块：浅部的为半腱肌，肌腱细长，几乎占肌的一半，与股二头肌长头一同起自坐骨结节，止于胫骨上端的内侧；深部的为半膜肌，以扁薄的腱膜起自坐骨结节，薄腱膜几乎占肌的一半，肌的下端以腱止于胫骨内侧髁的后面。

三、小腿肌

(一) 小腿肌前群

位于小腿前外侧，分浅、深 2 层。浅层 2 块，位于内侧的为胫骨前肌，外侧的为趾长伸肌。胫骨前肌起自胫骨外侧面，肌腱向下经距小腿关节前方，至足的内侧缘，止于内侧楔骨和第 1 跖骨底的足底面。趾长伸肌起自腓骨内侧面的上 2/3 和小腿骨间膜，向下至足骨，分为 4 条腱，分别止于第 2~5 趾背，移行于趾背腱膜，止于中节和远节趾骨底。深层 1 块：位于胫骨前肌和趾长伸肌的深方，为𧿹长伸肌，起自腓骨内侧面的中份和骨间膜，肌腱经足背，止于𧿹趾远节趾骨底。

(二) 小腿肌外侧群

在小腿外侧观察 2 块肌，分浅、深两部分。浅部肌为腓骨长肌，深部肌为腓骨短肌。两肌均起自腓骨的外侧面，腓骨长肌起点较高，并覆盖腓骨短肌。两肌的腱经外踝的后面转向前，在跟骨外侧面分开，短肌腱向前止于第5跖骨粗隆，长肌腱绕至足底，斜行至足的内侧缘，止于内侧楔骨和第1跖骨底。

（三）小腿肌后群

在小腿的后面观察小腿肌后群，分浅、深两层。

1. 浅层　为小腿三头肌。其中，两个头位置浅表，又称腓肠肌，另一个头位置较深，是比目鱼肌。腓肠肌的内、外侧两头起自股骨内、外侧髁的骨面，两头相合，约在小腿中点移行为腱。比目鱼肌起自腓骨后面的上部和胫骨的比目鱼肌线。3个头会合，向下续为跟腱，止于跟骨。

2. 深层　有4块肌。1块在上方为腘肌，斜位于腘窝底，起自股骨外侧髁的外侧部分，止于胫骨的比目鱼肌线以上的骨面。其余3块在下方，居中的为胫骨后肌，内侧的为趾长屈肌，外侧的为踇长屈肌。胫骨后肌起自胫骨、腓骨和小腿骨间膜的后面，长腱经内踝之后，到足底内侧，止于舟骨粗隆和内侧、中间及外侧楔骨。趾长屈肌起自胫骨后面，它的长腱经内踝后方至足底，在足底分为4条腱，止于第2~5趾的远节趾骨底。踇长屈肌起自腓骨后面，长腱经内踝之后至足底，止于踇趾远节趾骨底。

四、足肌

在足的背部和足底部观察足背肌和足底肌。

1. 足背肌　较弱小，有踇短伸肌和趾短伸肌两种。两肌均起自跟骨前端的上面和外侧面，踇短伸肌止于踇趾近节趾骨底，趾短伸肌止于第2~4趾近节趾骨底。

2. 足底肌　有3群。

3. 内侧群　在踇趾一侧，有踇收肌、踇短屈肌和踇展肌。

4. 中间群　位于足底中部，主要有足底方肌、趾短屈肌、蚓状肌、骨间足底肌、骨间背侧肌。

5. 外侧群　在小趾一侧，有小趾展肌和小趾短屈肌。

【思考题】

1. 斜角肌间隙的围成及通过结构？
2. 患腹股沟斜疝、直疝时，腹腔内容物分别经哪些结构向腔外突出？
3. 阑尾炎时经麦氏点做切口进入腹膜腔需经哪些层次？
4. 参与呼吸运动的肌肉有哪些？
5. 何谓足的内翻、外翻？使足内翻、外翻的肌肉有哪些？

（侯金才）

第二篇 内脏学

解剖学上,通常将消化、呼吸、泌尿和生殖 4 大系统的器官合称为内脏,研究内脏各器官位置和形态结构的科学,称为内脏学。

第一章 总 论

【实验目的】
1. 了解内脏的概念、范围以及各系统的主要机能。
2. 了解内脏中空性器官和实质性器官的一般构造。
3. 掌握胸、腹部的标志线和腹部的分区。

【实验教具】
1. 多媒体课件。
2. 挂图　内脏总论挂图。

【实验内容】

一、内脏的一般构造

内脏 4 个系统的各个器官,从基本构造上可归纳为两大类,即中空性器官和实质性器官。

(一) 中空性器官

此类器官多呈管状或囊袋状。器官内部为空腔,器官壁由数层组织构成。消化管各器官由 4 层构成。呼吸系统、泌尿系统和生殖系统的中空性器官则多数由 3 层构成。

(二) 实质性器官

此类器官是柔软的组织结构,表面包有结缔组织被膜。

二、胸、腹部的标志线和腹部的分区

为了描述各器官的位置、毗邻和表面解剖,通常在胸、腹部体表画出一些标志线和划分一些区域。

(一) 胸部的标志线
1. 前正中线　沿身体前面正中所做的垂线。
2. 胸骨线　沿胸骨最宽处的外侧缘所做的垂线。
3. 锁骨中线　经锁骨中点向下所做的垂线。
4. 胸骨旁线　胸骨线和锁骨中线之间的中点处所做的垂线。
5. 腋前、后线　分别沿腋前、后襞所做的垂线。
6. 腋中线　通过腋前、后线之间的中点处所做的垂线。

7. 肩胛线　通过肩胛骨下角所做的垂线。

8. 后正中线　沿身体后面正中所做的垂线。

（二）腹部的标志线和分区

1. 四分法　通过脐做一水平线和垂直线，将腹部分为左上腹、右上腹、左下腹和右下腹4个区。

2. 九分法　通过两侧肋弓最低点和两侧髂结节所做的上、下两条水平线将腹分为上腹部、中腹部和下腹部3部。再由两侧腹股沟韧带中点所做的两条垂直线，将腹部分为9个区，包括腹上区和左、右季肋区、脐区和左、右腹外侧区、耻区和左、右腹股沟区。

【思考题】

1. 胸部的标志线有哪些？

2. 腹部是如何进行分区的？

第二章 消化系统

消化系统包括消化管和消化腺两大部分，基本功能是摄取食物并进行物理和化学性消化，经消化管黏膜上皮细胞吸收其营养物质，最后将食物残渣形成粪便排出体外。

第一节 消化管

【实验目的】

1. 掌握消化系统的组成。掌握口腔的分部及其界限。了解唇、颊和腭的形态。掌握腭扁桃体的位置。掌握牙的形态和构造；掌握乳牙和恒牙的牙式；掌握牙周组织的构成。掌握舌的形态和黏膜；了解舌肌的一般配布和功能。掌握口腔腺的位置、形态和腺管的开口部位。

2. 掌握咽的形态、位置和分部，了解咽淋巴环的位置。掌握食管的形态、位置和主要毗邻。掌握食管的狭窄处，了解其临床意义。掌握胃的形态、位置、主要毗邻。了解胃壁的构造。掌握小肠的分部。掌握十二指肠的形态、位置、分部。

3. 掌握空肠、回肠的位置和形态。掌握大肠的分部及形态学特点。掌握盲肠和阑尾位置、形态结构及阑尾根部的体表投影。掌握结肠的分部及各部的位置。掌握直肠的形态、位置和构造。掌握肛管的形态、肛门括约肌的配布及作用。

【实验教具】

1. 多媒体课件。
2. 标本　腹腔整体观标本；头颈正中矢状断面标本；骨盆正中矢状断面标本；离体标本：牙、舌、食管、胃、十二指肠、空、回肠、回盲部、结肠和直肠。
3. 模型　头颈部正中矢状切面模型、腹腔模型。
4. 挂图　头颈部正中矢状切面挂图、腹腔挂图。

【实验内容】

一、口腔

口腔的界域：口腔前壁为口唇，两侧壁为颊，上壁为腭，下壁为口底。向前以口裂通体外，向后经咽峡通咽腔。

（一）口唇

由皮肤、肌和口腔黏膜构成。唇的游离缘是皮肤与黏膜移行部，称唇红。上唇表面正中线上有一浅沟称人中，为人类所特有。从鼻翼两旁至口角两侧各有一浅沟称鼻唇沟。

（二）颊

颊黏膜在平对上颌第2磨牙处有一小的黏膜突起，其上有腮腺管的开口。

（三）腭

腭为口腔上壁，前2/3为硬腭，后1/3为软腭。软腭由黏膜及肌构成，前缘与硬腭相续，后缘游离而下垂称为腭帆，其中央向下突起称腭垂，自软腭游离缘向两侧形成前、后两条由黏膜形成的弓形皱襞，近前方的一条叫腭舌弓，向下续于舌根，后方的一条叫腭咽弓，止于咽的侧壁。前、后两弓之间的凹窝内有腭扁桃体。由腭垂、左右两侧腭舌弓和舌根共同围成的狭窄区域称咽峡。

(四) 牙

牙嵌于上、下颌骨的牙槽内，分别排列成上牙弓和下牙弓。乳牙共20颗，包括切牙、尖牙和磨牙。而恒牙则有32颗，包括切牙、尖牙、前磨牙和磨牙。每个牙可分为3部，露于口腔的部分称牙冠，埋在牙槽内的部分称牙根，牙冠和牙根之间的部分称牙颈。在牙冠的表层，是一层洁白的釉质，此为人体内最坚硬的物质。牙根尖部有一小孔，称为牙根尖孔。在活体和湿标本，牙槽骨质表面和牙颈周围都被覆有口腔黏膜和结缔组织称为牙龈。在剖开牙的标本观察，牙的中央有一被牙质围成的腔隙称为牙腔，其内充填有牙髓。

(五) 舌

舌位于口腔底，分为上、下两面，上面又称为舌背面，可见一人字形的界沟，将舌分成前2/3的舌体和后1/3的舌根。舌体的前端称舌尖。舌下面又称为背面，正其中线处有一纵行的黏膜皱襞称舌系带，在舌系带根部的两侧各有一小黏膜隆起称舌下阜，由舌下阜向两侧延伸，各有一黏膜隆起称舌下襞，其深面有舌下腺。舌黏膜被覆于舌的上、下面，舌上面的黏膜上有许多小突起称为舌乳头。按其形状可分丝状乳头、菌状乳头和轮廓乳头等。丝状乳头数量最多，遍布舌背；菌状乳头数量较少而体积较大，为红色钝圆形小突起，散在丝状乳头之间；轮廓乳头最大，有7~11个，排列于界沟前方。

舌的肌肉分为舌内肌和舌外肌两部分。舌内肌的功能主要是使舌的形态变化，而舌外肌的功能主要是使舌的位置发生变化，舌内肌起止点均在舌内，根据其纵行、横行和垂直的肌纤维方向分为舌纵肌、舌横肌和舌垂直肌3种。舌外肌主要是指起于舌周围的结构终止于舌的肌肉，其中最重要的颏舌肌，起于下颌骨体后面中央，肌纤维向后上方呈扇形分散终止于舌，作用为伸舌。

(六) 唾液腺

唾液腺有3对，即腮腺、下颌下腺和舌下腺。其中最大者为腮腺，位于耳廓前下方，外表略呈三角形，腮腺导管由腮腺的前缘发出，在颧弓下方一横指处，向前从咬肌表面横过，再呈直角向内，穿过颊肌，开口于上颌第2磨牙相对的颊黏膜处。

二、咽

(一) 咽的位置

在头颈部正中矢状切面标本和模型，再结合切开咽后壁的咽肌标本和模型观察。咽是一漏斗形肌性管道，上至颅底，下至第6颈椎体下缘平面与食管相延续。

(二) 咽的分部

按照咽的前方毗邻，可将咽分为鼻咽、口咽和喉咽3部。

1. 鼻咽　是鼻腔向后的直接延续，上达颅底，下至软腭平面，位于下鼻甲后方约1cm处有一咽鼓管咽口，通过此口与中耳鼓室相通。其前、上、后方的明显隆起称咽鼓管圆枕，圆枕后方与咽后壁之间有纵行凹陷称咽隐窝，此处为鼻咽癌的好发部位。

2. 口咽　上续鼻咽，下连喉咽，向前经咽峡通口腔，在其两侧面进一步观察腭舌弓、腭咽弓以及两弓之间凹窝内的腭扁桃体。

3. 喉咽　位于喉口的后方，是咽腔比较狭窄的最下部分。在喉口两侧与咽腔壁之间各有一个梨状隐窝，是异物和食物容易停留之处。

三、食管

食管是一前后扁窄的肌性管道，是消化管各段中较狭窄的部分。全长25cm，可分为颈部、胸部和腹部3段。上端平第6颈椎体下缘处于喉咽相接，此处为食管的第1狭窄处，距中切牙15cm。在第4、5胸椎之间的高度，有左主支气管从其前方交叉而过，此处为食管的第2狭窄处，距中切牙25cm。在第10胸椎平面食管穿膈肌至腹腔，此处为食管的第3狭窄处，距中切牙40cm。食管的3个狭窄处，它们是食管癌的好发部位。食管入腹腔后，于第11胸椎左侧与胃的贲门相接。

四、胃

胃是消化管中最膨大的部分。胃除有受纳食物和分泌胃液的作用外，还有内分泌功能。

（一）胃的形态和分部

胃空虚时略呈管状，高度充盈时可呈球囊形。胃有两口：入口称贲门，与食管相接，出口称幽门，与十二指肠相接。胃有两壁：胃前壁朝向前上方，胃后壁朝向后下方。胃有两缘：上缘称胃小弯，在近幽门处有一凹陷称为角切迹，下缘称胃大弯，凸向左下方。胃又可分为4部：靠近贲门的部分称贲门部；贲门平面以上，向左上方膨出的部分称为胃底；胃的中间大部称为胃体；在角切迹右侧至幽门之间的部分称幽门部。幽门部又可分为幽门管和幽门窦两部分，幽门部紧接幽门而呈管状的部分称为幽门管，幽门管向左至角切迹之间稍膨大的部分称为幽门窦。从剖开的胃观察其内面，胃的黏膜形成的皱襞相互交织成网状，但在胃小弯处，黏膜皱襞多为纵行，约4～5条。在幽门括约肌内表面的黏膜向内形成环状皱襞，称幽门瓣。胃的肌层根据其肌纤维方向分为内斜、中环、外纵3层。其中在幽门处环形肌特别增厚，形成的幽门括约肌，其在控制胃内容物由胃到达肠道的过程中发挥重要作用。

（二）胃的位置

胃的位置常因人的体型、体位和充盈程度不同而有较大变化。一般情况下，胃在中等充盈时，大部分位于左季肋区，小部分位于腹上区。贲门位于第11胸椎左侧，幽门位于第1腰椎体右侧。

五、小肠

小肠是消化管中最长的一段，全长约5～7m，起于胃的幽门，向下盘曲于腹部，下接盲肠，从上至下可分为十二指肠、空肠和回肠3部分。

（一）十二指肠

十二指肠呈"C"字形包绕胰头，长约25cm，根据其方位分为上部、降部、水平部和升部。

1. **上部** 起于胃的幽门，上部左侧与幽门相连接处肠壁较薄，黏膜光滑无环状皱襞，称为十二指肠球部。

2. **降部** 起于十二指肠上部，达第3腰椎体下缘处急转向左，移行于水平部。剖开降部，可见降部的中段肠腔后内侧壁上有一纵行的黏膜皱襞，称十二指肠纵襞，此襞的下端有一乳头状隆起，称十二指肠大乳头，此为胆总管与胰管的共同开口之处，它距中切牙约75cm。

3. **水平部** 在第3腰椎平面自右向左，横过下腔静脉至腹主动脉前面，移行于升部。

4. **升部** 自腹主动脉前方斜向左上方至第2腰椎左侧，再向前下转折延续为空肠。转折处形成的弯曲称为十二指肠空肠曲，它被由肌纤维和结缔组织共同构成的十二指肠悬肌固定于腹后壁，此韧带为临床外科手术可借鉴的重要标志。

（二）空肠和回肠

上端起于十二指肠空肠曲，下端接续盲肠。空肠与回肠之间并无明显界限，大致空肠位于腹腔的左上方，回肠占居右下方；两者长度比约为 2∶3；整体观察空肠比回肠的管腔略粗；临床开腹观察空肠比回肠的颜色红润；空肠与回肠均由小肠系膜连于腹后壁，提起空肠和回肠观察，在小肠系膜内有大量的血管，而且相互吻合形成动脉弓，但回肠的动脉弓较多。

内部结构：在切下的标本上观察空肠与回肠结构上的区别；空肠壁厚，回肠壁薄。空肠内面环形襞大而多，回肠则小且少。取一段小肠，将其剪开展平拿起来对着亮光进行观察，可以看到很多散在不透光点，像芝麻样大小（大小不定）这就是孤立淋巴滤泡。仅有此孤立淋巴滤泡者则为空肠，回肠末端除有孤立淋巴滤泡外，尚有淋巴组织聚集成片的椭圆形不透光区域而且大小不一，称为集合淋巴滤泡。孤立和集合淋巴滤泡为肠道壁内的淋巴组织，具有重要的免疫和防御机能。

六、大肠

大肠是消化管的最下端，全长约 1.5m，起自右髂窝，终于肛门，可分为盲肠、阑尾、结肠、直肠和肛管 5 部分。

从实物标本和模型的表面观察，大肠表面有 3 个主要特点：①结肠带，是肠管表面的 3 条纵行的带状结构；②结肠袋，是由肠壁上的许多横沟隔开而成的环形囊袋状突起；③肠脂垂，为结肠带附近许多大小不等的脂肪突起。上述特征为临床外科区别大肠和小肠的关键所在。

（一）盲肠

盲肠为大肠的起始部，因其下端为一膨大的盲端而得名。盲肠通常位于右髂窝内，向上连于结肠。在切开标本或模型上观察盲肠的内部结构，可见其左后上方有回肠末端的开口，此口称为回盲口，口的上、下缘各有一半月形的黏膜皱襞称回盲瓣，在回盲瓣的下方约 2cm 处，有阑尾的开口。

（二）阑尾

阑尾是附于盲肠后内侧壁的一小段肠管，阑尾的位置，一般常与盲肠一起位于右髂窝内，但变化甚大，因人而异。但阑尾根部的体表投影，通常在脐与右髂前上棘连线的中、外 1/3 交界处，此点称为麦氏点。急性阑尾炎时，此点可有压痛。阑尾的上端连通盲肠后内壁，在 3 条结肠带的汇集处是寻找阑尾根部的重要标志，因此，通常沿结肠带向下追踪，便可发现阑尾根部的附着点。阑尾的下端游离，可以显示多种不同的位置。

（三）结肠

是介于盲肠和直肠之间的一段大肠，整体呈方框形，包围在空、回肠的周围，结肠可分为升结肠、横结肠、降结肠及乙状结肠 4 部分。

1. 升结肠　是盲肠上升至结肠右曲的部分。
2. 横结肠　界于结肠右曲至结肠左曲之间的部分。
3. 降结肠　由结肠左曲下降至左侧髂嵴处的一段。
4. 乙状结肠　平左髂嵴处接续降结肠，因其呈"乙"字形弯曲而得名，乙状结肠向下延续成直肠。

（四）直肠

直肠位于盆腔内，上端平第 3 骶椎处接乙状结肠，下端至盆膈处延续为肛管。直肠并不直，在矢状切面上有两个弯曲，其上部与骶骨前面的曲度一致，形成凸向后的骶曲，下端绕过尾骨尖前面转向后下方，形成一凸向前的会阴曲。直肠下端的肠腔膨大称为直肠壶腹，直肠壶腹内面的黏膜，形成 2～3 个半月形皱襞称直肠横襞。其中最大而恒定的一个皱襞在直肠前右侧壁上，距肛门 7cm，可作为直肠镜检时的定位标志。

（五）肛管

肛管为大肠的末段，上端连于直肠，下端开口肛门，长 3～4cm。肛管上段的黏膜形成 6～10 条纵行皱襞称肛柱。各肛柱下端之间有半月形黏膜皱襞相连称肛瓣。两个相邻肛柱下端与肛瓣围成袋状小陷窝称肛窦。各肛瓣和肛柱的下端共同连成一锯齿状的环形线称为齿状线或肛皮线。齿状线以下有一宽约 1cm 表面光滑的环状带，称为肛梳。肛梳下缘有一环状线称白线，此线恰为肛门内、外括约肌的交界处，为临床指诊时所感觉到的环状沟。白线以下的皮肤颜色较深，在下方不远处终于肛门。

肛管的环形肌层增厚，形成肛门内括约肌。围绕在肛门内括约肌周围的是增厚的骨骼肌构成肛门外括约肌，肛门括约肌主司控制肛门。

【思考题】
1. 成人和小儿的牙式？
2. 阑尾根部的体表投影，阑尾手术时如何寻找阑尾？
3. 活体口腔检查，可见到哪些器官和结构？
4. 咽峡的构成和意义？
5. 咽的位置、分部，各部主要结构临床意义及交通如何？
6. 插胃管时要经过食管哪几个狭窄及狭窄位置？
7. 胃、十二指肠的位置、形态和分部？
8. 直肠镜检查时可观察到的正常结构？
9. 大唾液腺的位置及导管开口？

第二节　消化腺

【实验目的】
1. 掌握肝的形态、位置和主要毗邻。了解肝的分叶与肝段概念。掌握胆囊的形态、位置及胆囊底的体表投影。
2. 掌握输胆管道的组成、胆总管与胰管的汇合及开口部位。掌握胆汁的排出径路。
3. 掌握胰的形态、位置和主要毗邻。

【实验教具】
1. 多媒体课件。
2. 标本　腹腔整体观标本，离体标本肝、胆、胰和十二指肠标本（示输胆管道）。
3. 模型　肝、胰、输胆管道模型。
4. 挂图　肝、胰、输胆管道挂图。

【实验内容】

一、肝

肝是人体内最大的腺体，也是人体最大的消化腺。肝的功能重要而复杂，它参与体内的消化、排泄、解毒和代谢等过程，并有防御能力。肝的主要功能是分泌胆汁，以促进脂肪的消化和吸收。

（一）肝的形态

肝呈楔形，可分上、下两面和前、后两缘及左、右两叶。肝上面隆凸，贴于膈穹窿之下称为膈面，借镰状韧带分为左、右两叶。肝下面凹凸不平与许多内脏接触称脏面，脏面朝向下后方，有排列呈"H"的左、右纵沟和横沟。左纵沟窄而深，沟前部有肝圆韧带，后部有静脉韧带。右纵沟阔而浅，前部为胆囊窝，内有胆囊；后部为腔静脉窝，内有下腔静脉由此通过。横沟称为肝门，是肝门静脉、肝固有动脉、肝左右管、淋巴管和神经等出入肝的门户。

（二）肝的位置

肝大部分位于右季肋区和腹上区，小部分位于左季肋区。肝的前面大部分被肋所掩盖，仅在腹上区的左、右肋弓之间，有一小部分露出于剑突之下，直接与腹前外侧壁接触。当腹上区和右季肋区遭到暴力冲击或肋骨骨折时，肝可能被损伤而破裂。

（三）肝的分段

肝表面形态的简单分叶，不完全符合肝内管道系统的配布情况。近代研究证明，肝内管道分为Glisson系统和肝静脉系统。Glisson系统包括肝内的肝门静脉、肝固有动脉和肝管及其分支，三者在肝内的走行、分支、配布基本一致，并有Glisson囊包被。肝段的现代概念就是依据Glisson系统在肝内的分布情况提出的。按照Glisson系统各级分支的分布，可将肝分为左、右半肝，进一步再分成5个叶、6个段。肝静脉系统的各级属支，行于Glisson系统各分支之间，而肝静脉各主干即肝左、中、右静脉，相应地行于各肝裂中，最后在腔静脉沟的上端（第二肝门）出肝，分别注入下腔静脉。有若干肝静脉系统的小静脉在腔静脉沟的下段内汇入下腔静脉（该处称第三肝门）。

（四）肝外胆道

指走出肝门之外的胆道系统而言。包括肝左管、肝右管、肝总管、胆囊、胆囊管和胆总管。胆囊位于肝下面的胆囊窝内，呈梨形。分为胆囊底、胆囊体、胆囊颈和胆囊管4部分。胆囊管弯曲，向下与左侧的肝总管会合成胆总管。胆总管位于肝门静脉右前方，与胰管汇合，形成略膨大的总管称肝胰壶腹，开口于十二指肠大乳头。在肝胰壶腹的管壁内，有环形平滑肌称为肝胰壶腹括约肌，可控制胆汁的排出和防止十二指肠内容物逆入胆总管和胰管内。

二、胰

是人体第2大消化腺，横位于胃后方的腹腔上部，相当于第1、2腰椎体水平。胰腺分头、体、尾3部分，胰头在右方，有十二指肠包绕，胰体横跨第1腰椎及下腔静脉和腹主动脉前面，胰的左端是胰尾，较细，与脾门接触。

在胰的实质内偏后方，有一条与胰的长轴平行，自胰尾向右横贯其全长的主排泄管道，称胰管，最后与胆总管合并，共同开口于十二指肠大乳头。

【思考题】

1. 肝的脏面的形态结构？
2. 肝外胆道的组成？
3. 胆汁的排泄途径？

（马　萍）

第三章 呼吸系统

呼吸系统由呼吸道和肺两大部分组成。呼吸道是传送气体的通道，包括鼻、咽、喉、气管、支气管等。通常鼻、咽、喉为上呼吸道，气管和各级支气管为下呼吸道。肺由实质组织和间质组织构成。呼吸系统的主要功能是进行气体交换，此外还有发音、嗅觉、内分泌协助静脉血回流入心等功能。

第一节 鼻

【实验目的】
1. 了解外鼻的形态结构。
2. 掌握鼻腔的分部及各部的形态结构。
3. 掌握鼻旁窦的位置、开口，各窦的形态特点及了解其临床意义。

【实验教具】
1. 多媒体课件。
2. 标本　头正中矢状切面标本、颅骨正中矢状切面标本。
3. 模型　头正中矢状切面模型。
4. 挂图　头正中矢状切面挂图、鼻腔外侧壁挂图、鼻旁窦开口挂图。

【实验内容】
鼻是呼吸道的起始部，也是嗅觉器官，可分为外鼻、鼻腔和鼻旁窦3部分。

一、外鼻

外鼻有鼻根、鼻背、鼻尖及鼻翼等部，外鼻下端有鼻孔。

二、鼻腔

鼻腔由鼻中隔分为左右两腔，根据鼻腔形态又分为前方的鼻前庭和后方的固有鼻腔：
（一）鼻前庭
为鼻翼所围成的空腔，内面衬以皮肤，生有鼻毛。
（二）固有鼻腔
由骨性结构所围成并被覆鼻腔黏膜。其外侧壁上有上鼻甲、中鼻甲及下鼻甲，各鼻甲下方的沟分别称为上鼻道、中鼻道和下鼻道。固有鼻腔的黏膜可因其结构和功能不同，分为嗅区和呼吸区2部分。嗅区为上鼻甲和与上鼻甲相对的鼻中隔的黏膜，内含嗅觉感觉细胞。两鼻腔的内侧为鼻中隔，其前下部分黏膜下有丰富血管，此部位称为易出血区。

三、鼻旁窦

鼻旁窦为鼻腔周围含有空气的骨性空腔，共有4对，都开口于鼻腔，先在颅骨上认清蝶窦、筛窦、额窦、上颌窦位置，然后在头部矢状切面标本和模型上寻找它们的开口，最好是切开中鼻甲后观察。在中鼻道中部可见一较大的裂口为上颌窦开口，在其前上方有额窦开口。蝶窦开口应该在上鼻甲后上方寻找，用探针在此处探察便可发现。蝶窦、额窦、上颌窦的开口较容易发现，但筛窦口较小，需要认真寻找。另外，在下鼻道的近前部上方，可见一个较大的鼻泪管开口。

【思考题】
1. 鼻腔的主要结构？
2. 鼻旁窦的位置、开口及临床意义？

第二节 喉

【实验目的】
1. 掌握喉的位置及其性别和年龄变化。
2. 熟悉喉的软骨和连结。
3. 熟悉喉肌的配布和作用。
4. 掌握喉腔的形态结构和分部。

【实验教具】
1. 多媒体课件。
2. 标本　头正中矢状切面标本、喉腔矢状切面标本、游离呼吸系统标本。
3. 模型　头正中矢状切面模型、喉腔矢状切面模型、喉软骨模型。
4. 挂图　头正中矢状切面挂图、喉的软骨挂图、喉的连结挂图、喉肌挂图。

【实验内容】
喉位于颈前正中，位置表浅，上连舌骨，下接气管，两侧有颈部大血管、神经和甲状腺侧叶。喉既是呼吸道，又是发音器官。由软骨和喉肌组成。

一、喉的软骨

喉的软骨主要包括甲状软骨、环状软骨、会厌软骨和一对杓状软骨。

（一）甲状软骨

是最大的喉软骨，由左右对称的两个方形软骨板构成，两板前缘以直角互相融合形成前角，其上端向前突出称为喉结。喉结在颈前面正中的上部可以触摸到，尤其是性成熟的男性可见其形成明显的突起，在喉结的上方可以触摸到一个呈"V"的凹陷，称为上切迹。甲状软骨板后缘有两对突起分别为上方的一对为上角，下方的一对为下角。

（二）环状软骨

在甲状软骨的下方，形如指环，但前部窄小呈弓形，称环状软骨弓，而后部宽大呈板状，称环状软骨板。

（三）杓状软骨

位于环状软骨板上方，左右各一，呈三棱锥体形。尖朝上，底朝下，杓状软骨底有向前的突起称声带突，向外的突起为肌突，是重要韧带和肌肉附着之处。

（四）会厌软骨

附着于甲状软骨前角的后面，形似树叶状，下端狭细，上端宽阔，游离于喉口上方，前面凸，后面凹。当吞咽时，会厌软骨恰好盖住喉口，防止咽腔内的食物和水进入喉腔。

二、喉的连结

喉的连结包括喉软骨之间以及喉软骨与舌骨、气管之间的连结。

（一）环杓关节

由杓状软骨底和环状软骨板上缘的关节面连结而成。

（二）环甲关节

由甲状软骨下角的关节面与环状软骨弓和板交界处外侧面上的关节面连结构成。

（三）弹性圆锥

又称环声膜，为圆锥形弹性纤维膜，其下缘附着于环状软骨上缘，上缘游离，张于甲状软骨前角后面与杓状软骨声带突之间，称为声韧带。

（四）方形膜

位于会厌软骨侧缘、甲状软骨前角后面和杓状软骨前内侧缘之间，左右各一，略呈斜方形。

（五）甲状舌骨膜

是连于甲状软骨上缘与舌骨之间的薄膜。

（六）环状软骨气管韧带

连于环状软骨下缘与第1气管软骨之间。

三、喉肌

喉肌均为骨骼肌，根据位置可分为内群肌和外群肌。喉肌的主要作用是运动环甲关节和环杓关节，使声襞紧张或松弛，以调节其振动频率和振幅；扩大或缩小声门裂和喉口，以调节通气量。

四、喉腔

喉腔是由喉壁围成的筒状腔隙，向上借喉口通喉咽部，向下与气管相通。喉腔的两侧壁有上、下两对黏膜皱襞。上方的一对称为前庭襞，两侧前庭襞间的裂隙称前庭裂，下方的一对称为声襞，两侧声襞及杓状软骨间的裂隙称为声门裂。声门裂是喉腔最狭窄的部位，此裂前3/5为膜间部，是发音的关键结构。

喉腔借前庭襞和声襞自上而下可分为喉前庭（喉上间腔）、喉中间腔和声门下腔（喉下间腔）3部分。喉中间腔向两侧突出的隐窝称喉室。

【思考题】

1. 组成喉的软骨？
2. 声门裂的形成和声带的组成？
3. 喉镜检查可见到哪些结构？

第三节 气管和支气管

【实验目的】

1. 掌握气管的位置，了解其构成。
2. 掌握左、右支气管形态学上的区别及其临床意义。

【实验教具】

1. 多媒体课件。
2. 标本　离体标本气管、主支气管。
3. 模型　呼吸系统模型。

4. 挂图　气管与支气管挂图、气管隆嵴挂图。

【实验内容】

一、气管

气管为前后略扁的圆筒状管道，主要由 14~18 个"C"形气管软骨构成，其间由结缔组织连结，后壁无软骨，由平滑肌和结缔组织所封闭，并紧邻食管。气管上端平第 6 颈椎体下缘与喉相连，向下至第 4、5 胸椎之间平面，分为左、右主支气管，分杈处称气管杈。

二、主支气管

支气管分为肺外支气管和肺内支气管。肺外支气管是由气管杈至肺门之间的管道，分别称为左主支气管和右主支气管。左主支气管细、长较水平，右主支气管粗、短而垂直。右主支气管的如此形态学特点决定了异物容易从气管进入右主支气管。

【思考题】

左、右主支气管的特点及临床意义？

第四节　肺

【实验目的】

1. 掌握肺的位置、形态和分叶。
2. 了解肺段的概念和意义。

【实验教具】

1. 多媒体课件。
2. 标本　胸腔整体观标本、离体肺标本。
3. 模型　半身人模型。
4. 挂图　肺的形态挂图、肺根的结构挂图、支气管树整体观挂图、肺段支气管与支气管肺段挂图。

【实验内容】

肺是呼吸系统中进行气体交换的器官，此外还具有内分泌的功能。

一、肺的位置和形态

位于胸腔内，纵隔两侧，膈的上方，左、右各一。左肺狭长，被斜裂分为上、下两部分，即为左肺上叶与左肺下叶。右肺宽而短，被斜裂和右肺水平裂分为右肺上叶、右肺中叶和右肺下叶 3 部分。

肺一般呈圆锥形，具有 1 尖、1 底、2 面、3 缘。肺尖呈钝圆形，高出锁骨内侧段上方 2~3cm。因此，在锁骨上方颈根部手术或扎针时应特别小心。肺底位于膈的上方。肋面广阔圆凸，贴近肋和肋间肌，内侧面贴近纵隔和脊柱，此面中央凹陷处称肺门，出入肺门的结构有主支气管、肺动脉、肺静脉、淋巴管及神经等。这些结构由结缔组织和胸膜包绕成束，称肺根。肺的前缘锐利，左肺前缘下部有一明显缺口称心切迹，切迹下方有一向前向内的突起，称左肺小舌。肺的后缘圆钝，贴于脊柱的两旁。肺的下缘也较锐利，位于膈和胸壁之间。

二、肺内支气管和支气管肺段

左、右主支气管在肺门附近按肺叶分出肺叶支气管，肺叶支气管入肺叶后再分为肺段支气管，并在肺内呈树枝状反复分支，形成支气管树。每一肺段支气管及其分支和它所属的肺组织共同构成一个支气管肺段。按支气管肺段的分支分布，可将右肺分为 10 个肺段，左肺一般分为 8 个肺段。临床上可依据肺段的有关知识，进行定位诊断，进行肺段切除术。

【思考题】

肺外形的主要结构特点？

第五节 胸膜

【实验目的】

1. 掌握壁胸膜、脏胸膜和胸膜腔。
2. 熟悉壁胸膜的分部和肋膈隐窝的位置，胸膜的体表投影。

【实验教具】

1. 多媒体课件。
2. 标本　整体标本。
3. 挂图　胸膜顶的位置与毗邻挂图、胸膜与肺的体表投影挂图。

【实验内容】

一、胸腔、胸膜腔与胸膜的概念

胸腔是由胸廓和膈围成的腔。

胸膜是覆盖在肺表面、胸壁内面、纵隔两侧面和膈上面的浆膜。胸膜分为壁胸膜与脏胸膜。脏胸膜又称肺胸膜，紧贴在肺的表面不易撕开，壁胸膜贴在胸壁内面。胸膜的脏壁两层在肺根周围相互移行，围成完全封闭的胸膜腔。

二、壁胸膜的分部

壁胸膜由于部位不同，又可分为 4 部分。

（一）肋胸膜

贴在肋及肋间肌内面。

（二）膈胸膜

覆盖于膈上面的部分。

（三）纵隔胸膜

为衬附在纵隔两侧的部分。

（四）胸膜顶

为突出胸廓上口，包围肺尖的部分。

在各部胸膜转折处，可形成潜在的间隙称为胸膜隐窝，其中最重要的胸膜隐窝位于肋胸膜与膈胸膜转折处，称肋膈隐窝，为胸膜腔最低部位。

三、胸膜的体表投影

胸膜的体表投影前界是肋胸膜与纵隔胸膜间在前内侧的返折线。胸膜的下界是肋胸膜与膈胸膜的返折线。

四、肺的体表投影

肺尖的体表投影与胸膜顶大致相同，肺前界的投影与胸膜前界亦略为一致。肺下界的体表投影左右略同（表1）。

表1 肺与胸膜下界的体表投影

	右					左				
	脊柱外侧	肩胛线	腋中线	锁骨中线	起点	起点	锁骨中线	腋中线	肩胛线	脊柱外侧
肺	第10胸椎棘突	第10肋	第8肋	第6肋	第6胸肋关节	第6肋软骨中点	第6肋	第8肋	第10肋	第10胸椎棘突
胸膜	第12胸椎棘突	第11肋	第10肋	第8肋	第6胸肋关节	第6肋软骨	第8肋	第10肋	第11肋	第12胸椎棘突

【思考题】

胸膜、胸膜腔和胸膜隐窝？

第六节 纵隔

【实验目的】

掌握纵隔的概念与分区。

【实验教具】

1. 多媒体课件。
2. 标本 切开胸前壁的胸部整体标本。
3. 模型 纵隔模型。
4. 挂图 纵隔挂图。

【实验内容】

纵隔是两侧纵隔胸膜之间所有器官和组织结构的总称。前界为胸骨，后界为脊柱胸段，两侧界为纵隔胸膜，上界为胸廓上口，下界为膈。纵隔通常借助胸骨角和第4胸椎下缘平面将其分为上纵隔和下纵隔。下纵隔再借助心包分为前方的前纵隔、后方的后纵隔、心包及其内容为中纵隔3个部分。

纵隔主要包括心、心包、大血管、气管、主支气管、食管、胸导管、奇静脉、迷走神经、交感神经、淋巴结等。

【思考题】

纵隔的位置、分部？

（马 萍）

第四章 泌尿系统

泌尿系统由肾、输尿管、膀胱和尿道组成。其主要功能是排出机体新陈代谢中产生的废物和多余的水，保持机体内环境的平衡和稳定。

【实验目的】
1. 掌握肾的形态、位置，熟悉肾的内部结构，了解肾的被膜。
2. 掌握输尿管的分段及3个狭窄的部位。
3. 掌握膀胱的形态、膀胱三角的构成和特点，熟悉膀胱的位置。
4. 掌握女性尿道外口的开口部位。

【实验教具】
1. 多媒体课件。
2. 标本　游离肾，肾的冠状切，男性、女性盆腔正中矢状切，输尿管，膀胱。
3. 挂图　泌尿系统整体观挂图。

【实验内容】

第一节　肾

一、肾的形态

肾是实质性器官，贴附于腹后壁，左右各一，形似蚕豆，表面光滑，分上、下两端，前、后两面和内、外侧两缘。肾分内、外侧两缘，前、后两面及上、下两端。内侧缘中部呈四边形的凹陷称肾门，为肾的血管、神经、淋巴管及肾盂出入之门户。出入肾门的结构为结缔组织包裹称肾蒂，右肾蒂较左肾蒂短，是因为下腔静脉靠近右肾的缘故。肾蒂内各结构的排列关系，自前向后顺序为：肾静脉、肾动脉和肾盂末端；自上而下顺序是：肾动脉、肾静脉和肾盂。由肾门伸入肾实质的凹陷称肾窦，为肾血管、肾小盏、肾大盏、肾盂和脂肪等所占据。肾门是肾窦的开口，肾窦是肾门的延续。

二、肾的位置

肾属腹膜外位器官，位于腹腔后上部，脊柱两旁，前面覆有腹膜。正常肾脏可随着呼吸运动和体位改变而上下移动。左肾在第11胸椎体下缘至第2~3腰椎间盘之间，右肾则在第12胸椎体上缘至第3腰椎体上缘之间。两肾上端相距较近，距正中线平均3.8cm；下端相距较远，距正中线平均7.2cm。左右两侧的第12肋分别斜过左肾后面中部和右肾后面上部。肾门约在第1腰椎体平面，相当于第9肋软骨前端高度，在正中线外侧约5cm。左、右肾的上端距离脊柱较近，而下端则较远，其排列近似一个"八"字形。两肾的高度略不同；左肾上端平第11胸椎下缘，下端平第2腰椎下缘，右肾较左肾低半个椎体。第12肋与竖脊肌外侧缘所形成的夹角，临床上称为肾区。

三、肾的构造

在肾的冠状切面上，肾实质可分位于表层的肾皮质和深层的肾髓质。肾皮质厚约1～1.5cm，新鲜标本为红褐色，富含血管并可见许多红色点状细小颗粒，由肾小体与肾小管组成。肾髓质色淡红，约占肾实质厚度的2/3。可见15～20个呈圆锥形、底朝皮质、尖向肾窦、光泽致密、有许多颜色较深放射状条纹的肾锥体。肾锥体的条纹由肾直小管和血管平行排列形成。2～3个肾锥体尖端合并成肾乳头，并突入肾小盏，肾乳头顶端有许多小孔称乳头孔，肾产生的终尿就是经乳头孔流入肾小盏内。伸入肾锥体之间的皮质称肾柱。肾小盏呈漏斗形，共有7～8个，其边缘包绕肾乳头，承接排出的尿液。在肾窦内，2～3个肾小盏合成一个肾大盏，再由2～3个肾大盏汇合形成一个肾盂。肾盂离开肾门向下弯行，平肾下端移行为输尿管。

四、肾的被膜

肾的表面自内向外有三层被膜包裹。

（一）纤维囊

为坚韧而致密的、包裹于肾实质表面的薄层结缔组织膜，由致密结缔组织和弹性纤维构成。肾破裂或部分切除时需缝合此膜。在肾门处，此膜分为两层，一层贴于肌织膜外面，另一层包被肾窦内结构表面。纤维囊与肌织膜连结疏松，易于剥离，如剥离困难即为病理现象。

（二）脂肪囊

又名肾床，是位于纤维囊外周、包裹肾脏的脂肪层。肾的边缘部脂肪丰富，并经肾门进入肾窦。临床上做肾囊封闭，就是将药液注入肾脂肪囊内。

（三）肾筋膜

位于脂肪囊的外面，包被肾上腺和肾的周围，由它发出的一些结缔组织小梁穿脂肪囊与纤维囊相连，有固定肾脏的功能。位于肾前、后面的肾筋膜，二者在肾上腺的上方和肾外侧缘处均互相愈着，在肾的下方则互相分离，并分别与腹膜外组织和髂筋膜移行，其间有输尿管通过。在肾的内侧，肾前筋膜被覆肾血管的表面，并与腹主动脉和下腔静脉表面的结缔组织及对侧的肾前筋膜相移行。肾后筋膜向内侧经肾血管和输尿管的后方，与腰大肌及其筋膜汇合并向内附于椎体筋膜。由于肾筋膜下方完全开放，当腹壁肌力弱、肾周脂肪少、肾的固定结构薄弱时，可产生肾下垂或游走肾。

第二节 输尿管

输尿管左右各一，细长略扁的管状肌性管道。起自肾盂末端，终于膀胱。长约20～30cm，管径平均0.5～1.0cm，可做节律性蠕动，使尿液不断地流入膀胱。按走行位置可分为3部。

一、腹部

位于腹膜后面，沿腰大肌前面斜行向下，与睾丸血管（男性）或卵巢血管（女性）交叉，通常血管在其前方走行，达骨盆入口处。在此处，左输尿管越过左髂总动脉末端前方；右输尿管则经过右髂外动脉起始部的前方。

二、盆部

自小骨盆入口处，经盆腔侧壁和髂内血管、腰骶干和骶髂关节前方下行，跨过闭孔神经血管束，达坐骨棘水平。男性输尿管走向前、内、下方，经直肠前外侧壁与膀胱后壁之间下行，在输精管后外方与之交叉，从膀胱底外上角向内下穿入膀胱壁。两侧输尿管达膀胱后壁时相距约5cm。女性输尿管经子宫颈外侧约2.5cm处，从子宫动脉后下方绕过，行向下内至膀胱底穿入膀胱壁内。

三、壁内部

是位于膀胱壁内，长约1.5cm斜行的输尿管部分。在膀胱空虚时，膀胱三角区的两输尿管口间距约2.5cm。当膀胱充盈时，膀胱内压的升高可引起壁内部的管腔闭合，可阻止尿液由膀胱向输尿管反流。

输尿管全长的口径粗细不一，有明显的狭窄和膨大部。狭窄部有3处，口径只有0.2～0.3cm。上狭窄位于肾盂输尿管移行处；中狭窄位于骨盆上口，输尿管跨过髂血管处；下狭窄在输尿管的壁内部。是结石和异物容易停留的位置。输尿管的走行并不垂直，全长有3个弯曲，第一个弯曲在肾盂与输尿管移行处，第2个弯曲在骨盆上口处，第3个在骨盆腔内。

第三节 膀胱

膀胱是贮存尿液的囊状肌性器官，伸缩性很大，其形状、位置、大小和壁的厚度，均随着尿液充盈的程度而异。

一、形态

膀胱空虚时为锥体形，分尖、体、底、颈4部分。尖端较小，朝向前上方，称为膀胱尖。底部膨大似三角形朝向后下方，称为膀胱底。尖与底之间称为膀胱体。膀胱的下部，近前列腺处，称膀胱颈。

二、位置

在盆腔矢状切面标本观察，成人膀胱位于小骨盆的前部，耻骨联合后方，空虚时，膀胱尖不超过耻骨联合上缘，尿液充盈时膀胱尖则高出耻骨联合上缘。当膀胱充盈时，膀胱上面的腹膜也随之上移，临床上在耻骨联合上方，经腹前壁进行膀胱穿刺或膀胱手术，可不经腹膜腔而直达膀胱。

三、内部结构

膀胱内面被覆黏膜，当膀胱壁收缩时，黏膜聚集成皱襞称膀胱襞。而在膀胱底内面，有一个呈三角形的区域，位于左、右输尿管口和尿道内口之间，此处膀胱黏膜与肌层紧密连接，缺少黏膜下层组织，无论膀胱扩张或收缩，始终保持平滑，称膀胱三角。两个输尿管口之间的皱襞称输尿管间襞，膀胱镜下所见为一苍白带，是临床寻找输尿管口的标志。在男性尿道内口后方的膀胱三角处，受前列腺中叶推挤形成纵嵴状隆起称膀胱垂。

第四节 尿道

女性尿道长约3～5cm，直径约0.6cm，较男性尿道短、宽而直。尿道内口约平耻骨联合后面中央或上部，女性低于男性。其走行向前下方，穿过尿生殖膈，开口于阴道前庭的尿道外口。尿道内口周围被平滑肌构成的膀胱括约肌环绕。穿过尿生殖膈处被由横纹肌形成的尿道阴道括约肌环绕。尿道外口位于阴道口的前方、阴蒂的后方2～2.5cm处，被尿道阴道括约肌环绕。在尿道下端有尿道旁腺，其导管开口于尿道外口周围，发生感染时可形成囊肿，并可波及尿道腺，阻塞尿路。

【思考题】
1. 肾的位置、外形和大体结构？
2. 输尿管的狭窄位置及临床意义？
3. 男、女性尿道的特点？
4. 膀胱三角及临床意义？
5. 肾门和肾窦？

（纪长伟 关晓颖）

第五章 生殖系统

生殖系统分为男性生殖器和女性生殖器，其主要功能是繁衍后代和分泌性激素。

第一节 男性生殖器

【实验目的】

1. 掌握睾丸、附睾的位置、精索的位置及其组成，前列腺的位置和形态，熟悉睾丸、附睾的形态和结构，输精管的行程、位置和分部。
2. 熟悉阴茎的分部和形态结构。
3. 掌握男性尿道的分部、狭窄及弯曲。

【实验教具】

1. 多媒体课件。
2. 标本　男性盆腔标本，示输精管、精囊、前列腺；男性盆腔正中矢状切面标本；游离男性泌尿生殖器标本、阴茎横切面标本。
3. 模型　男性泌尿生殖器模型。
4. 挂图　男性泌尿生殖器挂图。

【实验内容】

男性生殖器分内生殖器和外生殖器两部，内生殖器包括睾丸、附睾、输精管、射精管和附属腺（前列腺、精囊、尿道球腺）及男性尿道，外生殖器包括阴茎和阴囊。

一、男性内生殖器

（一）睾丸

1. 睾丸的形态　睾丸呈微扁的椭圆形，表面光滑，分前、后缘，上、下端和内、外侧面。前缘游离；后缘有血管、神经和淋巴管出入，并与附睾和输精管睾丸部相接触。上端被附睾头遮盖，下端游离。外侧面较隆凸，与阴囊壁相贴；内侧面较平坦，与阴囊中隔相依。成人两睾丸重约20～30g。新生儿的睾丸相对较大，性成熟期以前发育较慢，随着性成熟迅速生长。

2. 睾丸的构造　睾丸表面有一层坚厚的纤维膜，称为白膜。白膜在睾丸后缘增厚，并凸入睾丸内形成睾丸纵隔。从纵隔发出许多睾丸小隔，呈扇形伸入睾丸实质并与白膜相连，它们将睾丸实质分为100～200个锥体形的睾丸小叶。每个小叶内含有2～4条盘曲的精曲小管，其上皮能产生精子。小管之间的结缔组织内有分泌男性激素的间质细胞。精曲小管向睾丸纵隔方向集中并汇合成精直小管，进入睾丸纵隔后交织成睾丸网。从睾丸网发出12～15条睾丸输出小管，出睾丸后缘的上部进入附睾。

（二）附睾

是贴附在睾丸上端和后缘的一长条形结构，其上部略膨大称为附睾头，中部为附睾体，下端为附睾尾。其末端转折向上延续成为输精管。睾丸小叶内的精曲小管在睾丸纵隔内形成睾丸网，最后汇合成睾丸输出小管进入附睾延成为附睾管，其在附睾尾延续成输精管。精曲小管产生的精子暂时储存于附睾，并在此通过附睾产生的附睾液的作用进一步发育成熟。

(三) 输精管、射精管和精索

1. 输精管是附睾管的延续，全长约40～50cm，管径约3mm，管壁较厚，肌层较发达而管腔较小。活体触摸时，呈坚实的圆索状。输精管较长，依其行程可分为四部：

(1) 睾丸部：起于附睾尾，沿睾丸后缘和附睾内侧上升至睾丸上端。

(2) 精索部：介于睾丸上端与腹股沟管浅环之间，结扎输精管常在此部进行。

(3) 腹股沟部：位于腹股沟管内。

(4) 盆部：自腹股沟深环向内下入骨盆腔，经输尿管末端前上方至膀胱的后面，输精管末段膨大形成输精管壶腹，最后与精囊的排泄管会合形成射精管开口于尿道。

2. 射精管 长约2cm，由输精管壶腹下端与精囊排泄管汇合而成，开口于尿道的前列腺部的精阜处。

3. 精索 是一条柔软的圆索状结构，由睾丸上端延至腹股沟管深环处。精索的主要成分为输精管、睾丸动脉、蔓状静脉丛、神经丛和淋巴管等，其外面有被膜包裹。

(四) 精囊

位于膀胱底与直肠之间。是一对长椭圆形囊状器官。下端为其排泄管，与输精管末端汇合成射精管。

(五) 前列腺

位于膀胱底与尿生殖膈之间，呈板栗状，上端宽大，下端尖细，体的后面正中有一浅的前列腺沟。前列腺表面被覆有两层结缔组织膜性结构，称为前列腺囊，两层之间有静脉丛。前列腺实质可分为前、中、后和两个侧叶5部分，男性尿道在前列腺中叶和两个侧叶之间通过。前列腺肥大多发生于前列腺中叶和侧叶，因此，通常压迫尿道导致排尿困难。

(六) 尿道球腺

是一对豌豆大的球形腺体，位于尿道膜部的后外侧，包藏在会阴深横肌内。尿道球腺的排泄管细长，开口于尿道球部。

二、男性外生殖器

(一) 阴囊

为耻骨联合下方的一皮肤囊袋，中间有隔，将阴囊分为左右两半，其中容纳睾丸、附睾和输精管的一部分。阴囊的皮下组织称为肉膜，内含一些平滑肌纤维，其可随温度变化而舒缩，以此调节阴囊内的温度。

(二) 阴茎

分头、体、根3部分。后部为阴茎根，固定在耻骨和尿生殖膈；中部为阴茎体，在耻骨联合前下方；头端膨大为阴茎头，阴茎头与体交界处有一环状沟称阴茎颈（又称冠状沟）。阴茎由一条尿道海绵体和两条阴茎海绵体构成，尿道海绵体位于左、右阴茎海绵体的腹侧，前端膨大形成阴茎头，后端膨大为尿道球，尿道海绵体内有尿道通过。阴茎海绵体位于阴茎背侧，左、右各一，前端变细嵌入阴茎头后面的凹陷内，后端分开形成左，右阴茎脚，附着耻骨弓。阴茎的皮肤薄，易伸展，在阴茎头处反折而形成双层环形皱襞，称阴茎包皮，在阴茎腹侧的包皮与尿道外口之间有一纵行的皮肤皱襞，称包皮系带。

(三) 男性尿道

男性尿道起于膀胱的尿道内口，终于阴茎头的尿道外口，全长约16～22cm，分为前列腺部、膜部和海绵体部。前列腺部和膜部临床称后尿道，海绵体部称前尿道。

1. 前列腺部　为尿道穿过前列腺的部分，长约 3cm，是尿道中最宽和最易扩张的部分。此部后壁上有一纵行隆起，称为尿道嵴，嵴中部隆起的部分称为精阜。精阜中央有小凹陷，称前列腺小囊，其两侧各有一个细小的射精管口。尿道嵴两侧的尿道黏膜上有许多细小的前列腺排泄管的开口。

2. 膜部　为尿道穿过尿生殖膈的部分，长约 1.5cm，是三部中最短的部分，其周围有尿道括约肌环绕，该肌为横纹肌，有控制排尿的作用，又称尿道外括约肌。膜部位置比较固定，当骨盆骨折时，易损伤此部。

3. 海绵体部　为尿道穿过尿道海绵体的部分，是尿道最长的一段，长约 12~17cm，临床上称为前尿道。尿道球内的尿道最宽，称尿道球部，尿道球腺开口于此。阴茎头内的尿道扩大成尿道舟状窝。尿道的黏膜下层有许多黏液腺，称尿道腺，其排泄管开口于尿道黏膜。

男性尿道粗细不一，有 3 个狭窄、3 个膨大和 2 个弯曲。3 个狭窄分别位于尿道内口、尿道膜部和尿道外口，以外口最窄。尿道结石常易嵌顿在这些狭窄部位。3 个膨大分别位于尿道的前列腺部、尿道球部和尿道舟状窝。2 个弯曲是凸向下后方的耻骨下弯和凸向上前方的耻骨前弯。耻骨下弯是恒定的，位于耻骨联合下方 2cm 处，包括尿道的前列腺部、膜部和海绵体部的起始段。耻骨前弯位于耻骨联合前下方，阴茎根与阴茎体之间，阴茎勃起或将阴茎向上提起时，此弯曲即可变直而消失。

【思考题】
1. 精子的产生及排出体外途径？
2. 输精管结扎术在何处进行？
3. 前列腺的位置和肥大的后果？
4. 精索的位置和组成？
5. 阴茎的组成和包皮概念？

第二节　女性生殖器

【实验目的】
1. 掌握卵巢的位置、形态及韧带、输卵管的形态、位置和分部，子宫的位置和形态结构。
2. 熟悉阴道的位置和阴道穹。
3. 掌握尿道外口和阴道口的位置。

【实验教具】
1. 多媒体课件。
2. 标本　游离女性生殖器标本。冠状切卵巢、子宫和阴道标本。女性盆腔正中矢状切面标本示盆腔血管。
3. 模型　女性盆腔正中矢状切面模型。
4. 挂图　女性生殖器挂图。

【实验内容】

一、女性内生殖器

（一）卵巢

位于骨盆腔内，左、右各一，为椭圆形实质性器官，可分为内、外侧两面，上、下两端和前、后两缘。上端为输卵管端,借卵巢悬韧带与盆壁相连。下端为子宫端,借卵巢固有韧带连于子宫角。卵巢后缘游离,前缘有系膜相连称卵巢系膜。卵巢产生女性生殖细胞(卵子),分泌雌性激素,以维持性特征。

(二)输卵管

为一对的肌性管道,长约10~12cm。包裹在子宫阔韧带上缘内。其内侧端连于子宫角,外侧端游离。输卵管可分为4部分:

1. 输卵管漏斗　为输卵管的外侧端,膨大成漏斗状,漏斗边缘有许多不规则的突起,称输卵管伞,请仔细观察其中最长的一条突起称为卵巢伞,其在引导卵子进入输卵管的过程中发挥十分重要的作用。漏斗底部向腹膜腔开口,称输卵管腹腔口,卵细胞借卵巢伞的引导通过输卵管腹腔口进入输卵管。

2. 输卵管壶腹　此段管腔膨大成壶腹状,约占输卵管全长的外2/3段,卵子通常在此处受精。

3. 输卵管峡　短而狭窄,行输卵管结扎术多在此处进行。

4. 输卵管子宫部　此部从子宫外侧角穿入子宫壁内,以输卵管子宫口,开口于子宫腔。

(三)子宫

1. 子宫的形态　成人的子宫呈前后略扁的倒置的梨形。分前、后两面,左、右两缘。前面朝向膀胱,后面邻接直肠。子宫从上向下可分为底、体、颈3部分,两侧输卵管子宫口上方的部分为子宫底,子宫下端狭窄部为子宫颈,其下端(下1/3)突入阴道内称为子宫颈阴道部,子宫颈其余部分位于阴道上方,称子宫颈阴道上部。子宫颈与子宫底之间的部分,称子宫体。子宫体与子宫颈阴道上部连接的部位,稍狭细称子宫峡(在非妊娠期此部不明显),产科常在此处进行剖宫产手术。子宫与输卵管相连的部位称子宫角。

子宫壁的肌层非常厚,而内腔却非常狭小,并可分为子宫体腔和子宫颈管两部分。子宫腔位于子宫体内,系前后扁平的三角形腔隙,底向上,尖向下,两端各有输卵管开口。子宫颈管位于子宫颈内,上下两端狭窄,中间稍宽,呈梭形,上口通子宫体腔,下口通阴道,称为子宫口。子宫口的前、后缘分别称为前唇和后唇,后唇稍长,位置较高。

2. 子宫的位置　子宫位于骨盆腔中央,在膀胱与直肠之间。成年女子子宫本身的形态呈现前倾和前屈位,前倾是指子宫和阴道之间形成一定的角度,前屈为子宫体与子宫颈之间形成一定的角度。

3. 子宫的固定装置　维持子宫位置的主要韧带如下:

(1)子宫阔韧带:其为被覆在子宫前、后面的腹膜,在子宫外侧缘两层腹膜并合在一起,延伸并附着于盆腔的侧壁。子宫阔韧带内包有卵巢、输卵管、卵巢固有韧带和子宫圆韧带及血管、淋巴管、神经等。

(2)子宫圆韧带:其起于子宫角下方,行走在阔韧带内,从内侧向前外方,跨过骨盆侧壁,经过腹股沟管然后从皮下环穿出,并终止于大阴唇和阴阜皮下,其作用主要是维持子宫前倾。

(3)子宫主韧带:为子宫颈两侧与盆腔侧壁之间的结缔组织。

(4)骶子宫韧带:为子宫颈两侧与盆腔后壁之间的结缔组织。如果上述子宫周围韧带损伤或者由此致使韧带松弛,最终导致子宫脱垂。

4. 子宫的构造　子宫壁由外向内可分为浆膜(脏腹膜)、肌层和黏膜3层。肌层最厚,由平滑肌构成,平均厚0.8cm,妊娠期可增至2.5cm。黏膜又称子宫内膜,子宫腔的黏膜随月经周期增生和脱落,而子宫颈管的黏膜则不随月经周期变化。

（四）阴道

为连接子宫和外生殖器的肌性管道，是女性的交接器官，也是排出月经和娩出胎儿的管道，由黏膜、肌层和外膜组成，富于伸展性。阴道有前壁、后壁和侧壁，前、后壁互相贴近。阴道的长轴由后上方伸向前下方，下部较窄，下端以阴道口开口于阴道前庭。处女的阴道口周围有处女膜附着，处女膜可呈环形、半月形、伞状或筛状，处女膜破裂后，阴道口周围留有处女膜痕。阴道的上端宽阔，包绕子宫颈阴道部，两者之间的环形凹陷称阴道穹。阴道穹分为互相连通的前部、后部和侧部，以阴道穹后部最深，其后上方即为直肠子宫陷凹，两者间仅隔以阴道后壁和覆盖其上的腹膜。临床上可经阴道后穹穿刺以引流直肠子宫陷凹内的积液或积血，进行诊断和治疗。

阴道位于小骨盆中央，前有膀胱和尿道，后邻直肠。隔直肠前壁可触诊到直肠子宫陷凹和子宫颈等。阴道下部穿过尿生殖膈，膈内的尿道阴道括约肌以及肛提肌均对阴道有括约作用。

二、女性外生殖器

女性外生殖器又称女阴。主要包括阴阜、大阴唇、小阴唇、阴道前庭、阴蒂、处女膜、前庭球和前庭大腺。

【思考题】
1. 卵巢有哪些韧带？
2. 试述输卵管的区分？
3. 试述子宫的区分？
4. 试述子宫的韧带？

（纪长伟　关晓颖）

附：乳房和会阴

【实验目的】
1. 了解乳房的形态和结构，了解乳房悬韧带和输乳管的排列走向。
2. 熟悉会阴的概念及会阴的分部和穿过会阴的结构。

【实验教具】
1. 多媒体课件。
2. 标本　乳房的层次解剖标本及矢状切面标本，男、女性会阴标本。
3. 模型　乳房的层次解剖模型及矢状切面模型，男、女会阴部解剖模型。
4. 挂图　乳房和男、女会阴的相关挂图。

【实验内容】

一、乳房

乳房是人类和哺乳动物特有的结构，属皮脂腺。男性乳房不发达，但乳头的位置较为恒定，多位于第4肋间隙，常作为定位标志。女性乳房在青春期后受雌性激素的影响开始发育生长，妊娠和哺乳期有分泌乳汁的功能，并与生殖器的功能活动有关。

乳房位于胸前部，上起第2~3肋，下至第6~7肋，内侧至胸骨旁线，外侧可达腋中线。成年未产妇女的乳房呈半球形，紧张而有弹性。乳房表面中央有乳头，其位置因发育程度和年龄而异，通常在第 4 肋间隙或第 5 肋与锁骨中线相交处。乳头顶端有输乳管的开口。乳头周围的皮肤色素较多，形成乳晕，表面有许多小隆起，其深面为乳晕腺，可分泌脂性物质滑润乳头。整个乳房可以借乳头为中心做一条垂线和一条水平线，将乳房分 4 个象限，即：近腋窝的为外上象限，内上方的为内上象限，外下方的为外下象限，内下方的为内下象限。用手按压乳房，可感觉深方有条索状的乳腺小叶的存在。

女性乳房矢状切面：可见乳房由皮肤、脂肪组织、纤维组织、乳腺组织构成。整个乳房位于胸大肌和胸筋膜的表面，由皮肤包裹而成。脂肪组织位于皮下，填充于纤维组织及乳腺小叶之间。

乳腺小叶的观察：为有分支的腺样组织，每一腺叶有一输乳管向乳头部走行。由于乳头位于乳房前面中央，输乳管向乳头集中，所以其呈放射状排列。输乳管在近乳头处膨大形成输乳管窦，其末端变细，开口于乳头。

Cooper 韧带的观察：在乳房内，主要是乳房上部，有一些结缔组织形成索状，将乳腺小叶悬吊在胸筋膜上或乳头及皮肤上，这些结缔组织束就是乳房悬韧带（Cooper 韧带）。

【由于各乳腺叶和输乳管均以乳头为中心呈放射状排列，故乳房手术应尽量做放射状切口，以减少对输乳管和乳腺的损伤。乳腺癌时，由于乳腺真皮内淋巴管阻塞导致皮肤水肿和 Cooper 韧带受浸润而皱缩，使乳房表面呈现许多小凹，皮肤呈橘皮样变，是乳腺癌诊断的体征。】

二、会阴

狭义的会阴即产科会阴，指肛门与外生殖器之间狭小区域的软组织。广义的会阴指封闭小骨盆下口的所有软组织。

（一）男性会阴浅隙外面观

选剖去皮肤且清除脂肪组织的标本为观察对象，可见前部有一圆柱状的阴茎，后部为一呈矢状位的小裂隙——肛门。整个盆底由封闭小骨盆下口的软组织构成。肛门与阴茎之间的腱性结构上，有许多肌肉附着，此为会阴中心腱。在标本的最后方，有 2 块宽大的臀大肌。在臀大肌前方，肛门周围呈向四周放射状的肌肉是肛提肌。在肛提肌内侧，肛门周围有一束环形肌，为肛门外括约肌。再向前看，有一对索状的肌束，起自两侧的坐骨结节，向内侧止于会阴中心腱，即为会阴浅横肌。在会阴浅横肌的起点，沿坐骨支和耻骨下支向前内走行的一对索状肌，为坐骨海绵体肌，绕过阴茎背侧左、右两块相互会合，覆盖在阴茎脚的表面。在尿道的后部，包绕尿道球和其前下方的尿道海绵体的环形肌束，为球海绵体肌。此肌起自会阴中心腱和尿道球下面的中缝，从侧方包绕阴茎，止于阴茎背面的筋膜。

（二）女性会阴浅隙外面观

在女性标本上，后方为肛门，前方为阴道前庭，可见尿道外口和阴道口。女性盆底肌与男性结构基本相同，不同的是，女性球海绵体肌围绕阴道前庭，覆盖在前庭球的表面。

（三）盆膈及尿生殖隔膜型观察

1. 内面观

（1）肛提肌：为一对宽的薄片状扁肌，两侧肛提肌向内下汇合成漏斗状，封闭骨盆下口的大部分。两侧肛提肌在前部内侧缘之间有一个三角形的裂隙，为盆膈裂孔，位于直肠和耻骨联合之间，男性有尿道通过，女性有尿道和阴道通过。盆膈裂孔的下方被尿生殖膈封闭。

肛提肌主要起自小骨盆侧壁及其筋膜，肌纤维向下、向内、向后，分别止于会阴中心腱、直肠壁、尾骨和肛尾韧带（肛门和尾骨之间的结缔组织束）以及阴道壁。肛提肌靠内侧的肌束左、右结合成"U"形袢，从后方套绕直肠和阴道，收缩时对直肠和阴道有括约作用。前部肌束夹持在阴道两侧，为耻骨阴道肌，若为男性则为前列腺提肌。

（2）尾骨肌：位于肛提肌后外侧，骶棘韧带上面，起自坐骨棘，呈扇形止于骶骨下端和尾骨的外侧缘。

（3）肛门外括约肌：为环绕肛门周围的骨骼肌，按其位置可分为皮下部、浅部和深部。皮下部位于肛门的皮下，为表浅环形肌束；浅部位于皮下部的深面，为椭圆形肌束，其前后方分别附着于会阴中心腱和尾骨尖；深部位于浅部的上方，为较厚的环形肌束。

【深、浅两部与直肠纵肌、肛门内括约肌和部分肛提肌共同围绕肛管增厚形成肌环，称肛门直肠环，对肛管起着重要的括约作用。该肌环通常处于收缩状态，在排便时松弛。当重度损伤（如撕裂等）时，可导致大便失禁。】

2. 外面观

可见耻骨下支、坐骨支、坐骨结节、骶结节韧带及尾骨围成的一个不规则的菱形的口。此口被2个膈封闭：位于上方的为盆膈，封闭整个骨盆下口；位于前下方的只封闭尿生殖三角的结构为尿生殖膈。由后向前在盆底可见肛门、会阴中心腱、阴道前庭。会阴浅横肌起于坐骨结节，止于会阴中心腱，呈一圆索状肌，把盆底分成前、后两部分。在耻骨下支和坐骨支内侧，有一条呈圆索状肌，起于坐骨结节，止于阴道脚的背面。在阴道前庭周围有两条肌肉环绕，覆盖在前庭球的表面，为阴道尿道括约肌。

（四）男性盆腔额状切面（经膀胱）

盆膈是由外上斜向内下，两层筋膜夹一层肌肉的结构，其上方的筋膜为盆膈上筋膜，下方的筋膜为盆膈下筋膜，中间为肛提肌和尾骨肌。

1. 尿生殖膈　为盆膈下方，呈水平方向的结构。同样由两层筋膜夹着一层肌肉。上方的筋膜为尿生殖膈上筋膜，下方的筋膜为尿生殖膈下筋膜，中间为会阴深横肌和尿道括约肌。

2. 坐骨肛门窝　在此标本上，可见在盆膈的外下方，尿生殖膈的上方，闭孔内肌及其筋膜的内侧有一个尖向上的三角形结构，即为坐骨直肠窝或称坐骨肛门窝。用手伸入此窝内探查，会发现此窝的下壁后部缺如，有脂肪填充。

【思考题】

1. 为什么乳房手术时应做放射状切口？
2. 女性做隆乳手术，可将假体放在什么位置？
3. 乳腺癌时，乳房表面皮肤出现"橘皮样"外观的解剖学基础是什么？
4. 在女性分娩的时候为什么要保护会阴？

（陈庆龙）

第六章 腹 膜

【实验目的】
1. 掌握腹膜、壁腹膜、脏腹膜和腹膜腔的概念及腹膜的机能。
2. 掌握腹膜与腹盆腔脏器的关系。
3. 掌握大网膜、小网膜的位置及小网膜的分部。
4. 熟悉网膜孔和网膜囊的位置及交通。
5. 掌握各系膜的名称及附着;掌握韧带的构成及主要韧带的名称和位置。
6. 掌握直肠膀胱陷凹和直肠子宫陷凹的位置及临床意义。

【实验教具】
1. 多媒体课件。
2. 标本 腹膜的正中矢状面和水平面标本;胸、腹腔切开的标本;腹膜后间隙器官标本;男、女性盆腔矢状切面标本。
3. 模型 腹膜的正中矢状面和水平面模型;人体半身模型(显示内脏及胸、腹后壁结构);男、女性盆腔矢状切面模型。
4. 挂图 腹膜的相关挂图。

【实验内容】
腹膜是指覆盖于腹、盆腔壁内面和腹、盆腔脏器表面的一层薄而光滑的浆膜,呈半透明状。衬于腹、盆腔壁的腹膜称为壁腹膜,由壁腹膜返折并覆盖于腹、盆腔脏器表面的腹膜称为脏腹膜。壁腹膜和脏腹膜互相延续、移行,共同围成的不规则的潜在性腔隙,称为腹膜腔。男性腹膜腔为一封闭的腔隙;女性腹膜腔则借输卵管腹腔口,经输卵管、子宫、阴道与外界相通。

【腹膜腔和腹腔在解剖学上是两个不同而又相关的概念。腹腔是指骨盆上口以上,腹前壁和腹后壁之间的腔;骨盆上口以下与盆膈以上、腹前壁和腹后壁围成的腔为盆腔。而腹膜腔则指脏腹膜和壁腹膜之间的潜在性腔隙,腔内仅含少量浆液。实际上,腹膜腔是套在腹腔内,腹、盆腔脏器均位于腹腔之内、腹膜腔之外。】

一、观察腹膜与腹、盆腔脏器的关系

根据脏器被腹膜覆盖的范围大小,可将腹、盆腔脏器分为三类,即腹膜内位器官、间位器官和外位器官。

(一)观察腹膜内位器官

腹膜内位器官的表面几乎都被腹膜所覆盖,有胃、十二指肠上部、空肠、回肠、盲肠、阑尾、横结肠、乙状结肠、脾、卵巢和输卵管。

(二)观察腹膜间位器官

腹膜间位器官的表面大部分被腹膜覆盖,有肝、胆囊、升结肠、降结肠、子宫、充盈的膀胱和直肠上段。

（三）观察腹膜外位器官

腹膜外位器官仅一面被腹膜覆盖，有肾、肾上腺、输尿管、空虚的膀胱、十二指肠降部、水平部和升部、直肠中、下段及胰。这些器官大多位于腹膜后间隙，临床上又称腹膜后位器官。

【了解脏器与腹膜的关系，有重要的临床意义，如腹膜内位器官的手术必须通过腹膜腔，而肾、输尿管等腹膜外位器官则不必开腹膜腔便可进行手术，从而避免腹膜腔的感染和术后粘连。】

二、观察腹膜形成的结构

壁腹膜与脏腹膜之间，或脏腹膜之间互相返折移行，形成许多结构，这些结构不仅对器官起着连接和固定的作用，也是血管、神经等进入脏器的途径。

（一）网膜

是与胃小弯和胃大弯相连的双层腹膜皱襞，其间有血管、神经、淋巴管和结缔组织等。

1. 观察小网膜 在肝门、胃小弯和十二指肠上部之间的双层腹膜结构，为小网膜。将肝脏向右上方翻起，充分显露小网膜，其左侧从肝门连于胃小弯的部分称肝胃韧带。如果切开此韧带，可以看见其内含有胃左、右血管、胃上淋巴结及至胃的神经等。小网膜的右侧从肝门连于十二指肠上部的部分称肝十二指肠韧带。剖开此韧带，其内有进出肝门的三个重要结构通过，其中胆总管位于右前方，肝固有动脉位于左前方，两者之后为肝门静脉。上述结构周围伴有淋巴管、淋巴结和神经丛。小网膜的右缘游离，其后方为网膜孔，经此孔可进入网膜囊。

2. 观察大网膜 在十二指肠上部的下缘和胃大弯的下缘处，可见一垂向下方的黄白色的有条索状的脂肪结构，为大网膜。大网膜形似围裙，覆盖于空、回肠和横结肠的前方，其左缘与胃脾韧带相连续，向下自然下垂并形成游离下缘。构成小网膜的两层腹膜分别贴被胃和十二指肠上部的前、后两面向下延伸，至胃大弯处互相愈合，形成大网膜的前两层，后者降至脐平面稍下方，然后向后返折向上，形成大网膜的后两层，连于横结肠并叠合成横结肠系膜，贴于腹后壁。大网膜前两层或后两层的腹膜间含有许多血管分支，胃大弯下方约1cm处有胃网膜左、右血管，它们分别向胃大弯和大网膜发出许多分支。

大网膜前两层与后两层之间的潜在性腔隙是网膜囊的下部，随着年龄的增长，大网膜前两层和后两层常粘连愈合，致使其间的网膜囊下部消失，而连于胃大弯和横结肠之间的大网膜前两层则形成胃结肠韧带。

【大网膜的长度因人而异，活体上大网膜的下垂部分常可移动位置，当腹膜腔内有炎症时，大网膜可包围病灶以防止炎症扩散蔓延，故有腹腔卫士之称。小儿的大网膜较短，一般在脐平面以上，因此当阑尾炎或其他下腹部炎症时，病灶区不易被大网膜包裹而局限化，常导致弥漫性腹膜炎。大网膜的血管常用作心冠状动脉搭桥术中的供体血管。整形外科常使用带血管蒂的大网膜片铺盖胸、腹壁或颅骨创面，作为植皮的基础。】

3. 观察网膜囊和网膜孔 用手在肝十二指肠韧带右侧后方向左探查，可知有一较大的空腔，即为网膜囊。网膜囊是小网膜和胃后壁与腹后壁的腹膜之间的一个扁窄间隙，又称小腹膜腔，为腹膜腔的一部分。沿胃大弯下缘切断大网膜前层，将胃向上翻起，同时，将大网膜的前层向下翻开，可见一个前后扁而左右宽阔的潜在腔隙。网膜囊的前壁为小网膜、胃后壁的腹膜和胃结肠韧带；后壁为横结肠及其系膜以及覆盖在胰、左肾、左肾上腺等处的腹膜；用手向上探寻，可知其上壁为肝尾状叶和膈下方的腹膜；下壁为大网膜前、后层的愈合处。网膜囊的左侧为脾、胃脾韧带和脾肾韧带;右侧借网膜孔通腹膜腔的其余部分。

网膜孔(Winslow孔)在肝十二指肠韧带游离缘的后方,其高度约在第12胸椎至第2腰椎体的前方,成人可容1~2指通过。其上界为肝尾状叶,下界为十二指肠上部,前界为肝十二指肠韧带,后界为覆盖在下腔静脉表面的腹膜。

【网膜囊是腹膜腔的一个盲囊,位置较深,毗邻关系复杂,器官的病变相互影响。当胃后壁穿孔或某些炎症导致网膜囊内积液(脓)时,早期常局限于囊内,给诊断带来一定困难。晚期,或因体位变化,可经网膜孔流到腹膜腔的其他部位,引起炎症扩散。】

(二)系膜

由于壁、脏腹膜相互延续移行,形成了将器官系连固定于腹、盆壁的双层腹膜结构称为系膜,其内含有出入该器官的血管、神经及淋巴管和淋巴结等。

1. 观察肠系膜 在去掉腹壁的标本上,把大网膜向上翻开,将位于左上腹的空肠向右侧翻转,便可显露出肠系膜。肠系膜是将空肠和回肠固定于腹后壁的双层腹膜结构,整体呈扇形,其附着于腹后壁的部分称为肠系膜根,长约15cm,起自第2腰椎左侧,斜向右下跨过脊柱及其前方结构,止于右骶髂关节前方。肠系膜的肠缘系连空、回肠,长达5~7m,由于肠系膜根和肠缘的长度相差悬殊,故有利于空、回肠的活动,对消化和吸收有促进作用,但活动异常时也易发生肠扭转、肠套叠等急腹症。肠系膜的两层腹膜间含有肠系膜上血管及其分支、淋巴管、淋巴结、神经丛和脂肪等。

2. 观察阑尾系膜 在右髂窝附近,盲肠的后内侧找到阑尾,可见在阑尾的左上方有一三角形的系膜,自肠系膜延续而来,将阑尾系连于肠系膜下方。打开此系膜,可见一条阑尾动脉及一条阑尾静脉,走行于系膜的游离缘,沿途发出分支至阑尾。所以,在行阑尾切除手术时,应从系膜游离缘进行血管结扎。

3. 观察横结肠系膜 在标本上,沿胃大弯下缘切断大网膜,将胃及十二指肠上部剖去,可显露出横结肠系膜。横结肠系膜是将横结肠系连于腹后壁的横位双层腹膜结构,其根部起自结肠右曲,向左跨过右肾中部、十二指肠降部、胰头等器官的前方,沿胰前缘达到左肾前方,直至结肠左曲。剖开横结肠系膜,可见其内含有中结肠血管、淋巴管、淋巴结和神经丛等。

4. 观察乙状结肠系膜 在左髂窝附近,可见一将乙状结肠固定于左下腹的双层腹膜结构,其根部附着于左髂窝和骨盆左后壁。该系膜较长且弯曲,活动度较大,因而易发生肠扭转。剖开乙状结肠系膜,可见其内含有乙状结肠血管、直肠上血管、淋巴管、淋巴结和神经丛等。

(三)韧带

腹膜形成的韧带指连接腹、盆壁与脏器之间或连接相邻脏器之间的腹膜结构,多数为双层,少数为单层腹膜构成,对脏器有固定作用。有的韧带内含有血管和神经等。

1. 肝的韧带

(1)观察镰状韧带:位于膈穹窿下方与肝膈面之间,呈矢状位,位于前正中线右侧,是上腹前壁和膈下面连于肝上面的双层腹膜结构。其向前下部沿腹前壁上份、略偏右侧向脐部走行,最后连于脐,侧面观呈镰刀形。镰状韧带下缘游离并增厚,由脐连于肝下面的肝圆韧带裂,内含肝圆韧带,肝圆韧带是胚胎时脐静脉闭锁后的遗迹。

【由于镰状韧带偏中线右侧,脐以上腹壁正中切口需向下延长时,应偏向中线左侧,以避免损伤肝圆韧带及伴其走行的附脐静脉。】

(2) 观察冠状韧带：冠状韧带呈冠状位，由膈下面的壁腹膜返折至肝膈面所形成的双层腹膜组成。前层向前与镰状韧带相延续，前、后两层之间无腹膜被覆的肝表面称为肝裸区。冠状韧带左、右两端，前、后两层彼此粘合增厚形成左、右三角韧带。

2. 脾的韧带

(1) 观察胃脾韧带：是连于胃底和胃大弯上份与脾门之间的双层腹膜结构，向下与大网膜左侧部相延续。剖开此韧带，内含胃短血管和胃网膜左血管及淋巴管、淋巴结等。

(2) 观察脾肾韧带：为脾门至左肾前面的双层腹膜结构，剖开此韧带，内含胰尾、脾血管，以及淋巴结、神经等。

(3) 观察膈脾韧带：为脾肾韧带的上部，由脾上极连至膈下。偶尔在脾下极与结肠左曲之间，有脾结肠韧带。

3. 胃的韧带

(1) 观察胃膈韧带：用手伸入胃底后方，将其向前下方翻动，可见在胃贲门左侧和食管腹段向后下方连于膈下面的腹膜结构，为胃膈韧带。

(2) 观察肝胃韧带：肝胃韧带是胃小弯左侧至肝门的双层腹膜结构，较宽广，构成小网膜左侧大部分。

(四) 腹膜襞、腹膜隐窝和陷凹

腹、盆壁与脏器之间或脏器与脏器之间腹膜形成的皱襞（皱褶）称腹膜襞，其深部常有血管走行。在腹膜襞之间或腹膜襞与腹、盆壁之间形成的腹膜凹陷称腹膜隐窝，较大的隐窝称陷凹。

1. 观察腹后壁的腹膜襞和隐窝 将腹腔内的大网膜和横结肠向上翻转，并将空肠起始部推向右侧，暴露出腹后壁的腹膜襞和隐窝。常见的腹膜襞和隐窝有：

(1) 十二指肠的皱襞和隐窝：十二指肠上襞位于十二指肠升部左侧，相当于第2腰椎平面，呈半月形，下缘游离。此襞深面为口朝下方的十二指肠上隐窝，其左侧有肠系膜下静脉通行于壁腹膜后方。此隐窝下方是与其开口相对的十二指肠下隐窝，十二指肠下襞深面构成该隐窝的前襞，其上缘游离。

(2) 盲肠后隐窝：位于盲肠后方，盲肠后位的阑尾常在其内。

(3) 乙状结肠间隐窝：位于乙状结肠左后方，乙状结肠系膜与腹后壁之间，其后壁内有左侧的输尿管经过。

(4) 肝肾隐窝：位于肝右叶与右肾之间，其左界为网膜孔和十二指肠降部，右界为右结肠旁沟。在仰卧时，肝肾隐窝是腹膜腔的最低部位，腹膜腔内的液体易积存于此。

2. 观察腹前壁的腹膜襞和隐窝 腹前壁内面有5条腹膜襞，均位于脐下。

(1) 脐正中襞：连于脐与膀胱尖之间的腹膜襞为脐正中襞，内含脐尿管闭锁后形成的脐正中韧带。

(2) 脐内侧襞：一对脐内侧襞位于脐正中襞的两侧，内含脐动脉闭锁后形成的脐内侧韧带。

(3) 脐外侧襞：一对脐外侧襞分别位于左右侧脐内侧襞的外侧，内含腹壁下动脉和静脉，故又称腹壁动脉襞。

在腹股沟韧带上方，上述5条腹膜襞之间形成3对浅凹，由中线向外侧依次为膀胱上窝、腹股沟内侧窝和腹股沟外侧窝。腹股沟内侧窝和外侧窝分别与腹股沟管浅环和深环的位置相对应。与腹股沟内侧窝相对应的腹股沟韧带之下方，有一浅凹，称为股凹，是易发生股疝的部位。

3. 观察腹膜陷凹　主要的腹膜陷凹位于盆腔内,为腹膜在盆腔脏器之间移行返折形成。男性的膀胱与直肠之间有直肠膀胱陷凹,凹底距肛门约 7.5 cm。女性膀胱上面的腹膜向后折转到子宫前面,形成膀胱子宫陷凹,转折处约在子宫峡的水平。子宫后面的腹膜从子宫体向下覆盖子宫颈,再转至阴道后穹的上面,然后返折至直肠的前面,形成一个较深的直肠子宫陷凹,又称 Douglas 腔。凹底距肛门约 3.5 cm,与阴道后穹之间仅隔以阴道后壁和腹膜。站立或坐位时,男性的直肠膀胱陷凹和女性的直肠子宫陷凹是腹膜腔的最低部位,故腹膜腔内的积液多聚积于此。临床上可进行直肠穿刺和阴道后穹穿刺以进行诊断和治疗。

【思考题】
1. 腹膜腔和腹腔在解剖学上有什么不同或相关性?
2. 女性腹膜腔与外界相通吗?
3. 为什么大网膜会有"腹腔卫士"之称?
4. 在临床上,对"胃后壁穿孔"的诊断为什么会有困难或容易被误诊?

(陈庆龙)

第三篇　内分泌系统

【实验目的】
1. 掌握内分泌器官和内分泌组织的基本概念和甲状腺、肾上腺及垂体的形态与位置。
2. 熟悉垂体、甲状旁腺和胸腺的形态及位置。
3. 了解内分泌腺与外分泌腺的区别。

【实验教具】
1. 多媒体课件。
2. 标本　头颈部矢状切面标本（示垂体）和头颈部示甲状腺与甲状旁腺标本；童尸（示胸腺）和腹后壁标本（示肾上腺）；游离甲状腺、肾上腺、垂体和胸腺标本。
3. 模型　示甲状腺、肾上腺、垂体模型。
4. 挂图　内分泌系统挂图。

【实验内容】

一、组成

内分泌器官、内分泌组织、内分泌细胞。

二、内分泌器官

1. 概念　以内分泌细胞为主构成的内分泌腺，称为内分泌器官。
2. 常见的内分泌器官　甲状腺、甲状旁腺、肾上腺、垂体、松果体、胸腺等。
3. 内分泌腺与外分泌腺的主要区别　前者为无管腺，分泌激素，直接入血液，体积与质量均相对较小，而后者为有管腺，通过导管输送，大小不等，如肝、胰（外分泌部）、唾液腺、泪腺及男性附属腺体等。

【思考题】
1. 人体内有哪些内分泌器官和内分泌组织？
2. 内、外分泌腺（组织）的主要区别？
3. 简述肾上腺的位置和形态？
4. 简述甲状腺的位置和形态？
5. 简述垂体的位置和形态？

（李志军）

第四篇 脉管系统

脉管系统包括心血管系统和淋巴系统。心血管系统是密闭的管道系统，包括心、动脉、毛细血管和静脉，在这个管道系统中流动的是血液。淋巴系统由淋巴管道、淋巴器官和淋巴组织组成。其中淋巴管道内有淋巴向心流动，最终回流入静脉，可视为体液回流的辅助管道。

心血管系统和淋巴管道的主要功能是运输物质；淋巴器官和淋巴组织可产生淋巴细胞、滤过淋巴液、参与机体免疫。此外，心肌细胞、血管平滑肌细胞和内皮细胞可分泌心钠素、肾素、血管紧张素等多种生物活性物质参与机体的多种功能调节。

第一章 心血管系统

第一节 总论

【实验目的】

1. 掌握体循环和肺循环的循环过程及功能。
2. 掌握血管吻合及其功能意义。
3. 了解血管的变异与异常。

【实验教具】

1. 多媒体课件。
2. 标本 血管吻合标本。
3. 挂图 体循环和肺循环的示意图。

【实验内容】

一、体循环和肺循环

心有节律的收缩与舒张，推动血液由心射入动脉，动脉反复分支将血液引流到毛细血管，静脉再将血液引流回心。

心──→动脉──→毛细血管──→静脉

血液由心入动脉，最终再返回心，完成一次循环过程。这样的循环过程分为两个：体循环和肺循环。

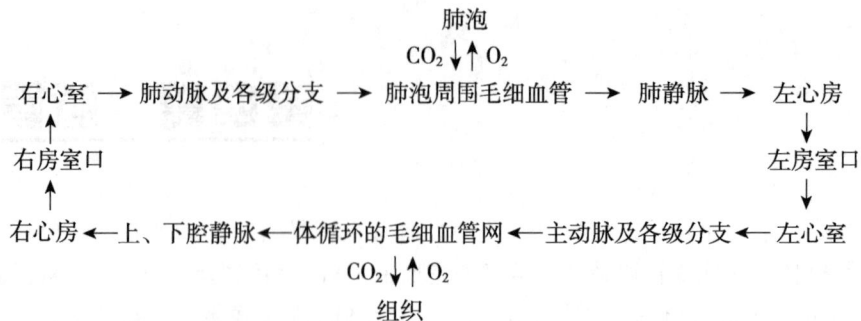

二、血管之间的吻合

人体的血管之间除动脉经毛细血管与静脉相通外,在动脉与动脉、静脉与静脉之间甚至动脉与静脉之间可借血管彼此连通,称血管吻合。

（一）动脉间吻合

体内许多器官的动脉干之间可借交通支相互吻合,形成动脉弓、动脉环等,如掌浅弓、掌深弓、关节动脉网、大脑动脉环等。这些吻合都调节局部血流量,确保局部血液供应的作用。

（二）静脉间吻合

静脉间吻合比动脉间吻合更为丰富,常常在脏器周围或其壁内形成静脉丛,如直肠静脉丛等。静脉间吻合可保证在脏器扩张或局部受压时血液通畅。

（三）动静脉吻合

人体的某些部位如手指末端、唇、鼻、耳廓和生殖器勃起组织等处,小动脉与小静脉间存在较为丰富的吻合,其作用主要是缩短循环途径,调节局部血流量和局部温度。

（四）侧支吻合

有些主干血管在行程中发出侧副血管和返支血管,或一支主干血管与另一支主干血管之间借血管网吻合,称侧支吻合。正常情况下侧支吻合血管较小,但当某一主干狭窄或阻塞时,侧支吻合血管或血管网血管量增加,血管管径逐渐增大,使血流受阻血液供应变差的局部血供量得到不同程度的代偿性恢复。由此,经侧支吻合建立的循环,称侧支循环。侧支循环的建立对于保证器官在病理状态下的血液供应有重要意义。

【思考题】
1. 体循环和肺循环的循环过程和功能意义？
2. 各类血管吻合的功能意义？

第二节 心

【实验目的】
1. 掌握心的位置、表面形态。
2. 掌握心的各个腔的分部及心腔形态结构。
3. 掌握心壁的构造。
4. 掌握心传导系的组成及各结构的位置、形态及功能。
5. 掌握心冠状动脉的起行、分支及其营养范围；掌握冠状窦的位置、开口和收受属支情况。

6. 掌握心包的构成、分部及心包腔的围成。

【实验教具】

1. 多媒体课件。

2. 标本 打开胸前壁显露心位置、毗邻结构的解剖标本，离体心的解剖标本，显露心腔内容的解剖标本，显露心纤维支架、心壁、各口瓣膜和室间隔的解剖标本，显露心血管的解剖标本。

3. 模型 显露心腔内容的模型，显露心传导系内容的模型，显露心纤维支架、心壁、各口瓣膜和室间隔的解剖模型，显露心血管的解剖模型。

4. 挂图 心的相关挂图。

【实验内容】

一、心的位置、外形及其毗邻

心位于胸腔内，形似倒置的圆锥体形，周围裹有心包，斜位于中纵隔内，2/3位于正中线左侧，1/3在正中线右侧。心的前方对向胸骨体和第2～6肋软骨，后方平对第5～8胸椎体，两侧与胸膜腔和肺相邻，上连出入心的大血管，下方紧邻膈中心腱。

心的外形可有一尖、一底、两面、三缘、四条沟等。

心尖钝圆，由左心室构成，对向左前下方，其体表投影点在左侧第5肋间隙左锁骨中线内侧1～2cm处，在活体此处可扪及心尖搏动。

心底对向右后上方，主要由左心房和小部分右心房构成。心底处有出入心大血管相连，是心较为固定的部分。

胸肋面或为前面，对向前上方，大部分由右心室前壁和小部分左心室前壁构成，还有右心房及小部左心耳参与构成。

膈面或为下面，对向下方的膈中心腱，其大部分由左心室及小部分右心室构成。

下缘介于膈面与胸肋面之间，由右心室与心尖构成。右缘由右心房构成。左缘钝圆，绝大部分由左心室构成，仅上部一小部分由左心耳参与。

心表面有4条沟作为4个心腔在心表面的分界。冠状沟近心底处并与心底大致平行走行的沟，是心房与心室在心表面的分界。冠状沟内有冠状动脉及其分支和冠状窦及其属支。前室间沟和后室间沟分别位于心的胸肋面和膈面自冠状沟起始走向心尖的右侧，两沟深处有室间隔附着。因此，室间沟是左、右心室在心表面的分界。前、后室间沟在心尖右侧汇合处形成凹陷，称心尖切迹。在心底，右心房与左心房之间的浅沟为后房间沟，其深处有房间隔附着。后房间沟向下与冠状沟汇合并延为后室间沟，三条沟汇合处为房室交点。

二、心腔

心借房间隔和室间隔分为左、右半心，每半心又分为心房和心室，故心有4个腔：右心房、右心室、左心房和左心室。同侧心房与心室之间借房室口相通。

（一）右心房

右心房位于心的右上部。在心表面有突向肺动脉根部的盲囊状结构，称右心耳。右心房分为前部的固有心房和后部的腔静脉窦，两部以上、下腔静脉前缘上下纵行于心表面的界沟分界。界沟内面为纵行隆起为界嵴。

1. 固有心房 位于右心房的前部，内面有许多大致平行排列的肌束，称梳状肌，起于界嵴，走向前至右房室口。在心耳内，梳状肌交织成网状，是附壁血栓易形成处。

2. 腔静脉窦 位于右心房后部，内壁光滑。腔静脉窦上部有上腔静脉口，下部有下腔静脉口。冠状窦口位于下静脉口与右房室口之间。房间隔下部有一卵圆形凹陷，称卵圆窝，为胚胎时期卵圆孔闭合后的遗迹。卵圆窝前上缘明显隆起，称卵圆窝缘，房间隔的前上部有主动脉窦突向右心房凸起形成主动脉隆凸。

右心房冠状窦口前内侧缘、三尖瓣隔侧尖附着缘和 Todaro 腱之间的三角区为 Koch 三角。Todaro 腱是下腔静脉口前方心内的一腱性结构，其向前附着于中心纤维体（右纤维三角），向后与下腔静脉瓣相续。Koch 三角前部的心内膜深面有房室结。

右心房的前下部有右房室口，右心房的血液由此入右心室。

（二）右心室

右心室位于右心房的前下，直接位于胸骨左缘第 4、5 肋软骨的后方。右心室腔借其后上部的一弓形隆起，即为室上嵴分为后下方的流入道（窦部）和前上方的流出道（漏斗部）。

1. 右心室流入道 又称固有心腔，室壁内面有许多纵横交错的肉柱，故流入道一侧心室壁凹凸不平。室壁上的乳头肌分前、后和隔侧三群。隔缘肉柱（节制索）由室间隔下部横过心室腔连至前乳头肌根部，有防止心室腔过度扩张的作用。乳头肌尖端处有腱索相连。

流入道的入口为右房室口，口的周圆内有三尖瓣环，三尖瓣（右房室瓣）的基底部附着于该环，瓣膜游离缘垂入心室腔内，其游离缘有腱索的另一端相连。三尖瓣的三个瓣膜近似三角形，分称为前尖、后尖和隔侧尖。相邻瓣膜间部分称连合。

2. 右心室流出道 又称动脉圆锥，位于右心室前上方，内壁光滑，呈锥体状，上端有肺动脉口，其周缘有三个半月形纤维环，称肺动脉环，环上附着三个半月形的肺动脉瓣。肺动脉瓣与动脉壁之间的袋状间隙为肺动脉窦。每个瓣膜游离缘中点的增厚部分称为半月瓣小结。

（三）左心房

左心房最靠后，前方有升主动脉和肺动脉，后方与食管相毗邻。左心房可分为前部的左心耳和后部的左心房窦。

1. 左心耳 狭长，壁厚，边缘有几个深陷的切迹。左心耳突向左前方，覆盖在肺动脉干根部。左心耳壁的梳状肌没有右心耳的梳状肌发达。

2. 左心房窦 又称固有心房，内面光滑，其后壁两侧各有一对肺静脉口开口。左心房窦前有左房室口，通左心室。

（四）左心室

左心室位于右心室左后方，呈圆锥形，圆锥的底上有左房室口和主动脉口。左心室壁厚约为右心室壁厚的三倍。左心室腔以二尖瓣前尖为界分为左后方的流入道和右前方的流出道两部分。

1. 左心室流入道 位于二尖瓣前尖的左后方，其入口为左房室口，口周缘有二尖瓣环，二尖瓣基底附着于此环。二尖瓣分为前尖和后尖，前尖呈半卵圆形，位于前内侧，介于左房室口与主动脉口之间；后尖呈长条状，位于后外侧。前、后尖融合处，分别为前外侧连合和后外侧连合。二尖瓣游离缘借腱索附着于室壁上的乳头肌。

左心室乳头肌较右心室乳头粗大，分为前、后两组；前乳头肌位于左心室前外侧壁中部，后乳头肌位于其后壁的内侧部。乳头肌尖部连有腱索，腱索另一端连于二尖瓣游离缘。

2. **左心室流出道** 又称主动脉前庭，为左心室的前内侧部分，由室间隔上部和二尖瓣前尖围成。流出道出口为主动脉口，口周缘的主动脉环上附有 3 个半月形瓣膜，为主动脉瓣。主动脉壁与每个瓣膜相对处向外膨出形成袋状间隙，称主动脉窦。主动脉窦按位置分为左、右和后窦，其中左、右窦的主动脉壁上发出左、右冠状动脉。

三、心壁的构造

（一）心纤维性支架

心纤维性支架又称心纤维骨骼，包括左、右纤维三角，肺动脉瓣环、主动脉瓣环、二尖瓣环、三尖瓣环、圆锥韧带和室间隔膜部等。右纤维三角位于二尖瓣环、三尖瓣环与主动脉后瓣环之间，其位置位于心中央，故又称为中心纤维体。右纤维三角向前与室间隔膜部相续，后发出 Todaro 腱。左纤维三角位于主动脉左瓣环与二尖瓣环之间，呈三角形。心纤维支架为心肌纤维和各口瓣膜提供附着处。

（二）心壁

心壁由心内膜、心肌层和心外膜三层构成。

心内膜是覆盖于各心腔内面的一层光滑的膜，由内皮和内皮下层构成，其内皮与出入心大血管内皮相延续。心瓣膜是由心内膜在心腔内折叠形成。

心肌层为心壁的主要成分，分为心房肌和心室肌，它们均附着于心纤维骨骼相互不延续。心室肌分浅、中、深三层。

心外膜即浆膜心包的脏层，包裹在心肌表面。

（三）房间隔和室间隔

房间隔位于两心房之间，向左前方倾斜。房间隔右侧面中下部有卵圆窝，是房间隔最薄弱处。

室间隔位于两心室之间，可分为肌部和膜部两部。肌部的两侧面心内膜下分别有左束支和右束支。膜部位于心房与心室交界处，又被分为右心房与左心室之间的房室部和左、右心室之间的室间部，室间隔缺损多发于后者。

四、心传导系

心传导系是由能够产生并传导自律冲动的、特殊分化的心肌细胞构成，包括窦房结、房室结区、房室束，左、右束支和 Purkinje 纤维网。

（一）窦房结

窦房结是心的正常起搏点。位于上腔静脉与右心房交界处的界沟上 1/3 的心外膜深面。结的长轴与界沟大致平行。结内有窦房结动脉穿过。

（二）房室结区

房室结区位于房室隔内，其范围基本与房室隔右侧面的 Koch 三角一致。由三部分组成：房室结、房室结的心房扩展部以及房室束的近侧部。房室结位于 Koch 三角尖端的右心房心内膜下。房室结前端变细穿入中心纤维体，即为房室束。房室结区将来自窦房结的冲动延迟下传至心室，使心房肌和心室肌依次先后顺序收缩与舒张。

（三）房室束

房室束又称 His 束，起自房室结前端，穿中心纤维体，行于室间隔肌部与中心纤维体之间，行至室间隔膜部的后下缘处分为左束支和右束支。

（四）左束支和右束支

左束支发出后在室间隔左侧心内膜下走行，于肌部的上、中 1/3 交界处，分为 3 支达乳头肌、室壁及室间隔并形成 Purkinje 纤维网。

右束支起于房室束，由室间隔膜部右心室侧面走行，并进入隔缘肉柱内达前乳头肌。

（五）Purkinje 纤维网

左、右束支的分支在心内膜下交织成心内膜下 Purkinje 纤维网，最后与收缩心室肌相连。

五、心的血管

心的血管包括动脉和静脉两部分。动脉来自左、右冠状动脉；绝大部分静脉血经冠状窦汇入右心房。

（一）冠状动脉

1. 左冠状动脉　起于主动脉的左冠状动脉窦。主干发出后，向左行于左心耳与肺动脉干之间，随即分为前室间支和旋支。

（1）前室间支沿前室间沟下行，末端绕过心尖切迹至后室间沟下 1/3 并与后室间支末端有吻合。

前室间支主要分支有左室前支、右室前支和室间隔前支。

（2）旋支自左冠状动脉主干发出后走入冠状沟左侧部，绕心下缘至左心室膈面，旋支的主要分支有左缘支、左室后支、窦房结支（约 40% 起于旋支）等。

2. 右冠状动脉　起于主动脉的右冠状动脉窦，经右心耳与肺动脉干之间入冠状沟，绕心右缘至膈面，在房室交点附近分为后室间支和右旋支。后室间支沿后室间沟下行，达后室间沟下 1/3，其末端可与前室间支的末端吻合。右缘支较粗大，沿心下缘走行。另外，右冠状动脉还发出室间隔后支、右旋支和房室结支（约 93% 起于右冠状动脉）等。

（二）心的静脉

心的静脉最主要是由冠状窦及其属支收集，再由冠状窦口回流入右心房。冠状窦的主要属支有心大、心中和心小静脉。此外，有心前静脉和心最小静脉直接流入右心房和心的其他各个腔。

冠状窦位于心膈面，房室交点左侧的冠状沟内。收集心大、心中和心小静脉。

六、心包

心包是包裹在心及出入心的大血管根部的圆锥形的纤维浆膜囊。分内、外两层，外层为纤维心包，内层是浆膜心包。

纤维心包由纤维性结缔组织构成，其上方包裹在出入心的大血管根部，并与大血管的外膜相延续。下方与膈中心腱愈着。

浆膜心包位于纤维心包内，分为脏、壁两层。壁层贴于纤维心包的内面，脏层包于心肌的表面，即心外膜。脏、壁两层在出入心的大血管根部互相移行，两层之间的潜在间隙称心包腔，内有少量的浆液起润滑作用。

浆膜心包脏、壁两层返折处的间隙为心包窦，包括心包横窦、心包斜窦和心包前下窦。

心包横窦是位于主动脉、肺动脉与上腔静脉、左心房前壁之间的间隙。心包斜窦是位于左心房后壁后方，左、右四个肺静脉，下腔静脉与左心房后壁之间的心包腔。心包斜窦形似口向下的盲囊，上端封闭，下端开口，稍偏向左。心包前下窦位于心包腔的前下部，心包前壁与膈之间的交角处，由浆膜心包在心包前壁移行至下壁形成。人立位时该处为心包腔位置最低处，心包积液常存于此窦内，是心包穿刺比较安全的部位。由左侧剑肋角进针向后上，可进入该窦。

【思考题】
1. 心的位置和毗邻关系是怎样的？心表面有哪些重要标志？
2. 心的各个腔是如何分部的？各腔有哪些重要结构？
3. 心纤维支架包括哪些结构？室间隔是怎样分部的？
4. 心传导系有哪些结构构成？它们的作用是怎样的？
5. 冠状动脉的分支有哪些？是如何分布的？
6. 心包是如何构成的？心包腔是怎样形成的？心包窦有哪些？

第三节 动脉

动脉主要是指由心室动脉口发出，不断分支，运送血液到人身各器官、组织的毛细血管的血管。动脉分为肺循环动脉和体循环动脉。肺循环的动脉由右心室肺动脉口发出肺动脉干及其分支组成，其动脉内运送的是静脉血。体循环的动脉由左心室主动脉口发出的主动脉及其分支组成，其动脉内运送的是动脉血。

【实验目的】
1. 掌握肺循环的动脉及肺循环的意义。掌握动脉韧带的位置、形成及临床意义。
2. 掌握主动脉起止、行程、分部及重要的分支。
3. 掌握升主动脉及其分支。
4. 掌握主动脉弓及其分支和头部、颈部和上肢动脉。掌握颈动脉窦、颈动脉小球、掌浅弓和掌深弓位置、构成及功能意义。
5. 掌握胸主动脉及其分支。
6. 掌握腹主动脉及其分支。
7. 掌握髂总动脉的位置及其分支。
8. 掌握髂内动脉及其分支的起始、行程、分布。
9. 掌握髂外动脉、下肢动脉的走行、主要分支分布。

【实验教具】
1. 多媒体课件。
2. 标本 打开胸、腹前壁显露心和主动脉位置、分支的解剖标本，头、颈、上肢的动脉解剖标本，胸、腹部动脉解剖标本，男、女性盆部动脉解剖标本，下肢动脉解剖标本。
3. 挂图 动脉相关挂图。

【实验内容】

一、肺循环动脉

肺动脉干起于右心室肺动脉口，行向左后上至主动脉弓下方，位于升主动脉前方。在主动脉弓下方，肺动脉干分为左、右肺动脉。

1. 左肺动脉 较短，在左主支气管前方横行至左肺门，分为上、下两支入肺上、下叶。在左肺动脉起始处与主动脉弓下壁之间有一索条状结构，称动脉韧带，是胎儿时期动脉导管出生后闭锁的遗迹。

2. 右肺动脉　较长，经升主动脉和上腔静脉的后方至右肺门入右肺。

二、体循环动脉

主动脉是体循环的动脉主干。主动脉起自左心室主动脉口，行向右前上，达右侧第 2 胸肋关节高度移行为主动脉弓。主动脉弓呈弓形行向左后方，至第 4 胸椎体下缘向下移行为降主动脉。降主动脉自第 4 胸椎下缘在胸、腹后壁下降至第 4 腰椎体下缘处分为左、右髂总动脉，至此主动脉结束。降主动脉在胸后壁下降至第 12 胸椎高度穿膈主动脉裂孔进入腹后壁，故降主动脉又分为胸后壁的胸主动脉和行于腹后壁的腹主动脉。

（一）升主动脉

主动脉起自左心室主动脉口，行向右前上，达右侧第 2 胸肋关节高度移行为主动脉弓。升主动脉的起始处发出左、右冠状动脉。

（二）主动脉弓

在右侧第 2 胸肋关节后方由升主动脉延续，行向左后至第 4 胸椎体下缘移行为降主动脉。主动脉弓弓凸一侧自右向左发出头臂干、左颈总动脉和左锁骨下动脉，弓凹一侧主要有营养支气管和食管的小支发出。在主动脉弓壁上有压力感受器，可感受血压变化刺激。在主动脉弓下方有 2~3 个粟粒状小体为主动脉小球，可感受血中二氧化碳、氧分压的变化的刺激，是化学感受器。

1. 颈总动脉　右颈总动脉发自头臂干，左颈总动脉发自主动脉弓。两侧颈总动脉经同侧胸锁关节后方达颈部，伴随在颈内静脉的内侧上升至甲状腺上缘水平分为颈内和颈外动脉。

颈总动脉末端分权处和颈内动脉起始处膨大为颈动脉窦，为压力感受器。在颈内与颈外动脉分权处后方有扁椭圆状小体为颈动脉小球，是化学感受器。

（1）颈外动脉：由颈总动脉发出后，上升穿腮腺至下颌颈处，分为上颌动脉和颞浅动脉两终支。颈外动脉分支有：

1）甲状腺上动脉：自颈外动脉起始处前壁发出，行向前下至甲状腺上极，分布于甲状腺和喉。

2）舌动脉：约平舌骨大角水平起自颈外动脉，前行经舌骨舌肌深面至舌。

3）面动脉：在舌动脉起点稍上方发出，向前在下颌角附近经二腹肌后腹深面，过下颌下腺深面，于咬肌止点前缘绕下颌骨体下缘至面部，再经口角与鼻翼的外侧上升至眼内眦，更名为内眦动脉。该动脉沿途分支分布于下颌下腺、面部及腭扁桃体。

4）颞浅动脉：颈外动脉终支之一，行经外耳门前方、颧弓表面上升至颞部。

5）上颌动脉：是颈外动脉另一终支。经下颌颈内侧至颞下窝。其重要分支有脑膜中动脉。该动脉在下颌颈内侧发自上颌动脉，上升经棘孔入颅，分为前、后两支。其中前支行经翼点内面。颞部骨折伤及此动脉时，可导致颅内出血，引起硬膜外血肿。

颈外动脉另有枕动脉、耳后动脉等分支。

（2）颈内动脉：自颈总动脉分出后继续上升至颅底，经颈动脉管入颅，营养脑和视器。颈内动脉在颈部不发分支。

2. 锁骨下动脉　右锁骨下动脉起自头臂干，左锁骨下动脉起自主动脉弓。出胸廓上口达颈根部，斜过胸膜顶前方向外穿斜角肌间隙，于第一肋外缘续于腋动脉。锁骨下动脉分支主要有：

（1）椎动脉：起自前斜角肌内侧缘附近的锁骨下动脉，行向后上，经上6个颈椎横突孔上升，再经枕骨大孔入颅，营养脑和脊髓。

（2）胸廓内动脉：起于椎动脉起点相对的锁骨下动脉前下壁上，向下经胸廓上口入胸腔，沿胸骨侧缘外侧约1cm处，在上6个肋软骨后面下行，分支分布于胸前壁、心包、膈及乳房。胸廓内动脉分为腹壁上动脉和肌膈动脉。肌膈动脉行向外下行于肋弓与膈之间。腹壁上动脉穿膈入腹前壁腹直肌鞘内下降至脐，在此与腹壁下动脉吻合。

（3）甲状颈干：在前斜角肌内侧缘处起自锁骨下动脉，为一短干，分为数支，其中重要的分支有甲状腺下动脉。甲状腺下动脉发出后经颈总动脉和颈内静脉后方至甲状腺下极后方，分布至甲状腺等。

3. 腋动脉 在第1肋外缘外由锁骨下动脉直接延续而来。在腋窝内分支有：

（1）胸上动脉：分布于第1、2肋间隙。

（2）胸肩峰动脉：由胸小肌上缘处发自锁骨下动脉，分为数支分布至胸大、小肌及肩关节。

（3）胸外侧动脉：分布于前锯肌及胸大、小肌。

（4）肩胛下动脉：分为胸背动脉和旋肩胛动脉。前者至背阔肌和前锯肌；后者穿三边孔至冈下窝附近诸肌。

（5）旋肱后动脉：伴腋神经穿四边孔，绕肱骨外科颈至三角肌和肩关节。

（6）旋肱前动脉：至肩关节和邻近的肌。

4. 肱动脉 大圆肌下缘处由腋动脉延续而来。沿肱二头肌内侧与正中神经伴行下降，至肘窝约平桡骨颈水平分为尺动脉和桡动脉。肱动脉的主要分支为肱深动脉。该动脉与桡神经伴行走行于桡神经沟内，分布于肱三头肌和肱骨。

5. 桡动脉 在肱桡肌与旋前圆肌之间下行，至前臂下部的肱桡肌腱与桡侧腕屈肌腱之间，在此，其位置表浅，是临床触摸脉搏的常用部位。动脉主干经桡骨茎突远侧转至手背行至第1掌骨间隙后再入手掌深面形成终支与尺动脉掌深支吻合形成掌深弓。

桡动脉的分支主要有掌浅支和拇主要动脉。

6. 尺动脉 下行于尺侧腕屈肌与指浅屈肌之间至腕部，经豌豆骨外侧至手掌形成终支。尺动脉终支与桡动脉掌浅支吻合形成掌浅弓。

7. 掌浅弓 由桡动脉掌浅支与尺动脉终支吻合形成。弓上发出3支指掌侧总动脉和小指尺掌侧动脉；指掌侧总动脉再分成2支指掌侧固有动脉，与小指尺掌侧动脉一起分布至手指。

8. 掌深弓 由尺动脉掌深支与桡动脉终支吻合形成，弓上发出3支掌心动脉与3支指掌侧总动脉吻合。

（三）胸主动脉

胸主动脉于第4胸椎左侧续于主动脉弓，先沿脊柱左侧下行，逐渐转向其前方，至第12胸椎高度处，穿膈的主动脉裂孔移行于腹主动脉。其分支包括壁支和脏支两类。

1. 壁支 肋间后动脉共有9对，分布第1~11肋间隙，沿肋沟走行。肋下动脉1对，位于12肋下方。肋间后动脉和肋下动脉供应胸壁、腹壁上部、背部等处。另有膈上动脉1对，分布至膈上面。

2. 脏支 有支气管动脉、食管动脉和心包支，分布至同名结构。

(四)腹主动脉

腹主动脉是腹部的动脉主干,由膈主动脉裂孔处续于胸主动脉,沿上4个腰椎前方,下腔静脉左侧下行,至第4腰椎下缘处分为左、右髂总动脉。腹主动脉分支分为壁支和脏支。

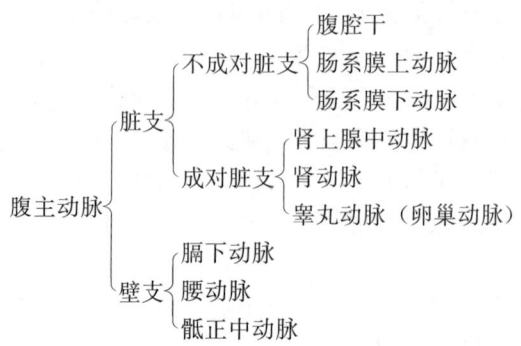

腹主动脉的脏支:

1. **腹腔干** 在主动脉裂孔稍下方处起自腹主动脉前壁,干短而粗随即分为3支。

(1) 胃左动脉:向左上行至胃贲门附近,再沿胃小弯向右下行于小网膜内,并与胃右动脉吻合。该动脉分支分布于食管腹部、贲门和胃小弯。

(2) 肝总动脉:向右前进入肝十二指肠韧带内,分为肝固有动脉和胃十二指肠动脉。

1) 肝固有动脉:行向肝门处分为肝左、右支入肝,其中肝右支发出胆囊动脉至胆囊。肝固有动脉在十二指肠上方发出胃右动脉至胃小弯右侧。

2) 胃十二指肠动脉:经幽门后下行,分为胃网膜右动脉和胰十二指肠上动脉。前者沿胃大弯走向左,并与胃网膜左动脉吻合,其分支分布至胃大弯及大网膜;后者向下分布于胰头和十二指肠。

(3) 脾动脉:是腹腔干最大的分支。发出后沿胰腺上缘左行至脾门,分为数支入脾。沿途还发出胰支、胃网膜左动脉、胃短动脉、胃后动脉,分布于胰、胃、大网膜等。

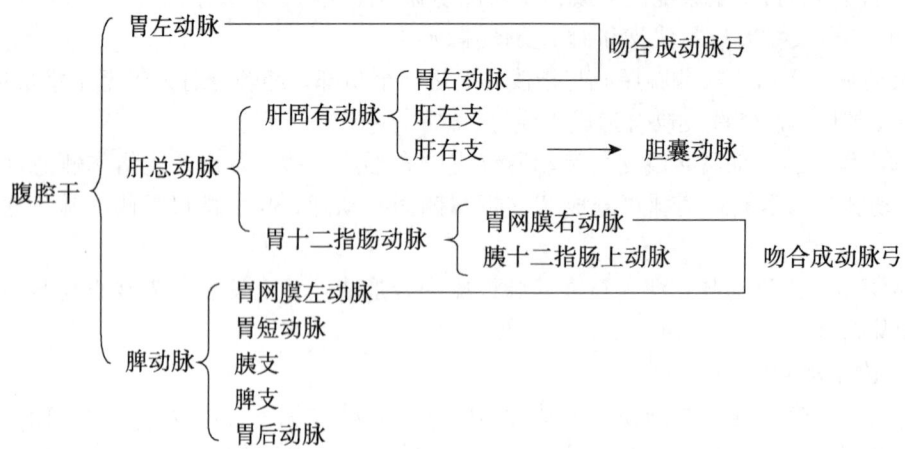

2. **肠系膜上动脉** 约平第1腰椎水平,发自腹主动脉前壁,自胰颈后方穿出向前,经十二指肠水平部前方进入肠系膜,在肠系膜内行向右下,沿途分支有:

(1) 胰十二指肠下动脉:小支,上升并与胰十二指肠上动脉吻合,营养胰和十二指肠。

(2) 空肠动脉和回肠动脉:有13~18条,由肠系膜上动脉左侧壁发出,走行于肠系膜内，不断分支并吻合形成多级动脉弓。最后一级动脉弓发出小动脉进入肠壁，分布至空肠和回肠。空肠段的动脉弓为1～3级；回肠段动脉弓为3～5级。

（3）回结肠动脉：斜行向右下至盲肠附近，分布于回肠末端、盲肠、阑尾和升结肠。其中至阑尾的阑尾动脉，由回结肠动脉发出后，经回肠末端后方进入阑尾系膜，分布至阑尾。

（4）右结肠动脉：向右行，发出升、降支，分布至升结肠。

（5）中结肠动脉：在胰下缘处发出，向前并向右进入横结肠系肠，分为左、右支，分布至横结肠。

3. 肠系膜下动脉　约平第3腰椎高度发自腹主动脉，行向左下方，分支有：

（1）左结肠动脉：横行向左，至降结肠附近分为升、降支，分布于降结肠。

（2）乙状结肠动脉：有2～3支，走入乙状结肠系膜内分布于乙状结肠。

（3）直肠上动脉：为肠系膜上动脉的直接延续，在乙状结肠系膜内下行，至第3骶椎处分为2支，沿直肠两侧至直肠上部。

4. 肾上腺中动脉　成对，约平第1腰椎高度起于腹主动脉侧壁，分布于肾上腺。

5. 肾动脉　成对，约在第1～2腰椎椎间盘高度起于腹主动脉，横行向外至肾门入肾。肾动脉发出肾上腺下动脉至肾上腺。

6. 睾丸动脉　在肾动脉起始处稍下方自腹主动脉前壁发出，沿腰大肌前面斜向外下行，经腹股沟管深环进入腹股沟管，加入精索，随精索分布至睾丸和附睾。在女性，相对应的动脉是卵巢动脉，经卵巢悬韧带下行入盆腔，分布至卵巢和输卵管。

腹主动脉的壁支

1. 膈下动脉　1对，分布膈的下面。该动脉还发出肾上腺上动脉营养肾上腺。

2. 腰动脉　4对，分布于腹后壁及脊髓等。

3. 骶正中动脉　1条，发自腹主动脉分杈处的后上壁，下降至骶骨前线处。

（五）髂总动脉

在第4腰椎高度，髂总动脉由腹主动脉分出，沿腰大肌内侧缘行向外下至同侧的骶髂关节前方分为髂内动脉和髂外动脉。

1. 髂内动脉　为一短干，自髂总动脉分出后下降进入盆腔。髂内动脉主要分布于盆部，其分支有壁支和脏支。

（1）壁支

1）闭孔动脉：沿骨盆侧壁前行，穿闭膜管至大腿内侧，分布于大腿内侧群肌和髋关节。

2）臀上动脉：经梨状肌上孔穿出至臀大肌深面；

3）臀下动脉：经梨状肌下孔穿至臀大肌深面。臀上动脉和臀下动脉分支营养臀肌和髋关节。

4）髂腰动脉：至髂腰肌。

5）骶外侧动脉：分布于盆腔后壁等处。

（2）脏支

1）脐动脉：出生后远侧段闭锁，近侧段管腔保留，并在膀胱上方发出膀胱上动脉，分布于膀胱上、中部。

2）膀胱下动脉：分布于膀胱底、精囊腺和前列腺，在女性还分布至阴道。

3）直肠下动脉：分布于直肠下部。

4）阴部内动脉：经梨状肌下孔出骨盆，再经坐骨小孔入坐骨肛门窝，在此窝先发出肛动脉后再前行至会阴和外生殖器。

5) 子宫动脉：沿盆腔侧壁下行，进入子宫阔韧带下部向内走行，在子宫颈外侧约 2cm 处经输尿管末端前上方交叉越过，再沿子宫外侧上升。其分支分布于子宫、卵巢、输卵管等。

2. 髂外动脉　自髂总动脉发出后，沿腰大肌内侧缘下行，经腹股沟韧带中点深面至股前部，移行为股动脉。髂外动脉在腹股沟韧带稍上方，发出腹壁下动脉和旋髂深动脉，腹壁下动脉行向内上，入腹直鞘，上行至脐周围与腹壁上动脉吻合。

3. 股动脉　是髂外动脉的直接延续，经腹股沟韧带深面进入大腿股三角，下行再穿收肌管及下端的收肌腱裂孔进入腘窝，移行为腘动脉。有腹股沟韧带中点稍下方其位置表浅，是股动脉压迫止血处。股动脉在腹股沟韧带中点下方约 2～5cm 处，其后壁发出股深动脉。股深动脉行向后内下方，其分支有旋股内侧动脉，分布于大腿内群肌；旋股外侧动脉，至大腿前群肌；穿动脉，有 3～4 支至大腿后群肌、内侧群肌和股骨。

此外，股动脉还发出腹壁浅动脉、旋髂浅动脉和阴部外动脉，分别分布至腹前壁下部、外阴部皮肤及浅筋膜等。

4. 腘动脉　在腘窝内深处下行，至腘窝下部分为胫前动脉和胫后动脉。腘动脉在腘窝内发出数支关节支和肌支分布至膝关节及邻近的肌。

5. 胫后动脉　由腘动脉延续而来，下行至小腿后群肌浅、深群之间，绕内踝后下方至足底，分为足底内侧动脉和足外侧动脉。

1) 腓动脉：是胫后动脉在小腿上部发出。该动脉沿腓骨内侧下行，分支营养邻近各肌和胫、腓骨。

2) 足底内侧动脉：沿足底内侧前行，分布于足底内侧。

3) 足底外侧动脉：沿足底外侧前行至第 5 跖骨底处，转向内侧至第 1 跖骨间隙处，与足背动脉的足底深支吻合，形成足底深弓。由弓上发出 4 支跖足底固有动脉；每支跖足底固有再分成 2 支趾足底固有动脉，分布于足趾。

6. 胫前动脉　由发出后，穿小腿骨间膜至小腿前群肌中，下行至踝关节前方，移行为足背动脉。胫前动脉分支分布于小腿前群肌等。

7. 足背动脉　在足背处位于踇长伸肌腱与趾长伸肌腱之间前行，至第 1 跖骨间隙处，发出第 1 跖背动脉和足底深支。足背动脉的主要分支有：

（1）足底深支：穿第 1 跖骨间隙至足底，与足底外侧动脉吻合成足底深弓。

（2）第 1 跖背动脉：在第 1 跖骨间隙前行，分布第 1、2 趾背。

（3）弓状动脉：在跖骨底上方弓形向外行，由弓上发出 3 支跖背动脉，后者再分为 6 支趾背动脉，分布于趾。

【思考题】

1. 何为动脉韧带？
2. 何为颈动脉窦、颈动脉小球？它们有何作用？
3. 主动脉如何分部？它的一级分支有哪些？
4. 头颈、上肢和下肢的动脉有哪些？它们如何分支及分布？
5. 掌浅弓、掌深弓是如何构成的？

第四节　静脉

静脉是由毛细血管不断汇集，最终引流血液返回心房的血管。全身的静脉分为肺循环的静脉和体循环的静脉。体循环静脉又由心静脉系、上腔静脉系和下腔静脉系组成。

【实验目的】

1. 了解静脉系的组成及其体循环的静脉结构特点。
2. 了解肺静脉的行程及引流血管的性质。
3. 掌握上腔静脉形成、走行、位置、收受属支情况。
4. 掌握下腔静脉形成、走行、位置、收受属支情况。
5. 掌握肝门静脉系的特点、肝门静脉的形成、属支及肝门静脉系与上、下腔静脉之间的侧支吻合和侧支循环途径。

【实验教具】

1. 多媒体课件。
2. 标本　显露心及静脉的解剖标本，头、颈、上肢浅、深静脉解剖标本，下肢浅、深静脉解剖标本，胸、腹部静脉解剖标本。
3. 模型　全身静脉模型、肝门静脉及属支的模型。
4. 挂图　全身静脉挂图。

【实验内容】

一、肺循环的静脉

肺循环的静脉包括四条肺静脉：左肺上、下静脉和右肺上、下静脉，分别起于同侧肺门，行向内侧注入左心房。

二、体循环的静脉

（一）上腔静脉系

上腔静脉系是由上腔静脉及其属支组成。主要收受头、颈、上肢及部分胸部的静脉血。

上腔静脉　由左、右头臂静脉在右侧第1胸肋结合后方汇合而成，沿升主动脉右侧下行，至第2胸肋关节后方穿心包，约平第3胸肋关节下缘水平注入右心房。上腔静脉在穿心包之前，有奇静脉注入。

1. 头颈部静脉

（1）面静脉：面部主要的浅静脉，起自内眦的内眦静脉，在面动脉后方伴行下降。在下颌角附近越过颈内、外动脉表面，与下颌后静脉前支汇合成一短干，注入颈内静脉。面静脉通过眼上静脉和眼下静脉与颅内海绵窦交通，并通过面深静脉与翼静脉丛交通。在口角以上面静脉缺乏静脉瓣。故面部有感染时，若处理不当，可使感染沿面静脉与颅内的交通被引至颅内。因此，将鼻根与两口角之间的三角区称"危险三角"。

（2）下颌后静脉：由颞浅静脉与上颌静脉在腮腺上部汇合形成。上颌静脉是上颌动脉的伴行静脉，起于颞下窝的翼静脉丛。颞浅静脉伴行于颞浅动脉下行，与上颌静脉汇合成下颌后静脉。下颌后静脉穿腮腺下行至腺的下部分为前、后两支。前支与面静脉汇合，后支与耳后静脉和枕静脉形成颈外静脉。

（3）颈外静脉：沿胸锁乳突肌表面下行，在锁骨中点处上方穿深筋膜，注入锁骨下静脉。颈外静脉主要收集头、颈及面部浅静脉。

（4）颈内静脉：起自颅底的颈静脉孔，收集颅内静脉血。在颈部，先与颈内动脉伴行，再与颈总动脉伴行，至颈根部胸锁关节后方与锁骨下静脉汇合成头臂静脉。颈内静脉除收集颅内静脉血外，还收受面静脉、舌静脉、甲状腺上静脉、甲状腺中静脉等属支。

（5）锁骨下静脉　自第1肋外缘处续于腋静脉，在腋动脉前下方向内起行，至胸锁关节后方与颈内静脉汇合成头臂静脉。锁骨下静脉的主要属支有腋静脉和颈外静脉。

2. 上肢静脉

上肢静脉分为浅、深静脉。其间的交通非常丰富。

上肢浅静脉走行于皮下。是临床上常用的静脉采血、输液和注入药物的部位。

（1）头静脉：起自手背静脉网的桡侧，在腕关节上方转至前臂前面桡侧，上行至肘前面，再经肱二头肌外侧皮下上行，经三角肌与胸大肌的沟至锁骨下窝，穿深筋膜注入腋静脉或锁骨下静脉。头静脉收集手和前臂桡侧浅层结构的静脉血。

（2）贵要静脉：起于手背静脉网尺侧，沿前臂尺侧上升，至肘部转至前面尺侧，在肘窝处接受肘正中静脉，再经肱二头肌内侧沟上升至臂中部，穿深筋膜注入肱静脉或腋静脉。贵要静脉收集手及前臂尺侧浅层结构的静脉血。

（3）肘正中静脉：在肘窝处皮下，连于头静脉与贵要静脉之间。

上肢深静脉与上肢动脉伴行，并与其伴行动脉同名，主要收集伴行动脉分布范围的静脉血。上肢浅静脉的血液汇入深静脉。手掌至臂部的深静脉均有两条同名静脉与动脉伴行，在臂中部肱静脉合成一条，注入腋静脉。腋静脉在第1肋外缘处移行为锁骨下静脉。

3. 胸部静脉

奇静脉来自膈下方的右腰升静脉，沿脊柱右侧、食管后方和升主动脉的右侧上升，平第4胸椎高度，向前绕右肺根上方，由后向前注入上腔静脉。奇静脉收集右侧肋间后静脉、食管静脉、支气管静脉和半奇静脉的血液。半奇静脉起于膈下方的左腰升静脉，沿脊柱左侧上升，约在第8胸椎高度越过脊柱前方，注入奇静脉。半奇静脉收集左侧下部肋间后静脉、食管静脉和副半奇静脉的血液。副半奇静脉沿脊柱胸上部左侧下行，注入半奇静脉。副半奇静脉收集左侧上部的肋间后静脉的血液。

（二）下腔静脉系

下腔静脉系由下腔静脉及其属支组成，收集下半身的静脉血。

1. 下肢静脉

下肢静脉有丰富的静脉瓣。浅静脉与深静脉之间的交通丰富。

（1）下肢浅静脉：包括大隐静脉和小隐静脉及其属支。

1）大隐静脉：是全身最长的浅静脉。起自于足背静脉弓的内侧，经内踝前方、小腿内侧、膝关节后内侧上升至大腿前内侧，在耻骨结节外下方4cm处穿大腿阔筋膜的隐静脉裂孔，注入股静脉。大隐静脉在注入股静脉之前接受5个属支：腹壁浅静脉、旋髂浅静脉、股内侧浅静脉、股外侧浅静脉和阴部外静脉。大隐静脉收集足、小腿和大腿的内侧部及前部的浅层结构的静脉血。

2）小隐静脉：起于足背静脉弓外侧，经外踝后方，沿小腿后面上行，至腘窝下角处穿深筋膜注入腘静脉。小隐静脉收集足外侧缘和小腿后部浅层结构的静脉血。

（2）下肢深静脉：足与小腿的深静脉与同名动脉伴行，并均为两条。腘静脉收纳胫前、后静脉，延续为大腿的股静脉。股静脉伴股动脉上行，经腹股沟韧带深处上升至腹腔内，续于髂外静脉。

2. 腹盆部静脉

腹盆部静脉主要有髂外静脉、髂内静脉、髂总静脉、下腔静脉和肝门静脉系。

(1) 髂外静脉：由股静脉直接延续而来。斜向内上，至同侧骶髂关节前方与髂内静脉汇合形成髂总静脉。髂外静脉接受腹壁下静脉和旋髂深静脉。

(2) 髂内静脉：伴髂内动脉后内侧上升，与髂外静脉汇合成髂总静脉。髂内静脉的属支与同名动脉伴行。这些属支起自盆内脏器官的壁内或周围的发达静脉丛。男性有膀胱静脉丛和直肠静脉丛；女性除有这些静脉丛外，还有子宫静脉丛和阴道静脉丛。

(3) 髂总静脉：由髂内静脉和骨外静脉汇合而成。两侧髂总静脉伴髂总动脉行向内上至第 5 腰椎椎体右侧汇合形成下腔静脉。

(4) 下腔静脉：由左、右髂总静脉汇合形成。沿腹主动脉右侧和脊柱右前方上行，行经肝的腔静脉沟，再经膈的腔静脉孔入胸腔，由下向上穿心包注入右心房。下腔静脉的属支分为壁支和脏支。

1) 壁支：包括 1 对膈下静脉和 4 对腰静脉。在腰静脉末端之间有纵行的腰升静脉相连。左、右腰升静脉向上分别续于半奇静脉和奇静脉，向下注入髂总静脉。

2) 脏支：包括睾丸静脉（在女性为卵巢静脉）、肾静脉、右肾上腺静脉和肝静脉。

睾丸静脉起于睾丸上端，形成蔓状静脉丛加入精索，经腹股沟管进入腹腔后，汇合成睾丸静脉。左侧睾丸静脉以直角注入左肾静脉，右侧以锐角直接注入下腔静脉。卵巢静脉起于卵巢静脉丛，在卵巢悬韧带内上升并汇合成卵巢静脉。左侧卵巢静脉注入左肾静脉，右侧注入下腔静脉。

肾静脉由肾门处合成一干，经肾动脉前方向内侧走行，注入下腔静脉。左肾静脉较右肾静脉者长，越过腹主动脉前方。左肾静脉还收受左睾丸静脉和左肾上腺静脉。

肾上腺静脉由肾上腺处发出，其左侧注入左肾静脉，右侧注入下腔静脉。

肝静脉是肝内的肝左静脉、肝中静脉和肝右静脉在腔静脉沟处直接注入下腔静脉。

(5) 肝门静脉系：由肝门静脉及其属支组成，主要收集来自腹盆部消化管、脾、胰和胆囊静脉血。肝门静脉是起始于上述器官内毛细血管和大静脉干，它的末端终止有肝内的肝血窦，其管腔内无静脉瓣。

1) 肝门静脉：由肠系膜上静脉和脾静脉在胰颈后方汇合形成，上行进入肝十二指肠韧带内，于肝固有动脉和胆总管两结构的后方上行，至肝门处分为肝左支和肝右支进入肝左、右叶。

2) 肝门静脉的属支：包括肠系膜上、下静脉，胃左、右静脉，胆囊静脉，附脐静脉和脾静脉。这些静脉多与同名动脉伴行，并收集伴行动脉分布范围内的血液。

3) 肝门静脉系与上、下腔静脉系之间的交通途径主要包括：

Ⅰ 通过食管静脉丛与上腔静脉系交通；

Ⅱ 通过直肠静脉丛与下腔静脉系交通；

Ⅲ 通过脐周静脉网分别与上、下腔静脉系交通。

【思考题】

1. 体循环静脉有哪些特点？
2. 何为翼静脉丛、危险三角区、静脉角？
3. 上腔静脉系、下腔静脉系和肝门静脉系是如何组成的？它们的属支有哪些？
4. 药物注入肘正中静脉后，血液运送药物到达舌、胃、心、直肠的循环途径是怎样的？

(汪剑威)

第二章 淋巴系统

【实验目的】
1. 掌握淋巴系的组成，胸导管的组成、走行位置、收纳范围和汇入部位，右淋巴导管的组成、收纳范围和汇入部位。
2. 掌握腋淋巴结群和腹股沟浅、深淋巴结群的位置、收纳范围及其回流，掌握脾的位置、形态。
3. 熟悉淋巴系的主要功能及各淋巴干的名称、收纳范围。
4. 了解颈外侧浅、深淋巴结群的位置、收纳范围及回流。

【实验教具】
1. 多媒体课件。
2. 标本　示全身主要淋巴结标本，示胸导管和右淋巴导管标本，示部分肢体和脏器淋巴管注射绿色颜料标本。
3. 模型　淋巴系模型和脾模型。
4. 挂图　淋巴系统挂图。

【实验内容】

一、淋巴系统的组成

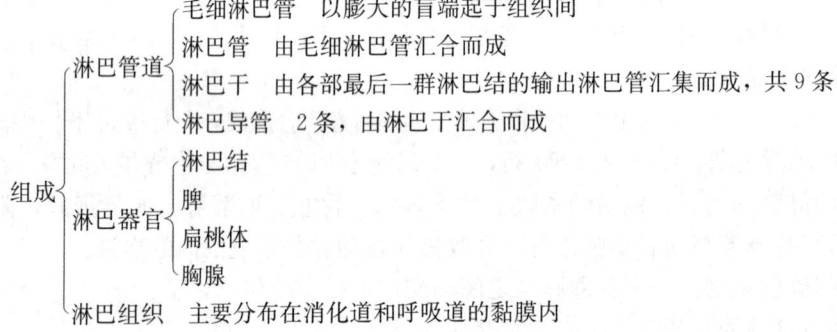

二、全身淋巴回流概况

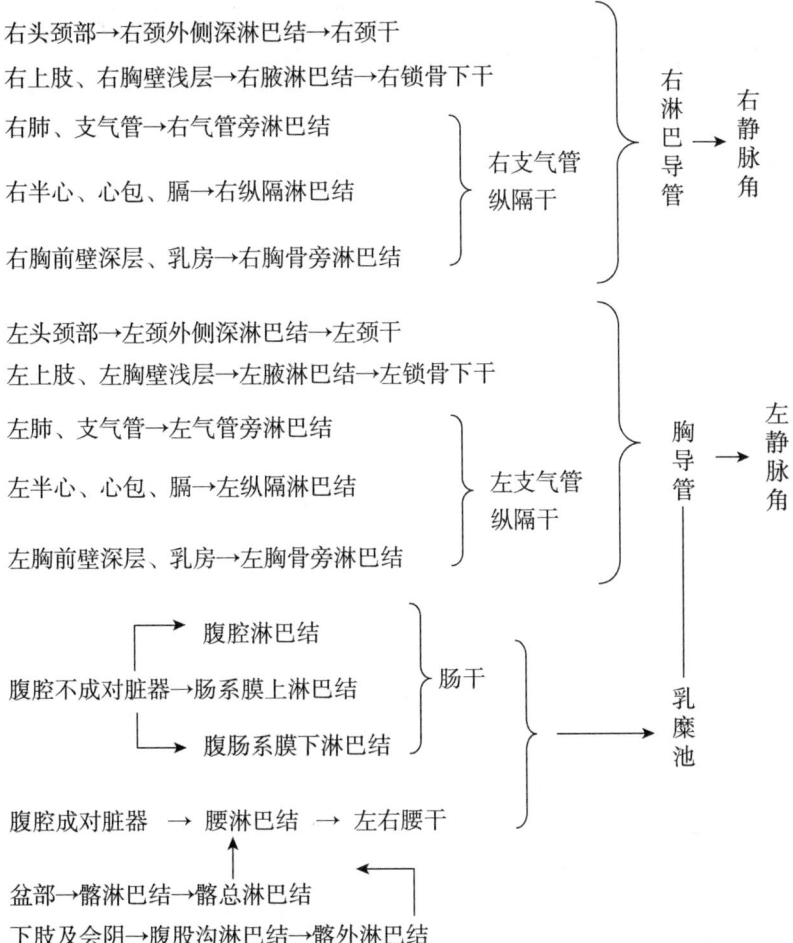

三、淋巴导管

2条 { 右淋巴导管
      胸导管

（一）胸导管

　　是全身最大的淋巴导管
　　长度　长30～40cm
　　合成　由左右腰干和肠干在第1腰椎前方汇合而成
　　乳糜池　胸导管的起始处常膨大，称乳糜池
　　行程　胸导管在第1腰椎前方起于乳糜池→经主动脉裂孔→沿脊柱右前方上升→
　　　　　第5胸椎水平转向左上→左颈根部收纳左颈干、左锁骨下干、左支气管纵
　　　　　隔干→左静脉角
　　收集范围　收集上半身左侧及整个下半身的淋巴

(二) 右淋巴导管

长度　约 1.5cm
合成　由右颈干、右锁骨下干、右支气管纵隔干在右颈根部汇合而成
注入部位　右淋巴导管注入右静脉角
收集范围　收集上半身右侧半的淋巴

四、淋巴结

(一) 功能

具有制造淋巴细胞、过滤细胞、吞噬细菌、产生抗体等功能。

(二) 全身主要淋巴结群

下颌下淋巴结群　位于下颌下腺附近
颈外侧浅淋巴结群　沿颈外静脉排列
颈外侧深淋巴结群　沿颈内静脉排列
　　└→ 锁骨上淋巴结群　位于锁骨上方
腋淋巴结群
　　外侧淋巴结　沿腋静脉排列
　　胸肌淋巴结　沿胸外侧血管排列
　　肩胛下淋巴结　位于腋窝后壁
　　中央淋巴结　位于腋窝中央
　　尖淋巴结　沿腋静脉的近侧段排列
支气管肺门淋巴结（肺门淋巴结）　位于肺门附近
腹腔淋巴结　沿腹腔干及其分支排列
肠系膜上淋巴结　沿肠系膜上动脉及其分支排列
肠系膜下淋巴结　沿肠系膜下动脉及其分支排列
腹股沟浅淋巴结　沿腹股沟韧带及大隐静脉末端排列
腹股沟深淋巴结　沿股静脉近侧段排列

五、脾

是人体内最大的淋巴器官

位置　位于左季肋区，胃底与膈之间，恰与左侧第 9～11 肋相对，其长轴与左侧第 10 肋一致。正常时在肋弓下缘不应触及
功能　具有①造血（造淋巴细胞及单核细胞）；②滤血；③贮血；④产生抗体，参与机体免疫

六、胸腺

位置　位于胸骨柄的后方，前纵隔的上部内
功能　①具有淋巴器官功能；②内分泌功能，分泌胸腺激素。胸腺激素的作用是将从骨髓迁移来的没有免疫功能的淋巴细胞转变成具有免疫功能的 T 淋巴细胞

【思考题】

1. 简述胸导管的起止、行程与收集范围？

2. 简述 9 条淋巴干的收集范围？
3. 脾位于何处？其功能如何？

(李志军)

第五篇　感觉器

一、感觉器概念
由感受器及其辅助装置共同组成的器官，称感觉器（简称感官）。

二、感受器
（一）感受器概念　感觉神经末梢的特殊结构，称感受器。

（二）感受器功能　能接受体内、外环境的各种特定刺激，并把刺激转化为神经冲动，经神经传导到脑，产生各种特定的感觉。

（三）感受器分类

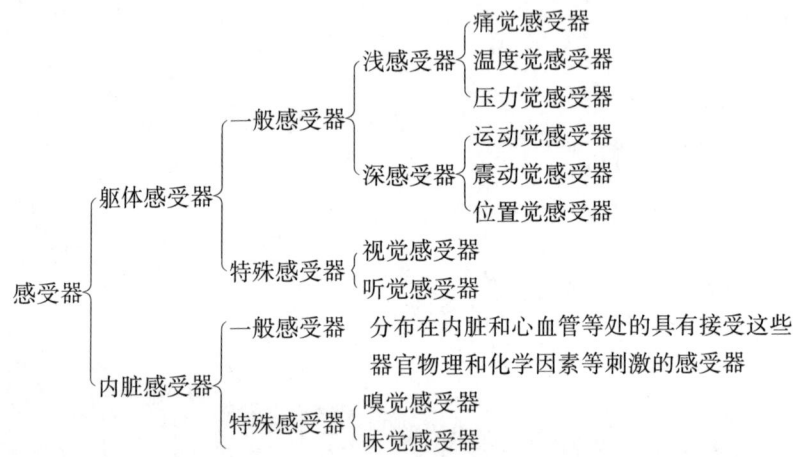

第一章　视　器

【实验目的】
1. 掌握眼球壁各层的名称、位置、分部及主要形态结构。
2. 熟悉房水、晶状体、玻璃体的位置和形态结构，眼底的形态结构，结膜的位置与分部。
3. 了解眼睑、泪器、眼球外肌和眼血管的位置和形态。

【实验教具】
1. 多媒体课件。
2. 挂图。
3. 示眼睑、泪器、眼肌、眼的血管标本。

4. 去眶上壁的颅骨。
5. 眼球模型。

【实验内容】

视器的功能　感受可见光的刺激，产生视觉冲动。

视器的组成 { 眼球
眼副器

第一节　眼　球

位置　位于眶内，后方借视神经连于间脑。
组成

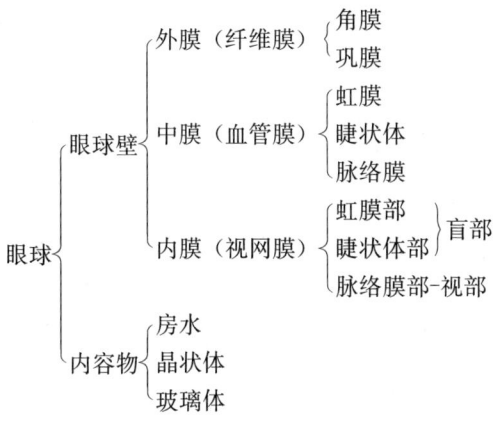

一、眼球壁

（一）外膜（纤维膜）
1. 角膜　位置　位于外膜的前1/6。
   特点　①向前略突而透明；②无血管；③富有感觉神经末梢，感觉灵敏。
   功能　①保护；②透光；③折光（屈光）。
2. 巩膜　位置　位于外膜的后5/6，前接角膜，后与视神经鞘相延续。
   巩膜静脉窦　巩膜与角膜交界处深部的一环形小管，是房水回流的通道。

（二）中膜（血管膜）
1. 虹膜　位于中膜的最前部，角膜的后方。
   结构 { 瞳孔　为虹膜中央的圆形小孔
   瞳孔括约肌　位于瞳孔周缘，呈环形，为平滑肌，受副交感神经支配，收缩使瞳孔缩小
   瞳孔开大肌　呈放射状，为平滑肌，受交感神经支配，收缩使瞳孔开大

   虹膜角膜角　虹膜与角膜交界处构成的环形夹角。
   虹膜角膜角隙　虹膜角膜角与巩膜静脉窦之间相通的孔隙。
2. 睫状体　位置　位于虹膜的后外侧，角膜与虹膜移行部的内面，呈环形。
   结构 { 睫状突　睫状体前部向内突出的皱襞
   睫状环　睫状体后部的平坦部分
   睫状肌　属平滑肌，受副交感神经支配，作用为调节晶状体的曲度

3. **脉络膜** 占中膜的后 2/3，富有血管和色素细胞，有挡光作用。

（三）内膜（视网膜）

1. **盲部** 包括虹膜部与睫状体部，此两部仅由一层色素细胞构成，无感光作用，合称盲部。

2. **视部** 位置 贴于脉络膜的内面，即脉络膜部。

结构 {
视神经盘 位于视神经起始部的内面。此处无感光细胞，不能感光，故称盲点
黄斑 位于视神经盘颞侧 3.5mm 处的黄色小区
中央凹 黄斑的中央凹，是感光最敏锐的部位
}

分层 {
色素细胞层 外层，紧贴脉络膜
神经细胞层 { 视细胞 { 视锥细胞 / 视杆细胞 } / 双极细胞 / 节细胞 }
}

（1）色素细胞层：紧贴于脉络膜的内面，仅由一层色素细胞构成，具有吸收光线的作用。

（2）视细胞层：贴于色素细胞层的内面，两者连结较疏松。视细胞为感光细胞，即视觉感受器，其中视锥细胞能感受强光和辨别颜色；视杆细胞能感受弱光，不能辨色。

（3）双极细胞层：介于视细胞与节细胞之间，为传入神经元。

（4）节细胞层：其轴突沿视网膜内面向后汇聚形成视神经盘，穿出巩膜，形成视神经。

二、眼球内容物

（一）房水 充满于眼房内，由睫状体产生。

眼房 角膜与晶状体之间的腔隙，称眼房。

分部 { 眼球前房 / 眼球后房 } 借瞳孔相通

房水→眼球后房→瞳孔→眼球前房→虹膜角膜角→虹膜角膜角隙→巩膜静脉窦→眼静脉

功能 ①营养角膜、晶状体、玻璃体；②维持眼内压；③折光。

（二）晶状体

结构 { 晶状体囊 位于表层，富有弹性，无色透明 / 晶状体纤维 无色透明 }

功能 具有很强的折光作用，而且是唯一可以进行调节的折光装置。

晶状体的调节 视近物时，睫状肌收缩→睫状体环缩小→睫状小带松弛→晶状体借自身弹性变厚→折光力增强，使所视物体恰好在视网膜上形成清晰的物象。视远物时则相反。

（三）玻璃体 位置 呈胶状，充满于晶状体与视网膜之间。

功能 ①折光；②支撑视网膜。

（四）眼的折光装置 $\begin{cases}角膜\\房水\\晶状体\\玻璃体\end{cases}$

第二节　眼副器

组成 $\begin{cases}眼睑\\结膜\\泪器\\眼球外肌\end{cases}$

一、眼睑

外形 $\begin{cases}上、下睑\\睑裂\\内、外眦\\睑缘\begin{cases}睫毛\\睫毛腺（Zeis腺）\\睑板腺开口\\泪点\end{cases}\end{cases}$

构造（五层）

①皮肤　细、薄

②皮下组织　缺乏脂肪组织，易水肿

③肌层 $\begin{cases}眼轮匝肌　收缩时闭眼\\上睑提肌　仅存在于上睑内，收缩时上提上睑（睁眼）\\睑板肌（Muller）　为平滑肌，受交感神经支配，收缩时可进一步开大睑裂\end{cases}$

④睑板　内有睑板腺，分泌油样物质封闭睑缘

⑤睑结膜

二、结膜

分部 $\begin{cases}睑结膜　贴于眼睑内面\\球结膜　贴于巩膜前部的表面\end{cases}$

结膜上、下穹　上、下睑结膜与球结膜互相移行反折处，分别称结膜上穹和结膜下穹

结膜囊　闭眼时，全部结膜所围成的囊状腔隙，称结膜囊，经睑裂与外界相通

三、泪器

组成 $\begin{cases}泪腺　位于泪腺窝内，其功能是分泌泪液\\泪道　包括泪点、泪小管、泪囊和鼻泪管\end{cases}$

泪液产生及流出途径　泪腺产生→排泄管→结膜囊→泪点→泪小管→泪囊→鼻泪管→下鼻道

四、眼球外肌

七块
- 上睑提肌　收缩时上提上睑——睁眼
- 上直肌　作用是使眼球转向内上方
- 下直肌　作用是使眼球转向内下方
- 内直肌　作用是使眼球转向内
- 外直肌　作用是使眼球转向外
- 上斜肌　作用是使眼球转向外下方
- 下斜肌　作用是使眼球转向外上方

五、眶内结缔组织性结构

- 眶脂体
- 眼球鞘（Tenon 囊）
- 巩膜外隙

第三节　眼的血管和神经

一、眼的动脉

眼动脉　起于颈内动脉，与视神经一起经视神经管入眼，发分支分布于眼球及眼副器。

视网膜中央动脉　在眼球后方由眼动脉分出→视神经中央→视神经盘，分为 4 支，分布于视网膜。临床眼底镜可直接看到此动脉，以此了解全身动脉状况。

二、眼的静脉

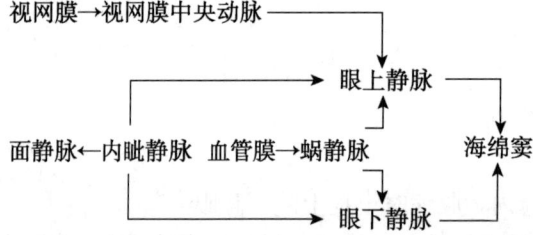

三、眼的神经

- 眼的视觉　视神经
- 眼的一般感受器　眼神经
- 瞳孔括约肌
- 睫状肌　　　　　受副交感神经支配
- 瞳孔开大肌：受交感神经支配
- 眼外肌　受展神经（外直肌）、滑车神经（上斜肌）和动眼神经（其余的眼外肌）支配

【思考题】
1. 眼球壁分为哪几层？各层又分几部分？
2. 巩膜位于何处？其内有哪两种平滑肌？分别受什么神经支配？有何功能？
3. 眼球内容物包括哪些？它们的位置如何？
4. 房水由何处产生？是如何循环的？有何功能？
5. 眼的折（屈）光装置有哪些？可以进行调节的屈光装置叫什么？是如何调节的？

（李志军）

第二章　前庭蜗器

【实验目的】

1. 掌握前庭蜗器的组成和分部，鼓膜的形态与分部，三块听小骨的名称及连结，内耳迷路的组成、分部及主要形态结构。
2. 熟悉耳廓的外形、中耳的位置。
3. 了解鼓室六壁及毗邻，咽鼓管的位置与功能、小儿咽鼓管的形态特点。

【实验教具】

1. 多媒体课件。
2. 挂图。
3. 示外耳与中耳标本（锯开）。
4. 内耳特制标本。
5. 听小骨标本。
6. 耳模型。
7. 颞骨与鼓室模型。

【实验内容】

一、组成

{
前庭器　感受头部位置变动刺激，产生位置冲动，又称位置觉感受器
蜗　器　感受声波刺激，产生听觉冲动，又称听觉感受器
}

二、分部

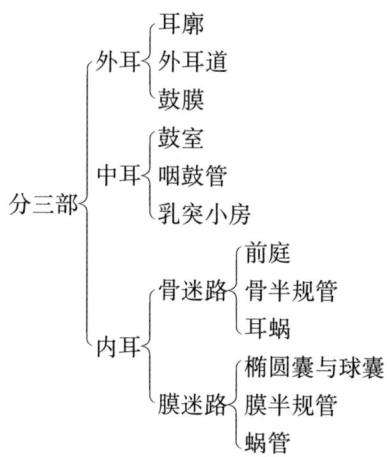

第一节 外耳

外耳 { 耳廓 / 外耳道 / 鼓膜

一、耳廓

外形 { 外耳门 / 耳屏 / 耳垂

构造　软骨＋皮肤（缺乏皮下组织）
功能　收集声波

二、外耳道

位置　外耳门——鼓膜，长约 2.5cm。
分部 { 软骨部　外 1/3，方向朝向内后上。/ 骨　部　内 2/3，方向朝向内前下。
形态　不直。其中部成人弯向后上方，小儿则弯向后下方。故给成人检查鼓膜时，应将耳廓拉向后上方，而给小儿检查鼓膜时，则应将耳廓拉向后下方。

三、鼓膜

位置　介于外耳道与鼓膜之间。外面向前、下、外倾斜。
形态　呈椭圆形，半透明，中心部向内微凹，称鼓膜脐。
分部 { 松弛部　上 1/4 / 紧张部　下 3/4
光锥　在活体，鼓膜脐前下方有一三角形反光区，称光锥。光锥消失是鼓膜内陷的主要标志。

第二节 中耳

组成 { 鼓室 / 咽鼓管 / 乳突小房

一、鼓室

位于颞骨岩部内，鼓膜与内耳之间。
六壁　上壁　又称盖壁，与颅中窝相邻。
下壁　又称颈静脉壁，与颈内静脉相邻。
前壁　又称颈动脉壁，与颈内动脉相邻，此壁上部有咽鼓管开口。
后壁　又称乳突壁，此壁上部有乳突窦的开口。
外侧壁　又称鼓膜壁，即骨膜内面。

内侧壁　又称迷路壁，即内耳的外侧壁。壁的中部隆起称岬，岬后上方有前庭窗（被镫骨底封闭）。后下方有蜗窗（被第二鼓膜封闭）。前庭窗的后上方有面神经管凸（凸内为面神经管，管内有面神经通过）。

内容物
- 听小骨
  - 锤骨　锤骨柄贴于鼓膜的内面
  - 砧骨　介于锤骨与镫骨之间
  - 镫骨　镫骨的底封闭前庭窗
- 听小骨肌
  - 鼓膜张肌
  - 镫骨肌

二、咽鼓管

位置　介于鼻咽与鼓室之间的管道。幼儿咽鼓管的特点是短、宽、平直。

功能　引导咽部空气进入鼓室以保持鼓膜内、外压力的平衡，保持鼓膜的正常形态和功能。

三、乳突小房

位置　位于乳突内，借乳突窦与鼓室相通。

乳突窦　乳突小房互相通连，向前汇聚形成一个腔，称乳突窦，开口于鼓室后壁的上部。

第三节　内耳

位置　位于颞骨岩部内，介于鼓室与内耳道底之间。

组成
- 骨迷路　与膜迷路之间充满外淋巴
- 膜迷路　膜迷路内充满内淋巴。内、外淋巴互不相通

一、骨迷路

分3部
- 前庭
- 骨半规管
  - 前骨半规管
  - 后骨半规管　以五个口通向前庭
  - 外骨半规管
- 耳蜗
  - 前庭阶→前庭→前庭窗　在蜗顶与鼓阶相通
  - 鼓阶　向后→蜗窗

二、膜迷路

分3部
- 椭圆囊和球囊　位于前庭内
- 膜半规管　3个分别位于相同的骨半规管内。膨大端称壶腹部。
- 蜗管　位于耳蜗内，切面观呈三角形，上壁为分隔前庭阶的蜗管前庭壁，下壁为与鼓阶相分割蜗管庭壁（基底膜），外侧壁与耳蜗的外侧壁相贴

球囊斑和椭圆囊斑　分别位于球囊和椭圆囊的内面，均为位觉感受器，能感受头部静止时的位觉和直线变速运动时的位觉刺激。

壶腹嵴　位觉感受器，能感受头部旋转变速运动时的位觉刺激。

螺旋器（Corti器）　位于蜗管鼓壁（基底膜）的上面，为听觉感受器。

声波传导的途径　声波──→耳廓──→外耳道──→鼓膜──→锤骨──→砧骨──→镫骨──→前庭窗──→前庭外淋巴结──→前庭阶外淋巴结──→鼓阶外淋巴──→蜗管鼓壁──→螺旋器，产生听觉冲动──→蜗神经──→脑，产生听觉

【思考题】
1. 简述鼓膜的位置和形态？
2. 简述骨迷路的分部和形态？
3. 简述内耳的组成和位置？
4. 简述膜迷路的分部和形态？

（李志军）

第六篇　神经系统

神经系统是机体内主要的功能调节系统，它控制和调节其他系统的生理活动，使得机体成为一个统一的有机体，以适应不断变化的内外环境。

第一章　总　论

【实验目的】
1. 掌握神经系统的区分。
2. 掌握神经元的基本结构。
3. 熟悉神经元的分类以及突触和反射弧的概念。
4. 掌握灰质、白质、皮质、髓质、神经纤维、神经、神经核、神经节和网状结构的概念。

【实验教具】
1. 多媒体课件。
2. 挂图　神经系统构成的模示图、神经元示意图、反射弧示意图。

【实验内容】

一、神经系统的区分

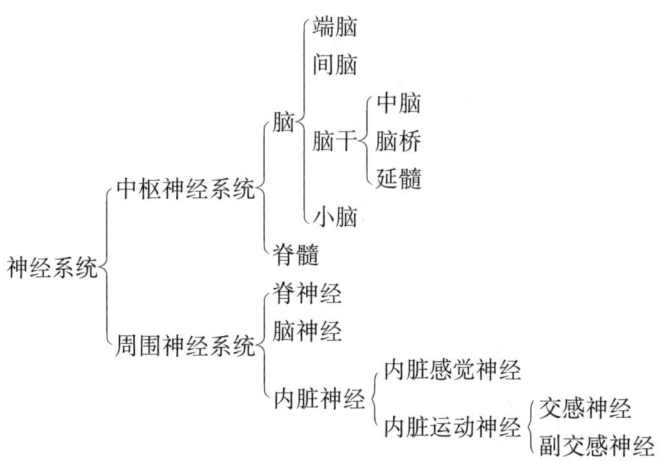

二、神经系统的组成

神经系统主要由神经组织构成。神经组织包括两类细胞：神经元（神经细胞）和神经胶质细胞。

（一）神经元

是神经系统的结构和功能单位,由胞体和突起(轴突和树突)组成。

1. 分类　按神经元突起的数目:假单极、双极和多极神经元。

　　　　　按神经元突起的功能:感觉(传入)、运动(传出)、联络(中间)神经元。

2. 结构　详见教材。

3. 神经纤维　神经元的轴突和长的周围支外面通常包有髓鞘和神经膜,称为神经纤维。可分为有髓和无髓神经纤维两类。

4. 突触　是一个神经元和另一个神经元之间或神经元与效应器之间特化的接触区。化学突触(突触前膜、突触后膜、突触间隙)。

(二)神经胶质细胞。

三、神经系统的活动方式

神经系统的基本活动方式是反射。执行反射活动的形态学基础是反射弧。反射弧包括5个环节,即感受器→传入(感觉)神经→中枢→传出(运动)神经→效应器。

四、神经系统的常用术语

1. 灰质和白质　在中枢神经系统内,神经元胞体和树突集聚之处,泛称为灰质;神经纤维集聚之处,因神经纤维有髓鞘包裹,色泽白亮,泛称为白质。

2. 髓质和皮质　在中枢神经系统内,分布于大、小脑表面的灰质,称为皮质;位于皮质深面的白质,称为髓质。

3. 神经核和神经节　在中枢神经系统内,除皮质以外,形态和功能相似的神经元胞体集聚在一起,称为神经核;在周围神经系统内,神经元胞体集聚在一起,称为神经节。

4. 纤维束和神经　在中枢神经系统内,集聚在一起的起止、行程和功能相同的一束纤维,称为纤维束(神经传导束);在周围神经系统内,集聚在一起的神经纤维形成神经。

5. 网状结构　在中枢神经系统内的一些部位,灰质和白质混合存在的区域,称为网状结构。

【思考题】

1. 何谓灰质、皮质、白质、髓质、神经核、神经节、纤维束、网状结构?

(王晓东　刘　星)

第二章 中枢神经系统

第一节 脊髓

【实验目的】
1. 掌握脊髓的位置、外形及脊髓节段与椎骨的对应关系。
2. 掌握脊髓灰、白质的配布及名称。
3. 掌握灰质主要核团的位置、功能。熟悉脊髓灰质细胞构筑分层概念。
4. 掌握脊髓主要纤维束的位置、起止和机能；了解脊髓小脑前、后束、红核脊髓束、前庭脊髓束、顶盖脊髓束、内侧纵束和脊髓固有束的位置和功能。
5. 了解脊髓的功能及脊髓损伤后的症状。

【实验教具】
1. 多媒体课件。
2. 标本　打开椎管后壁的脊髓、离体脊髓。
3. 模型　脊髓横断面放大模型、脊髓和脊神经模型、脊髓与椎骨关系模型。
4. 挂图　示脊髓外形及内部结构的挂图。

【实验内容】

一、脊髓外形的观察

脊髓位于椎管内，上端平枕骨大孔处与延髓相连，下端在成人平第 1 腰椎体下缘。取游离脊髓标本观察，见脊髓有颈膨大和腰骶膨大，末端变细为脊髓圆锥，向下续为终丝。脊髓表面可见 6 条纵行的沟：前正中裂、后正中沟、一对前外侧沟和一对后外侧沟。脊髓自前外侧沟依次穿出 31 对脊神经前根，后外侧沟依次穿入 31 对脊神经后根。脊神经经相应的椎间孔离开椎管。腰、骶、尾部的脊神经前、后根在椎管内下行到达相应的椎间孔在脊髓的末端连同终丝一起形成马尾。在保留脊神经根的游离脊髓标本上可以看见每条脊神经的后根上有一个脊神经节。脊髓可分为 31 个节段：8 个颈节（C）、12 个胸节（T）、5 个腰节（L）、5 个骶节（S）和 1 个尾节（C_0）。成人脊髓与脊柱的长度并不相等，脊髓的节段与相应的椎骨也并不完全对应。脊髓节段与椎骨的对应关系大致可以归纳如下：

脊髓节段	对应椎骨	推算举例
上颈髓 $C_{1\sim4}$	与同序数椎骨等高	如第 2 颈髓节对第 2 颈椎
下颈髓 $C_{5\sim8}$	较同序数椎骨高 1 个椎骨	如第 7 颈髓节对第 6 颈椎
上胸髓 $T_{1\sim4}$	较同序数椎骨高 1 个椎骨	如第 4 胸髓节对第 3 胸椎
中胸髓 $T_{5\sim8}$	较同序数椎骨高 2 个椎骨	如第 7 胸髓节对第 5 胸椎
下胸髓 $T_{9\sim12}$	较同序数椎骨高 3 个椎骨	如第 12 胸髓节对第 9 胸椎
腰髓 $L_{1\sim5}$	平对第 10～12 胸椎	
骶、尾髓 $S_{1\sim5}$、C_0	平对第 12 胸椎和第 1 腰椎	

二、脊髓内部结构的观察

取一段脊髓做水平切面，结合脊髓横断面放大模型观察，可见脊髓正中央有中央管，中央管纵贯脊髓全长，管内含脑脊液，向上通第四脑室，向下在脊髓圆锥内扩大形成终室。围绕中央管的周围可见"H"形或蝶形的灰质，颜色较深（在新鲜标本上颜色灰暗）。灰质可分为前部扩大的前角和后部狭细的后角，前角与后角之间的区域为中间带。在胸髓和上部腰髓中间带还可见向外伸出的侧角（在纵切面上灰质纵贯成柱）。白质位于灰质的周围，颜色较浅（新鲜标本上颜色发亮）。白质可分为三个索，前正中裂与前外侧沟之间为前索，前、后外侧沟之间为外侧索，后外侧沟与后正中沟之间为后索。在灰质后角基部外侧与白质之间有灰、白质混合形成的网状结构。

（一）灰质

脊髓灰质是神经元胞体、神经胶质和血管等的复合体。灰质内含有各种不同大小、形态和功能的神经细胞，其中大多数神经细胞的胞体往往集聚成群或成层，称神经核或板层。

1. 前角　也称前柱，主要由运动神经元组成。分为内、外侧两群：内侧群支配躯干肌，外侧群支配四肢肌。也可根据形态和功能分为大型的运动神经元，支配骨骼肌运动，以及小型的运动神经元，调节肌张力。

2. 后角　也称后柱，主要由中间神经元组成，接受后根传入纤维。由后角基部向后角尖依次可分为胸核、后角固有核、胶状质和缘层四群核团，其中胸核位于后角基部内侧。

3. 侧角　也称侧柱，由中、小型细胞组成，仅见于胸1～腰3脊髓节段，是交感神经的低级中枢。

4. 板层　灰质的细胞构筑从后角尖到前角分为10个板层：Ⅰ层相当于后角缘层，Ⅱ层相当于胶状质，Ⅲ～Ⅳ相当于后角固有核，Ⅴ～Ⅵ层位于后角基部，Ⅶ层相当于中间带，Ⅷ层位于前角基部，Ⅸ层相当于前角运动神经元，Ⅹ层在脊髓中央管周围。

（二）白质

脊髓白质位于脊髓灰质的周围，主要由许多纵行排列的纤维束组成。这些纤维束可分为长的上行纤维束、下行纤维束和短的固有束。

1. 上行纤（传导）维束（又称感觉传导束）

(1) 薄束和楔束：这两个纤维束是脊神经后根内侧部的粗纤维在同侧后索的直接延续。两者均由起自脊神经节内的假单极神经元中枢突组成，第5胸节以下来的纤维组成薄束，第4胸节以上来的纤维组成楔束。它们在脊髓后索内上行，分别止于薄束核和楔束核。其功能是传导来自同侧躯体的本体感觉及皮肤的精细触觉的神经冲动。

(2) 脊髓小脑后束：位于外侧索周边的后部，起自同侧的脊髓胸核，上行经延髓和小脑下脚入小脑，止于小脑皮质。向小脑传导来自躯干下部和下肢的非意识性本体感觉冲动。

(3) 脊髓小脑前束：位于脊髓小脑后束的前方，起自后角基部及中间带，大部分交叉到对侧，小部分在同侧上行，经小脑上脚进入小脑皮质。功能同脊髓小脑后束。

(4) 脊髓丘脑束：起自脊髓灰质Ⅰ和Ⅳ～Ⅶ层（后角固有核），大部分纤维经白质前连合交叉到对侧的外侧索（形成脊髓丘脑侧束，功能是传导痛觉和温度觉的冲动）和前索（形成脊髓丘脑前束，含不交叉的纤维，功能是传导粗略触觉的冲动）内上行，止于背侧丘脑。

2. 下行纤维（传导）束（又称运动传导束）

(1) 皮质脊髓束：是脊髓内最大的纤维束，起自大脑皮质运动中枢，下行至延髓锥体，在锥体交叉处，大部分纤维交叉至对侧形成皮质脊髓侧束，止于同侧脊髓不同节段的前角运动细胞；少量未交叉纤维在同侧下行为皮质脊髓前束，大部分纤维亦经白质前连合交叉终于对侧的前角运动细胞，部分纤维始终不交叉止于同侧前角运动细胞；另有少量不交叉的纤维沿同侧侧束下行为 Barne 前外侧束，大部分终于颈髓前角运动细胞，小部分可达腰骶髓前角运动细胞。皮质脊髓束的功能是支配骨骼肌运动，特别是肢体远端的灵巧运动。

（2）红核脊髓束：位于皮质脊髓侧束的腹侧，起自中脑红核，至Ⅴ～Ⅶ板层，投射至上3个颈髓节段。其功能与兴奋屈肌的运动神经元有关。

还有其他下行纤维束：如前庭脊髓束、网状脊髓束、内侧纵束和顶盖脊髓束等。

【思考题】

1. 脊髓位于什么部位？什么叫脊髓圆锥？
2. 脊髓横切面上灰质可分哪几部？各有哪些主要神经核？
3. 在脊髓前、后、外侧索各有哪些主要纤维束（传导束）？

第二节　脑

【实验目的】

一、脑干

1. 掌握脑干的外形、第四脑室和脉络丛。
2. 掌握脑干内部结构的主要特点。掌握脑干内的脑神经的位置和功能。熟悉其他主要核团的位置与功能。掌握脑干内主要神经束的位置和功能。了解脑干网状结构的位置和功能。熟悉脑干各代表切面特征。

二、小脑

1. 掌握小脑的位置、分部、分叶和小脑扁桃体的位置及其临床意义。
2. 熟悉小脑内部结构（中央核）和小脑的功能。
3. 了解小脑3对脚的组成及纤维联系。

三、间脑

1. 掌握间脑的位置、分部和第三脑室。
2. 掌握背侧丘脑、后丘脑的位置、分部和主要核群的纤维联系和功能。
3. 熟悉下丘脑的位置和主要核团。
4. 了解下丘脑的纤维联系和功能。

四、端脑（大脑）

1. 掌握大脑半球的外形、分叶、主要沟裂和脑回。
2. 掌握基底核的组成和位置，掌握纹状体的组成和功能。
3. 了解大脑半球髓质的概况。掌握内囊的位置、分部和通过内囊各部的神经束排列位置关系。熟悉内囊损伤后的主要表现。
4. 掌握侧脑室的形态、位置、分部及脉络丛。
5. 掌握大脑皮质的主要功能定位。了解大脑皮质的分区。掌握大脑皮质语言中枢的位置和优势半球的概念。

五、了解边缘系统的组成和功能

【实验教具】

1. 多媒体课件。

2. 标本　正中矢状切脑标本；完整脑标本；保留脑神经根的脑干标本。游离的小脑标本、模型；小脑水平切面，示小脑核的标本；正中矢状切脑标本；连带间脑的脑干标本。完整脑标本；完整脑正中矢状切标本；左、右半球标本；端脑水平切、冠状切的标本；示侧脑室标本。

3. 模型　脑干模型，显示脑干内部结构（核团、纤维束）的模型，脑神经核模型、透明脑干电动模型。小脑模型，连带间脑的脑干模型，背侧丘脑核团模型。完整脑模型，左、右半球模型，端脑水平切、冠状切的模型，示侧脑室的模型。

4. 挂图　中枢神经系统挂图。

【实验内容】

一、脑干

1. 脑干的组成

脑干由中脑、脑桥和延髓组成。

2. 脑干外形的观察

（1）脑干的腹侧面：取保留脑神经根的脑干标本观察，可见延髓位于脑干的最下部，上部略膨大，借延髓脑桥沟与脑桥分隔，下部较细，通过枕骨大孔与脊髓相连续，延髓腹侧面正中线上有前正中裂，裂的两侧有前外侧沟，均与脊髓同名沟裂续连。在延髓腹侧面上部，前正中裂两侧与前外侧沟之间有锥体，由锥体束构成。在锥体下端可见到左、右侧的纤维在前正中裂深部相互交叉称锥体交叉。在前外侧沟的后外侧有橄榄，橄榄深面有下橄榄核。在锥体与橄榄间可见有舌下神经的根丝由前外侧沟出脑。在橄榄后外侧由上而下依次是舌咽、迷走和副神经的根丝，观察三者根丝往往难以区分。

脑桥腹侧面的中线处有一纵行的基底沟，沟内有基底动脉通过。基底沟两侧明显膨隆，为脑桥基底部，其向背侧移行为小脑中脚，在移行处有三叉神经根附着。脑桥与延髓交界处的延髓脑桥沟内由内侧向外侧依次可见展神经、面神经、前庭蜗神经 3 对脑神经根出入脑，前庭蜗神经连脑处恰位于脑桥、延髓与小脑交角处，临床上常称此处为脑桥小脑三角。

中脑腹侧面上接间脑视束，下界为脑桥上缘，腹侧面有一对大脑脚底，由大量大脑皮质发出的下行纤维构成，大脑脚间的凹陷称脚间窝，其内有动眼神经根出脑。

（2）脑干的背侧面：观察脑干标本的背侧面时可见在脑干背侧面中份有菱形窝，由延髓上半部和脑桥的背侧共同构成。

菱形窝以下的延髓背侧面与脊髓的外形相似，正中线上的纵行浅沟即后正中沟，后正中沟上端两侧，恰在菱形窝下角以下，有椭圆形隆起的薄束结节，薄束结节外上方有楔束结节，它们的深面分别为薄束核与楔束核。楔束结节外上方为粗大的小脑下脚向背侧行向小脑，它构成菱形窝下外侧界的主要部分，由进入小脑的纤维束组成。

脊髓中央管向上延伸，在延髓、脑桥和小脑之间扩大成为第四脑室，菱形窝为第四脑室的底，窝的下外侧界是小脑下脚，楔束结节和薄束结节，窝的两上外侧界为小脑上脚，主要由联系小脑和中脑的纤维束构成，两侧小脑上脚之间的薄白质板称前髓帆，它构成第四脑室顶的前部。菱形窝在正中线上有一正中沟，沟外侧有内侧隆起，其外侧有与正中沟大致平行的界沟。其上端有一颜色发蓝黑的区域称蓝斑，界沟外侧直到菱形窝外侧角的三角区称前庭区，其深面为前庭神经核群。前庭区外侧角处有一隆起称听结节，内含蜗背侧核。自菱形窝两侧角可见数条横行或斜行走向内侧抵达正中沟的髓纹，是延髓和脑桥在背侧面的分界线。内侧隆起在髓纹下方，紧靠正中线处有尖端向下的舌下神经三角，内含舌下神经核；此三角后外侧的小三角形区域为迷走神经三角，内有迷走神经背核。内侧隆起在髓纹上方的小隆起称面神经丘，其深面有展神经核和面神经膝。

菱形窝上角上方，中脑背侧面有上下两对圆形隆起，分别为一对上丘和一对下丘。前者是皮质下视觉反射中枢，后者是皮质下听觉反射中枢。连接上丘与外侧膝状体的长条状隆起称上丘臂，连接下丘与内侧膝状体的长条状隆起称下丘臂。下丘下方前髓帆可见到滑车神经根丝出脑。

(3) 第四脑室：取脑正中矢状切面在其上观察。可见第四脑室位居脑桥、延髓和小脑之间，底朝前下由菱形窝构成。第四脑室顶形似帐篷，尖顶向后上指向小脑，其前上部主要由前髓帆构成，后下部主要由第四脑室脉络组织构成，在此部有第四脑室正中孔通至蛛网膜下腔（在标本上往往难以看到）。第四脑室上角通连中脑水管，下角通脊髓中央管，外侧角向外侧延伸越小脑下脚上部转向腹侧形成外侧隐窝，隐窝尖端的开口称为第四脑室外侧孔，亦通蛛网膜下腔。

3. 脑干内部结构的观察

(1) 脑神经核：在脑干模型上，按6个机能柱自下而上辨认观察脑神经核的名称、在脑干内的排列顺序、立体位置。联系脑神经，理解脑神经核团的功能性质。

1) 一般躯体运动柱：此柱邻近正中线，由4个核组成，自上而下依次为：动眼神经核、滑车神经核、展神经核及舌下神经核。动眼神经核位于中脑上丘阶段、中脑水管的腹侧。滑车神经核位于中脑下丘阶段，中脑水管腹侧。展神经核位于脑桥中下部，面神经丘的深面。舌下神经核位于延髓上部，舌下神经三角的深面。

2) 特殊内脏运动柱：此柱位于一般躯体运动柱腹外侧，由4个核组成，自上而下依次为：三叉神经运动核、面神经核、疑核和副神经核。三叉神经运动核位于脑桥中部。面神经核位于脑桥中下部。疑核位于延髓上部的网状结构中。副神经核位于特殊内脏运动柱的最尾端，锥体交叉至4或5颈髓节段的前角外侧区。

3) 一般内脏运动柱：此柱位于躯体运动柱的外侧，靠近界沟，由4个核组成，自上而下依次为：动眼神经副核、上泌涎核、下泌涎核和迷走神经背核。动眼神经副核又称Edinger-Westphal核，位于上丘平面在动眼神经核前部背内侧。上泌涎核位于脑桥下部面神经核尾侧部附近的网状结构内。下泌涎核位于延髓橄榄上部，迷走神经背核嘴侧附近的网状结构内。迷走神经背核在迷走三角深面位于舌下神经核的背外侧。

4) 内脏感觉柱：此柱由单一的孤束核构成，位于界沟外侧，内邻迷走神经背核。

5) 一般躯体感觉柱：位于内脏感觉柱的腹外侧，由3个与三叉神经有关的核团构成。自上而下依次为：三叉神经中脑核、三叉神经脑桥核和三叉神经脊束核。

6) 特殊躯体感觉柱：此柱于内脏感觉柱外侧，延髓上部至脑桥下部平面，菱形窝前庭区的深面。由两个核群组成，即蜗神经核（cochlear nuclei）和前庭神经核（vestibular nuclei）。其中蜗神经核分为蜗腹侧核和蜗背侧核，前庭神经核由若干核团所组成。

(2) 非脑神经核

1) 延髓的非脑神经核

①薄束核与楔束核：此二核分别位于延髓中下部背侧的薄束结节和楔束结节的深面，接受来自薄束和楔束的终止。由此二核发出的轴突绕中央灰质，在中线上左右交叉，称内侧丘系交叉，交叉后的纤维在中线两侧转折上行，形成内侧丘系。

②下橄榄核：位于橄榄的深面，发出橄榄小脑纤维到小脑。

2) 脑桥的非脑神经核

①上橄榄核：位于脑桥中下部，内侧丘系的外侧，脊髓丘脑束的背侧，接受蜗腹侧核的纤维的终止，发出纤维加入外侧丘系。

②脑桥核：由若干群神经元细胞构成，散在地分布于双侧脑桥基底中。接受大脑皮质的纤维，发出脑桥小脑纤维到小脑。

3) 中脑的非脑神经核

①下丘：在中脑下部背侧。

②上丘：在中脑上部背侧。

③红核：位于中脑上丘至间脑尾侧平面，横切面上呈一对边界明显的卵圆形核团。传入纤维来自小脑核和大脑皮质。传出纤维主要为红核脊髓束。

④黑质：位于中脑脚底与被盖之间。分为黑质网状部和黑质质密部。震颤性麻痹或Parkinson病常是由于黑质多巴胺神经元变性所致。

(3) 长上、下行纤维束

1) 长上行纤维束

①内侧丘系：来自薄束核及楔束核，由此二核发出的纤维在中央管腹侧交叉后上行，即称内侧丘系。内侧丘系传递来自对侧躯干和四肢的意识性本体觉和精细触觉。

②脊髓丘系（即脊髓丘脑束）：脊髓丘系纤维进入间脑后，终止于背侧丘脑腹后核外侧核。脊髓丘系传导对侧躯干、四肢的痛觉。

③脊髓小脑前束：经小脑下脚进入小脑。

④脊髓小脑后束：经小脑上脚进入小脑。

⑤外侧丘系：起于双侧上橄榄及对侧蜗背侧核和蜗腹侧后核的听觉纤维上行组成外侧丘系。在形成外侧丘系以前，在脑桥被盖腹侧部横行越边的纤维中有一部分穿过上行的内侧丘系，这部分纤维组成斜方体。外侧丘系在中脑尾侧端止于下丘，传导听觉信息。

⑥三叉丘系：三叉神经脊束核和三叉神经脑桥核发出的三叉丘脑纤维，越边至对侧上行，组成三叉丘系，止于丘脑腹后内侧核。

2) 长下行纤维束

①锥体束：起自大脑半球额、顶叶运动中枢皮质的锥体细胞，经内囊到达脑干，分为皮质脊髓束和皮质核束。皮质核束在下行过程中陆续直接或间接止于脑干内的各脑神经运动核。皮质脊髓束在延髓形成锥体后，大部分纤维经锥体交叉至对侧脊髓外侧索内下行，形成皮质脊髓侧束；小部分不交叉的纤维，在脊髓前索内下行，形成皮质脊髓前束。

②起自脑干的下行纤维束：从中脑发出的有红核脊髓束和顶盖脊髓束。

(4) 脑干网状结构：在脑干中，除了脑神经核，境界明确的一些非脑神经核团和长的上、下行纤维束以外，还能看到有分布相当宽广、胞体和纤维交错排列成"网状"的区域，称网状结构。

二、小脑

在游离的小脑标本、模型上观察小脑的外形、分部、主要沟和分叶。用小脑和对应的脑干标本，观察小脑3对脚。在水平切面的小脑标本上，观察小脑皮质以及小脑核的位置和形态。

小脑位于颅后窝，其上面平坦，贴近由硬脑膜形成的小脑幕，下面的中部凹陷，两侧呈半球形隆起，凸面依托在颅后窝底。其中部比较狭窄的部分称小脑蚓，两侧膨大的部分则为小脑半球。小脑下面前内侧的膨隆部分，称小脑扁桃体。小脑在前下方藉小脑下脚、小脑中脚和小脑上脚部分别与延髓和脑桥相连。

小脑的浅表为灰质，称小脑皮质。小脑内部的白质称髓体。包埋于髓体的灰质核团，称小脑核，有4对，包括：顶核、球状核、栓状核和齿状核。球状核和栓状核合称为中间核。

1. 小脑分叶和功能分区

小脑根据发生、功能和纤维联系分为3个叶：

(1) 绒球-小结叶：包括半球上的绒球和小脑蚓上的小结。亦称古小脑或前庭小脑。

(2) 前叶：位于小脑上面原裂以前的部分，包括小脑下面的蚓垂和蚓锥体，亦称旧小脑或脊髓小脑。

(3) 后叶：在小脑上面，原裂以后的部分，亦称新小脑或大脑小脑。在小脑下面，后叶与绒球小结叶藉后外侧裂分界。

2. 小脑的纤维联系和功能

(1) 前庭小脑：接受来自同侧前庭神经和前庭神经核发来的纤维，传出纤维回到同侧的前庭核，支配躯干肌的运动神经元，维持身体的平衡。

(2) 脊髓小脑：主要接受脊髓小脑束的纤维，传出纤维经顶核和中间核离开小脑。控制运动中的肢体远端肌肉的张力和协调。

(3) 大脑小脑：接受对侧脑桥核经小脑中脚发来的纤维，传出纤维经齿状核接替后，绕过红核投射到对侧丘脑腹外侧核，再投射到大脑皮质运动区。控制上、下肢精确运动的计划和协调。

三、间脑

在正中矢状切的整脑标本，模型，配以游离的脑干标本、模型，观察间脑的外形、分部和内部结构。间脑可分为5部：背侧丘脑、上丘脑、下丘脑、后丘脑和底丘脑。

1. 背侧丘脑　背侧丘脑又称丘脑，位于下丘脑的背侧和上方，两者间以下丘脑沟为界。背侧丘脑由一对卵圆形的灰质团块组成，其前端的突出部为前结节，后端膨大称丘脑枕。灰质的内部有"Y"形内髓板，将背侧丘脑分为前核、内侧核和外侧核三大核群。外侧核分为背、腹两组；腹侧组由前向后分为腹前核、腹外侧核和腹后核，腹后核又分为腹后内侧核和腹后外侧核。

背侧丘脑分为3类核团：非特异性投射核团，包括中线核、网状核和板内核；特异性中继核团，包括腹前核、腹外侧核和腹后核；联络性核团，包括前核、内侧核及外侧核的背侧组。

2. 后丘脑　后丘脑包括内侧膝状体和外侧膝状体。内侧膝状体发出纤维至颞叶的听觉中枢，外侧膝状体接受视束的传入纤维，发出纤维至枕叶的视觉中枢。

3. 上丘脑 上丘脑包括松果体、缰三角、缰连合、丘脑髓纹和后连合。
4. 底丘脑 底丘脑位于间脑和中脑的过渡区。
5. 下丘脑 下丘脑上界为下丘脑沟，下面为灰结节、漏斗和乳头体，前为终板和视交叉，漏斗的下端与垂体相连。

(1) 主要的核团有：视上核、室旁核、漏斗核、视交叉上核、乳头体核。

(2) 下丘脑的纤维联系：①边缘系统的联系：包括前脑内侧束、穹窿；②脑干和脊髓的联系：背侧纵束；③与背侧丘脑的联系：乳头丘脑束；④与垂体的联系：视上垂体束、室旁垂体束、结节垂体束。

6. 第三脑室 呈狭隙状，是间脑的内腔，位居两侧丘脑和下丘脑内侧面之间。在脑正中矢状切面标本上较易看清楚。它的边界前界为终板，后界是松果体，隐窝底由视交叉、漏斗、灰结节、乳头体等形成，向后下与中脑水管连通，前方借室间孔通侧脑室，室内可见有与侧脑室内相连的脉络丛。

四、端脑

1. 大脑半球外形的观察

在完整端脑标本上观察，可见左、右两大脑半球被大脑纵裂分开，在大脑纵裂底部连结两大脑半球的结构为胼胝体。在正中矢状切开的半球标本的内侧面可见被切断的胼胝体的断面呈耳轮状。

每个大脑半球都分为背外侧面、内侧面及底面，半球表面为大脑皮质，大脑皮质上有许多沟裂，沟裂之间的凸起部称大脑回。

半球背外侧面：在半球标本或模型上观察。可见其背外侧面有一由前下行向后上方的深裂，称外侧沟，此沟起于半球底面前部。在背外侧面中部，有3条大致平行的从后上走向前下的沟，中间一条最为明显，称中央沟，它后方一条称中央后沟，前方一条称中央前沟。在其下缘（即背外侧面与底面交界处），枕极前方约4cm处有一稍向上凹进的部位，称枕前切迹。在半球内侧面后部可见一条由前下方走向后上方的深沟称顶枕沟。根据上述沟裂可将大脑半球区分为四叶：

额叶：外侧沟以上，中央沟以前部分为额叶。

顶叶：外侧沟以上，中央沟以后，枕前切迹与顶枕沟上端连线以前部分为顶叶。

颞叶：外侧沟以下，枕前切迹与顶枕沟上端连线以前部分为颞叶。

枕叶：枕前切迹与顶枕沟上端连线以后部分为枕叶。

此外，在外侧沟前部深面，还隐藏着一个岛叶，在切去部分额、颞、顶叶的标本上显示脑岛，可见岛叶的全貌。

在分叶的基础上，分别观察各叶的重要沟、回。

(1) 额叶：重要沟、回有：中央前沟，中央前沟与中央沟之间为中央前回，在中央前沟前方还有两条大致水平走向的沟，上方为额上沟，下方为额下沟。额上沟以上的脑回为额上回，额上、下沟之间的脑回为额中回，额下沟以下的脑回为额下回。

(2) 顶叶：有中央后沟、中央后回及中央旁小叶。约在中央后沟上、中1/3交界处，有一大致水平向后的沟为顶内沟，在它上方的部分称顶上小叶，在它下方的部分称顶下小叶，在顶下小叶围绕外侧沟末端的回称为缘上回，围绕颞上沟末端的回称角回。

(3) 颞叶：在颞叶可见上、下两条水平走向的沟，上方一条比较明显，称颞上沟，它的后段走向后上进入顶下小叶；下方一条不大明显，常中断成数段，称颞下沟；在颞上沟与大脑外侧沟间的脑回为颞上回；在颞上回上面，隐藏在外侧沟下壁有横行的短回称颞横回；介于颞上、下沟之间的脑回为颞中回；颞下沟以下的脑回为颞下回。

半球内侧面：半球内侧面中部可见一呈耳轮状的断面，为胼胝体的断面，它前端下垂的尖端为胼胝体嘴，嘴以上弯曲处为胼胝体膝，中间部为胼胝体干，后端稍膨大处为胼胝体压部。胼胝体上方有一条围它的沟称胼胝体沟。胼胝体沟上方有一条大致与之平行的沟称扣带沟，此沟末端转向背方，称边缘支。胼胝体沟与扣带沟之间的脑回为扣带回。扣带沟前份以上部分为额叶额上回的延续。在胼胝体压部下方有弓形走向枕极的深沟称距状沟，此沟在胼体压部后方处与顶枕沟相切，顶枕沟与距状沟之间的部位称楔叶，距状沟下方为舌回。约相当于胼胝体中部的下方，有一弯曲走向前下方的一个纤维束，为穹窿的一部分，穹窿前部为穹窿柱，穹窿的全貌可用特殊标本及模型示教。穹窿柱与胼胝体之间的三角形薄板称为透明隔。胼胝体嘴下后方可见一小圆形的纤维束断面为前连合，前连合的全貌可用特殊标本及模型示教。前连合与视交叉之间的薄板，称为终板。约相当于前连合断面部位，在该处穹窿柱后方与背侧丘脑前端之间存在一小孔，为室间孔，它是侧脑室与第三脑室连通的孔道。

半球底面：半球底面前部由额叶，中部由颞叶，后部由枕叶构成。在额叶底面，大脑纵裂两侧各有一与裂并行的神经纤维束即嗅束，嗅束其前端略显膨大为嗅球，而后端则移行于一小三角形区域称嗅三角。在颞叶底面的中部有一条前后纵走的沟，称为侧副沟，它前段内侧的回称海马旁回，海马旁回前端向后上弯曲，称钩。海马旁回外上方，侧脑室下角的底有长形隆起为海马，海马全貌可用特殊标本示教。海马与海马旁回之间有一呈锯齿状的灰质带称齿状回。

2. 大脑皮质的功能定位

（1）第 1 躯运动区：位于中央前回和中央旁小叶前部，管理全身骨骼肌的运动。身体各部分在运动中枢具有精细的功能定位，即中央前回最上部和中央旁小叶前部的皮质管理下肢肌肉；中央前回中部的皮质管理上肢肌肉；下部皮质管理头部面部肌肉。身体各部在中央前回上的投影，粗略看来，宛如头朝下，脚向上倒置的人形，然而头面部依然是正置的。

（2）第 1 躯感觉区：位于中央后回和中央旁小叶后部，接受全身的浅、深感觉信息。身体各个部位在感觉区上的投影和上述运动区相似。

（3）视觉区：位于距状沟上下的枕叶皮质。

（4）听觉区：位于颞横回上。

（5）平衡觉区：在颞上回前方的大脑皮质。

（6）味觉区：可能位于岛盖部。

（7）嗅觉区：位于海马旁回的钩附近。

（8）运动性语言中枢：位于额下回的后部，又称 Broca 区。如果此中枢受损伤，与发音、说话有关的肌肉虽未瘫痪，但病人却丧失了说话的能力，临床上称为运动性失语症。

（9）书写中枢：位于额中回后部。若此处受损，病人失掉书写能力，但运动功能仍然保存，临床上称为失写症。

（10）听觉性语言中枢：位于颞上回部。此处受损后，病人能听到别人谈话的声音，但不能理解谈话的意思，故往往答非所问，临床上称为感觉性失语症。

（11）视觉性语言中枢：位于角回。若此处受损，病人视觉虽无障碍，但不能理解过去已认识的文字含义，不能阅读，临床上称为失读症。

3. 端脑的内部结构

包括有：基底核、半球的白质和侧脑室。

在大脑半球上部的水平切面上观察，可见其周边部分颜色较深为大脑皮质，中央部分颜色较淡为半球白质（髓质），此处髓质主要由脑的连合纤维所构成。在大脑半球较低水平切面上观察，可见这些纤维大部横行，在前后端则呈钳状走向两侧额极及枕极，它们联络左右大脑半球，越过中线而组成胼胝体。至此，同学们可对照半球正中矢状切标本、水平切面标本及模型理解胼胝体的立体空间位置关系。

在大脑半球中部的水平切面观察，可见髓质的中央出现若干灰质团块及裂隙，这些灰质团块主要为基底核，裂隙则分别为侧脑室及第三脑室。

（1）基底核：是位于半球白质中的灰质团块，包括尾状核、豆状核、屏状核和杏仁体。①尾状核：呈马蹄铁形，全长伴随侧脑室，分为尾状核头、尾状核体和尾状核尾。在半球中部水平切面上观察，可见在侧脑室前角切面的后外侧，有一大致卵圆形的灰质团块切面，为尾状核头的切面。②豆状核：在半球中部水平切面上观察，在尾状核头切面的后外侧有一呈三角形的灰质切面为豆状核切面，此核中部由二纵走的白质分隔为三部，外侧部颜色较深，称为壳，内侧二部颜色较浅称为苍白球。豆状核切面内后方的卵圆形灰质切面为背侧丘脑。背侧丘脑切面后外侧，侧脑室后角外侧壁前部，有一小卵圆形灰质切面为尾状核尾。③屏状核：在豆状核外侧，可见一呈锯齿状的狭窄灰质切面，即为屏状核的切面，屏状核与豆状核之间的窄白质带称为外囊。④杏仁体：基底核除上述尾状核、豆状核、屏状核外，还有杏仁体，此体连于尾状核的末端，位于颞叶内，在标本上不易观察，可在模型上观察。

（2）半球的白质

半球的白质可分为三个系统，即联络系、连合系和投射系。

结合示意图和标本观察理解联络系的纤维，如弓状纤维、上纵束、下纵束和钩束等。

结合图和标本观察理解连合系的结构纤维，胼胝体、前连合和穹窿及穹窿连合。

结合图和标本观察重点观察、理解连合系的结构纤维，在半球中部水平切面上观察内囊的位置，在尾状核头与豆状核之间及豆状核与背侧丘脑之间，为一脚尖端向内呈侧的"<"字状的白质板切面，即为内囊之切面。识别内囊前肢、内囊膝和内囊后肢的位置，在尾状核头与豆状核之间的部分称为内囊的前肢；在豆状核和背侧丘脑之间的部分，称为内囊的后肢。两肢连接处，即"<"字形的尖端称为内囊膝。理解各部位通过的主要纤维及功能。

基底核及内囊仅在上述水平切面标本不易体会其立体位置，在观察过水平切面标本后，再在半球冠状切面标本上对照观察。在冠状切面标本上部中央，可见明显的大脑纵裂，在此裂的底部可见横贯两半球的横行纤维束，为胼胝体中部的冠状断面，在胼胝体下方的腔隙为侧脑室中央部的断面，居中线处的裂隙为第三脑室的切面，第三脑室两侧的卵圆形灰质为背侧丘脑的切面，背侧丘脑外侧的三角形灰质块为豆状核的断面，在此断面上亦可看到豆状核分为壳及苍白球两部分。豆状核上方的较小卵圆形断面为尾状核体的断面。屏状核、外囊在此切面上亦可观察到。

（3）侧脑室及第三脑室：在半球中部水平切面上观察，可见半球前部有一束明显横走的纤维，为胼胝体前部纤维，在这束纤维的后方有一呈倒"八"字形的裂隙。此裂隙为侧脑室前角的水平切面（如标本为单侧半球，此裂隙则只有倒"八"字形的一半）。由此裂隙的尖端向后有一纵走的裂隙，为第三脑室的水平切面，在此纵走裂隙后有一呈"人"字形的较宽的裂隙，为侧脑室后角的切面。此时对照侧脑室特殊标本，观察侧脑室的全貌，可见它分为中央部、前角、后角、下角四部，中央部在顶叶深面，前角在额叶深面，下角在颞叶深面，后角在枕叶深面，各部彼此连通，两侧侧脑室又通过室间孔与第三脑室连通。对照脑室模型体会侧脑室及第三脑室的立体空间位置关系。

【思考题】

1. 脑由哪几部分组成？什么叫脑干？
2. 试述大脑皮质的功能定位？
3. 内囊各部都有哪些纤维束通过？损伤右侧内囊后肢会引起身体何部位的何种感觉和运动障碍？
4. 大脑半球借哪些沟区分为哪几个叶？额叶主要有哪几个回？
5. 间脑包括哪几部分？其内腔是什么？

第三节 神经系统的传导通路

【实验目的】

1. 掌握躯干、四肢的本体感觉和精细触觉的传导通路。
2. 掌握躯干四肢、头面的痛温觉及粗触觉的传导通路。
3. 掌握视觉传导通路及瞳孔对光反射通路。
4. 了解听觉、平衡觉的传导通路。
5. 掌握锥体束的组成、行程、位置、交叉及对运动性核团的支配。
6. 掌握锥体外系的组成及功能概念，了解锥体外系的传导通路。

【实验教具】

1. 多媒体课件。
2. 标本　脑正中矢状面，大脑连脑干矢状切面示内囊、基底核，脑水平切面。
3. 模型　脑干神经核团模型、脑干神经核团电动模型、传导路网构模型、传导通路电动模型。
4. 挂图　神经系统传导通路挂图。

【实验内容】

参照神经系统传导通路的相关挂图，根据老师的指导在标本和模型上观察、理解下述各传导通路，首先掌握各神经传导通路相关的神经元名称及其神经纤维交叉位置，在老师的帮助下结合临床用所学的知识对神经传导通路相关的疾病进行分析和说明，以加深对本章节内容的了解和掌握。实习过程中特别注意要通过电动的神经系统传导模型的反复使用和讲解，使该章节理论知识形象化、具体化。

（一）感觉传导通路

1. 躯干和四肢的意识性本体感觉和精细触觉传导通路　由3级神经元组成，在延髓内交叉。

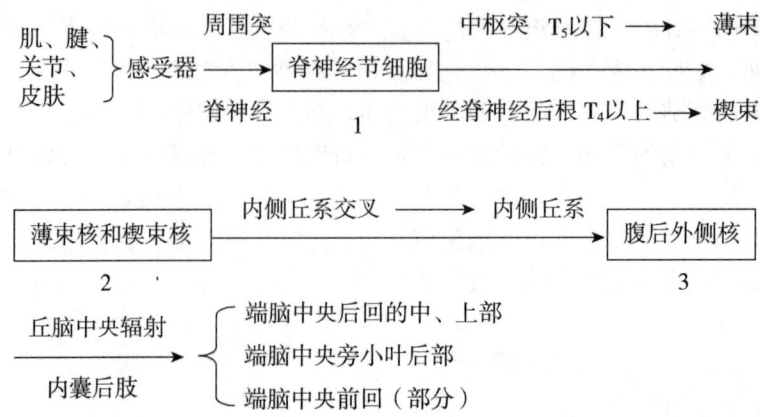

2. 躯干和四肢痛温觉和粗触觉压觉（浅感觉）传导通路　由3级神经元组成，在脊髓内交叉。

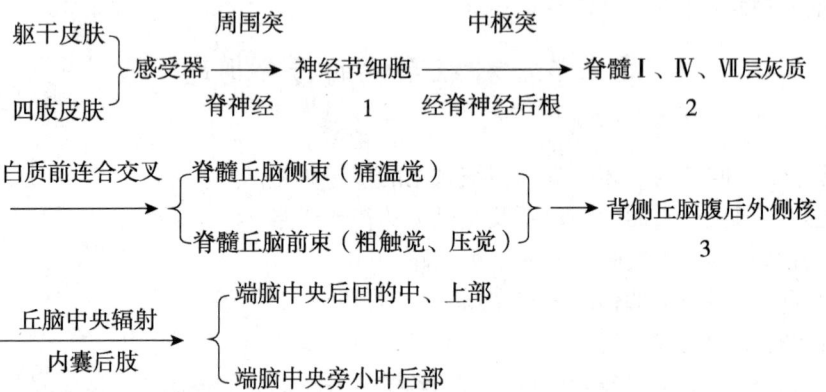

3. 头面部的痛温觉和触觉传导通路　由3级神经元组成、在脑干内交叉。

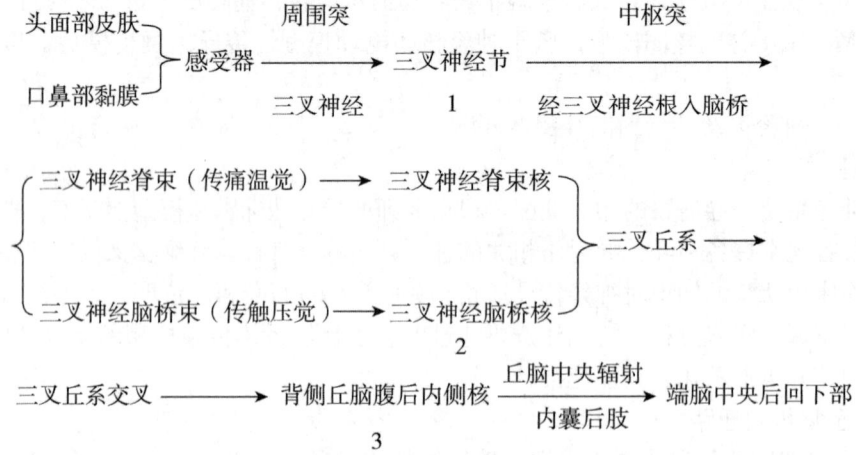

4. 视觉传导通路　由3级神经元组成。

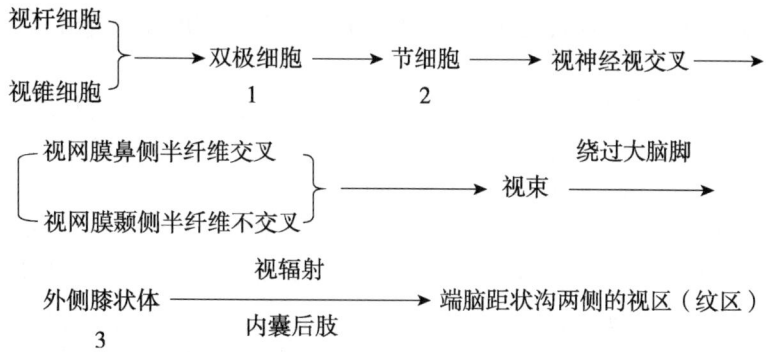

视野与视网膜间光线投射的响应关系：

视野：眼球固定向前平视时，所能看到的空间范围。

鼻侧半视野的光线投射到视网膜颞侧半，颞侧半视野的光线投射到视网膜的鼻侧半，上半视野的光线投射到视网膜下半，下半视野的光线投射到视网膜上半。

当视觉传导通路在不同部位受损时，可引起不同的视野缺损：①一侧视神经损伤可致该侧视野全盲（患侧眼全盲）；②视交叉纤维损伤：交叉部中间损伤时双眼视野颞侧偏盲，交叉部外侧半损伤时同侧视野鼻侧偏盲；③一侧视束受损，可致双眼对侧视野同向性偏盲；④一侧视辐射损伤或一侧视区皮质损伤可导致双眼视野对侧同向性偏盲。

5. 瞳孔对光反射通路

强光照射一侧瞳孔时导致双侧瞳孔缩小，称为瞳孔对光反射，分直接对光反射（同侧瞳孔缩小）和间接对光反射（对侧瞳孔也缩小）。

视网膜→视神经→视交叉→两侧视束→上丘臂→顶盖前区→两侧动眼神经副核→动眼神经→睫状神经节→节后纤维→瞳孔括约肌收缩→两侧瞳孔缩小。

由此可知，当反射途径的传入部分（视神经）损伤时，由于光线不能传入，此时用光线照射患侧瞳孔时，两侧瞳孔均无反应；但照射健侧瞳孔时，两眼瞳孔均缩小，即患侧直接对光反射消失，间接对光反射存在。如反射途径的传出部分（动眼神经）损伤时，患侧直接和间接对光反射均消失。

6. 听觉传导通路　由4级神经元组成、在脑桥内交叉。

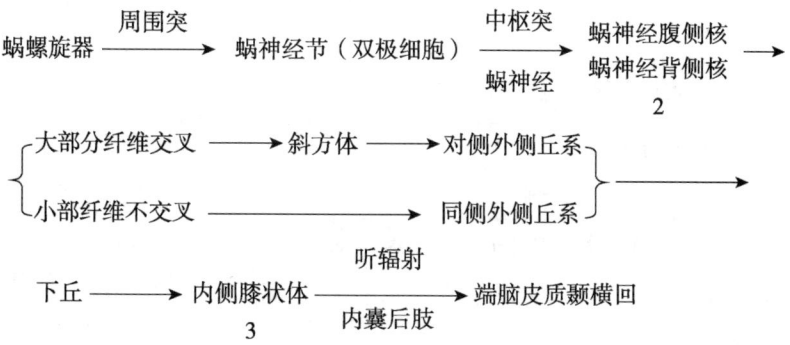

(二)运动传导通路

它由上运动神经元和下运动神经元所组成。下运动神经元为脑神经运动核和脊髓前角的神经细胞,上运动神经元为自大脑皮质至脑神经运动核和脊髓前角的传出神经元。

1. 锥体系

锥体系由位于中央前回和中央旁小叶前部的巨型锥体细胞和其他类型的锥体细胞以及位于额、顶叶部分区域的锥体细胞组成。上述神经元的轴突共同组成锥体束,下行至脊髓的纤维束称皮质脊髓束;止于脑干脑神经运动核的纤维束称皮质核束。

(1) 皮质脊髓束:由中央前回上、中部和中央旁小叶前半部等处皮质的锥体细胞轴突集中而成,下行经内囊后肢的前部、大脑脚底和脑桥基底部至延髓锥体,在锥体下端,形成锥体交叉,交叉后的纤维继续于对侧脊髓侧索内下行,称皮质脊髓侧束,支配四肢肌。未交叉的纤维在同侧脊髓前索内下行,称皮质脊髓前束,支配躯干和四肢骨骼肌的运动。皮质脊髓前束中有一部分纤维始终不交叉而止于同侧脊髓前角细胞,支配躯干肌。其传导通路由2级神经元组成、在延髓内交叉,具体途径为:

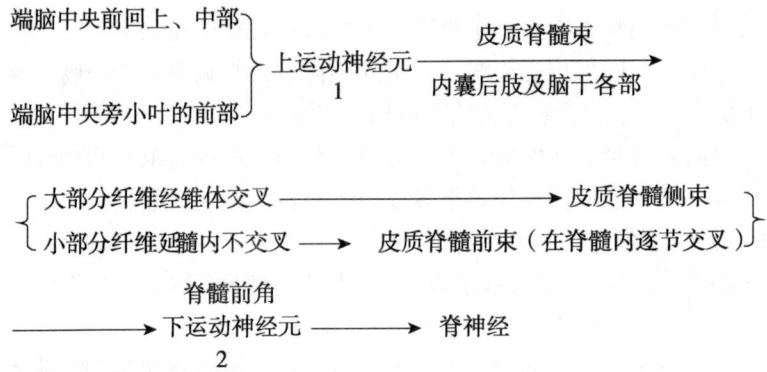

(2) 皮质核束:主要由中央前回下部的锥体细胞的轴突集合而成,下行经内囊膝部至大脑脚底,由此向下陆续分出纤维,大部分终止于双侧脑神经运动核,支配眼外肌、咀嚼肌、面上部表情肌、胸锁乳突肌、斜方肌和咽喉肌。小部分纤维完全交叉到对侧,终止于面神经运动核支配面下部肌的细胞群和舌下神经核,支配面下部表情肌和舌肌。除支配面下部肌的面神经核和舌下神经核为单侧支配外,其他脑神经运动核均接受双侧皮质核束的纤维。其传导通路由2级神经元组成、在延髓内交叉,具体途径为:

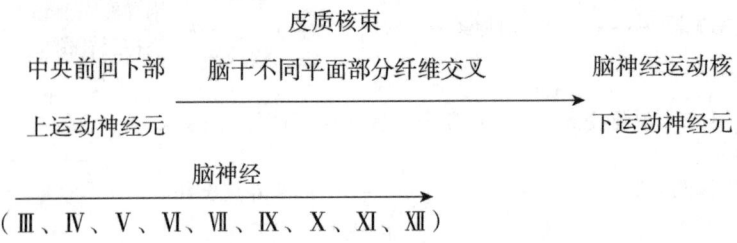

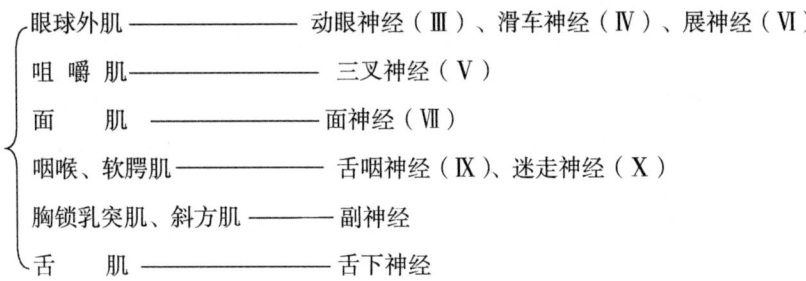

2. 锥体外系

锥体外系是指锥体系以外影响和控制躯体运动的一切传导径路，包括大脑皮质、纹状体、背侧丘脑、底丘脑、中脑顶核、红核、黑质、脑桥核、前庭核、小脑和脑干网状结构等以及它们的纤维联系。

（1）皮质-新纹状体-背侧丘脑-皮质环路。

（2）新纹状体-黑质回路。

（3）皮质-脑桥-小脑-皮质环路。

【思考题】

1. 比较躯干和四肢深、浅部感觉传导路的异同点？
2. 头面部的浅部感觉传导路的传导途径是怎样的？
3. 外界光线达视网膜后经怎样的途径才能发生瞳孔对光反射？
4. 上、下神经元损伤会出现哪些不同的临床症状？

第四节 脑和脊髓的被膜、血管及脑脊液循环

【实验目的】

1. 掌握硬脊膜的附着、硬膜外隙的位置、交通情况与内容物。
2. 掌握硬脑膜的组成特点、形成物，掌握海绵窦的位置、内容物及交通。
3. 掌握蛛网膜下隙、小脑延髓池、终池位置及临床意义。
4. 掌握颈内动脉的行径及主要分支分布。
5. 掌握椎-基底动脉的行径，小脑下后动脉、大脑后动脉的分布范围。
6. 掌握大脑动脉环的组成、位置及其功能意义。
7. 了解脊髓的血液供应来源。
8. 掌握脑脊液的产生和循环途径，了解脑的三个屏障的构成及生理作用。

【实验教具】

1. 多媒体课件。
2. 标本 摘除脑保留硬脑膜的头颅、脑动脉全貌示基底动脉环、显示硬脑膜的头颈标本、脑正中矢状切面、显示侧脑室、第三、四脑室的标本、打开椎板显示脊髓及被膜的标本、脑脊髓及被膜、颅底连硬脑膜、整脑连蛛网膜示蛛网膜粒。
3. 模型 脊髓被膜模型、脑室模型。
4. 挂图 脑的内部结构（示内侧脑室）、脑底的动脉、大脑半球的动脉、脑和脊髓的血管、脊髓的动脉和被膜、硬脑膜及硬脑膜静脉窦、颅内外静脉的交通、脑的静脉、脑脊液循环模式图。

【实验内容】

一、脑和脊髓的被膜

脑和脊髓的表面有3层被膜包裹，由外向内依次是硬脊膜、蛛网膜和软脊膜。

（一）脊髓的被膜

利用"脊髓连被膜"标本，观察脊髓的3层被膜，硬脊膜、脊髓蛛网膜和软脊膜，理解硬膜外隙、硬膜下隙和蛛网膜下隙、终池。在打开椎板的脊髓标本上观察硬脊膜、蛛网膜、软脊膜的质地和形态。仔细观察硬膜外隙和蛛网膜下隙的位置以及经皮穿刺到达该部位所穿经的结构，并掌握二者的区别。

1. 硬脊膜　上端附于枕骨大孔边缘，与硬脑膜相延续；下部在第2骶椎水平逐渐变细，包裹马尾，末端附于尾骨。硬脊膜与椎管内面的骨膜之间为硬膜外隙，内有脊神经根通过。硬脊膜与脊髓蛛网膜之间为潜在的硬膜下隙。

2. 脊髓蛛网膜　位于硬脊膜与软脊膜之间，与脑蛛网膜延续。脊髓蛛网膜与软脊膜之间有宽阔的蛛网膜下隙，隙内充满脑脊液。此隙下部，自脊髓下端至第2骶椎水平扩大成终池，内有马尾。故临床上常在第3、4或第4、5腰椎间进行穿刺，以抽取脑脊液或注入药物而不伤及脊髓。

3. 软脊膜　紧贴脊髓表面，至脊髓下端形成终丝。软脊膜在脊髓两侧脊神经前、后根之间形成齿状韧带。

（二）脑的被膜

1. 硬脑膜　由两层构成，外层即颅骨的内骨膜，在颅盖硬脑膜与颅骨结合疏松，当外伤时，常因硬脑膜血管损伤而在硬脑膜与颅骨之间形成硬膜外血肿。硬脑膜与颅底结合紧密，颅底骨折时，易将硬脑膜与脑蛛网膜同时撕裂，使脑脊液外漏。硬脑膜形成的特殊结构有：大脑镰、小脑幕、小脑镰、鞍隔及硬脑膜窦，其中硬脑膜窦主要包括：上矢状窦、下矢状窦、直窦、横窦、乙状窦、海绵窦（位于蝶鞍两侧，为硬脑膜两层间的不规则腔隙，形似海绵，两侧借横支相连。颈内动脉和展神经在窦内穿过。在窦的外侧壁内，自上而下有动眼神经、滑车神经、眼神经和上颌神经通过）。在"颅底连硬脑膜"标本及头颈模型上观察硬脑膜形成的特殊结构。

2. 脑蛛网膜　脑蛛网膜与软脑膜之间亦有宽阔的蛛网膜下隙，脑和脊髓的蛛网膜下隙互相交通。脑蛛网膜在硬脑膜构成的上矢状窦附近形成蛛网膜粒。脑脊液通过这些颗粒渗入硬脑膜窦内，回流入静脉。蛛网膜下隙局部扩大形成蛛网膜下池（如：小脑延髓池、脚间池、桥池及上池）。在"整脑连蛛网膜"标本上观察蛛网膜粒的形态和位置。

3. 软脑膜　薄而富含血管，参与脉络丛的构成，与脑脊液的产生密切相关。

二、脑和脊髓的血管

利用"脑动脉全貌"标本和脑动脉模型，观察脑底动脉环、基底动脉、大脑中动脉、大脑后动脉及其主要分支，在"矢状切脑动脉"标本上观察大脑前动脉及分支。利用"完整脑静脉"标本，观察大脑浅静脉和硬脑膜窦。利用脊髓标本，观察脊髓前、后动脉的区别。

（一）脑的动脉

脑的动脉来自颈内动脉和椎动脉。以顶枕裂为界，大脑半球的前2/3和部分间脑由颈内动脉供应，大脑半球后1/3及部分间脑、脑干和小脑由椎动脉供应。

1. 颈内动脉　按颈内动脉的行程分为4段：颈部、岩部、海绵窦部和前床突上部。主要分支有：

（1）大脑前动脉：向前内行进入大脑纵裂，皮质支分布于顶枕沟以前的半球内侧面和额叶底面的一部分以及额、顶两叶上外侧面的上部；中央支供应尾状核、豆状核前部和内囊前肢。

（2）大脑中动脉：向外行进入外侧沟内，营养大脑半球上外侧面的大部分和岛叶。大脑中动脉发出中央支，供应尾状核、豆状核、内囊膝和后肢的前部。

（3）脉络丛前动脉：细小而行程长，易被血栓阻塞。

（4）后交通动脉：与大脑后动脉吻合，是颈内动脉系和椎-基底动脉系的吻合支。

2. 椎动脉　起自锁骨下动脉，穿第6至第1颈椎横突孔，经枕骨大孔入颅腔，在脑桥与延髓交界处左右椎动脉汇合成一条基底动脉，其主要分支有：①脊髓前、后动脉；②小脑下后动脉。

基底动脉的主要分支有：①小脑下前动脉；②迷路动脉；③脑桥动脉；④小脑上动脉；⑤大脑后动脉（绕大脑脚向后，沿海马回钩转至颞叶和枕叶内侧面。皮质支分布于颞叶的内侧面和底面及枕叶。中央支供应背侧丘脑、内外膝状体、下丘脑和底丘脑等）。

3. 大脑动脉环（Willis环）　由两侧大脑前动脉起始段、两侧颈内动脉末端、前交通动脉、两侧大脑后动脉借前、后交通动脉连通而共同组成。

（二）脑的静脉

脑的静脉壁无瓣膜，不与动脉伴行。

（三）脊髓的血管

1. 脊髓的动脉　有两个来源：①来自椎动脉发出的脊髓前动脉和脊髓后动脉；②来自一些节段性动脉。

2. 脊髓的静脉　收集脊髓内的小静脉并最终汇入硬膜外隙的椎静脉丛。

三、脑脊液及其循环

在正中矢状切的脑标本上，观察脑室系统的位置、交通，观察位于脑室中的脉络丛的形态及构成，说明脑脊液的产生及循环途径。观察脑室铸型、脑的矢状切、脑的硬脑膜窦等标本，熟悉并掌握脑脊液的循环途径。

脑脊液循环途径：可用下图表示：

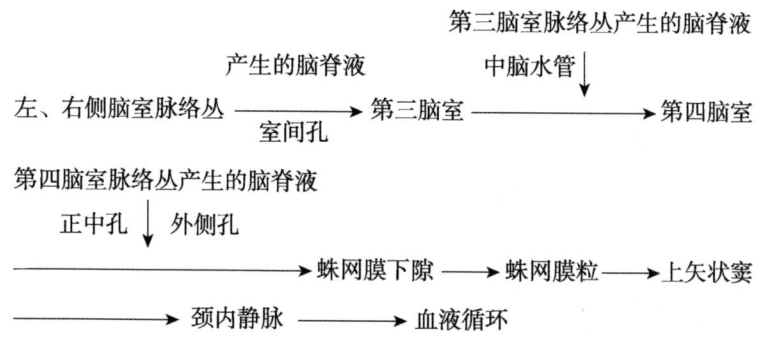

【思考题】
1. 比较躯干和四肢深、浅部感觉传导通路的异同点?
2. 头面部的浅部感觉传导通路的传导途径是怎样的?
3. 外界光线达视网膜后经怎样的途径才能发生瞳孔对光反射?
4. 上、下神经元损伤会出现哪些不同的临床症状?

(刘跃光　李明秋　王晓东)

第三章　周围神经系统

第一节　脊神经

【实验目的】

1. 掌握脊神经的构成、区分、纤维成分、分支及分布概况。

2. 掌握颈丛的组成、位置。了解颈丛皮支的名称、浅出部位及分布，膈神经的组成及在颈部的行径。

3. 掌握臂丛的组成、位置、分支。掌握肌皮神经、正中神经、尺神经、桡神经、腋神经的分支和分布。了解其行径及损伤后的主要表现。了解胸长神经、胸背神经的分布。

4. 掌握胸神经前支的分布概况及其皮支的分布特点。

5. 掌握腰丛的组成、位置、主要分支及分布。掌握股神经、闭孔神经的行径、分支和分布。

6. 掌握骶丛的组成、位置及主要分支。掌握坐骨神经的行径、分支及分布。了解腓总神经、腓深神经、腓浅神经和胫神经的行径，掌握腓深神经、腓浅神经和胫神经的分布。了解损伤后的临床表现。

【实验教具】

1. 多媒体课件。

2. 标本　颈丛及其神经标本、膈神经标本、臂丛及其分支标本、上肢及其神经的标本、胸神经前支的标本、腰丛及其下肢神经的标本、骶丛及其下肢神经的分支标本。

3. 模型　四肢神经模型。

4. 挂图　颈部和四肢神经的挂图。

【实验内容】

一、脊神经的组成

$\begin{cases} 前根（运动性） \\ 后根（感觉性） \end{cases}$ 在椎间孔处合成脊神经

脊神经节：为后根在椎间孔附近的椭圆形膨大，由假单级神经元的胞体聚集而成

二、脊神经的区分

$\begin{cases} 颈神经：8对 \\ 胸神经：12对\quad C_{1\sim7}经同序数椎骨上方的椎间孔穿出椎管；C_8 \\ 腰神经：5对\quad 经第7颈椎下方的椎间孔穿出；全部胸、腰 \\ 骶神经：5对\quad 骶、尾神经都经同序数椎骨下方的椎间孔穿出 \\ 尾神经：1对 \end{cases}$

（一）颈丛

1. 组成　由第1～4颈神经前支组成

2. 位置　位于胸锁乳突肌上部深面，中斜角肌和肩胛提肌起端的前方

3. 主要分支

(1) 皮支：于胸锁乳突肌后缘中点浅出
- 枕小神经：分布于枕及耳后部皮肤
- 耳大神经：分布于耳廓及附近皮肤
- 颈横神经：分布于颈部皮肤
- 锁骨上神经：分布于颈侧区、胸上部和肩部的皮肤

(2) 膈神经

1) 组成：由第3~5颈神经前支组成。

2) 行程：由颈丛发出后→前斜角肌前面→于锁骨下动、静脉之间经胸廓上口入胸腔→肺根前方→纵隔胸膜和心包之间→膈。

3) 分布：运动纤维支配膈肌；感觉纤维分布于胸膜、心包及膈下面的部分腹膜，右膈神经尚分布于肝、胆囊和肝外胆道的浆膜。

(二) 臂丛

1. 组成　第5~8颈神经前支和第1胸神经前支大部分纤维组成。

2. 位置　穿斜角肌间隙→锁骨下动脉的后上方→腋窝，包绕腋动脉形成三束。

3. 主要分支

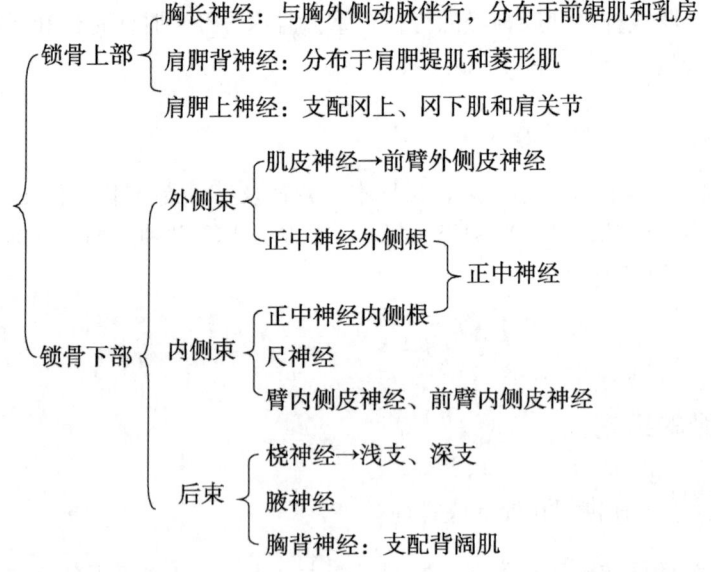

神经	分布范围	损伤症状
肌皮神经	肱二头肌、喙肱肌、肱肌、前臂外侧皮神经	
正中神经	除肱桡肌、尺侧腕屈肌和指深屈肌尺侧半以外的所有前臂肌前群及附近关节；除拇收肌以外的鱼际肌和第1、2蚓状肌；手掌桡侧2/3、桡侧三个半指掌面皮肤及中、远节指背皮肤	"猿手"
尺神经	尺侧腕屈肌、指深屈肌尺侧半、小鱼际肌、拇收肌、第3、4蚓状肌、骨间肌；手掌尺侧1/3、尺侧一个半指掌面皮肤，手背尺侧半及尺侧两个半指背皮肤	"爪形手"
桡神经	肱三头肌、肱桡肌、前臂肌后群，手背桡侧半及桡侧2个半指近节指背皮肤	"垂腕"
腋神经	三角肌和小圆肌，肩部、臂外侧区上部皮肤	"方肩"

（三）胸神经前支

胸神经前支：12 对
肋间神经：$T_1 \sim T_{11}$
肋下神经：T_{12}

于肋间内、外肌之间沿肋沟前行，第 7~11 肋间神经和肋下神经沿相应肋间隙逐渐向前下行于腹横肌于腹内斜肌之间，在腹直肌外缘进入腹直肌鞘

分布：分布于肋间肌、腹肌前外侧群；胸、腹壁皮肤及胸、腹膜壁层

☆节段性分布：
- T_2 → 胸骨角平面
- T_4 → 乳头平面
- T_6 → 剑突平面
- T_8 → 肋弓平面
- T_{10} → 脐平面
- T_{12} → 脐与耻骨联合连线中点平面

（四）腰丛

1. 组成　第 12 胸神经前支一部分、第 1~3 腰神经前支及第 4 腰神经前支
2. 位置　位于腰大肌深面、腰椎横突前方
3. 分支及分布范围
(1) 髂腹下神经：分布于腹壁肌、腹股沟区及下腹部皮肤
(2) 髂腹股沟神经：分布于腹壁肌、腹股沟部、阴囊或大阴唇皮肤
(3) 股外侧皮神经：分布于股外侧部皮肤
(4) 生殖股神经
- 生殖支：分布于提睾肌和阴囊（或大阴唇）
- 股支：股三角皮肤

(5) 闭孔神经：分布于大腿肌内侧群、大腿内侧面皮肤
(6) 股神经
- 肌支：髂肌、耻骨肌、股四头肌和缝匠肌
- 皮支：大腿及膝关节前面皮肤，隐神经伴大隐静脉；分布于小腿内侧面和足内侧缘皮肤

（五）骶丛

1. 组成　腰骶干（L_4、L_5 前支）和全部骶、尾神经前支
2. 位置　位于盆腔内，骶骨及梨状肌前面，髂血管后方
3. 主要分支
(1) 臀上神经：分布于臀中、小肌及阔筋膜张肌
(2) 臀下神经：分布于臀大肌
(3) 股后皮神经：分布于臀区、股后区和腘窝的皮肤
(4) 阴部神经
- 肛神经
- 会阴神经
- 阴茎（蒂）神经

(5) 坐骨神经
1) 行程：经梨状肌下孔→于臀大肌深面，坐骨结节与大转子之间→股后区，股二头肌深面→腘窝上角分为胫神经、腓总神经
2) 分布：大腿肌后群及髋关节
3) 胫神经

①行程：行于小腿后群浅、深肌层之间，经内踝后方至足底，分为足底内侧神经和足底外侧神经

②分布：小腿肌后群和足底肌，小腿后面和足底皮肤

③损伤："钩状足"

4）腓总神经

①腓浅神经：分布于腓骨长、短肌，小腿外侧、足背和第2～5趾背的皮肤

②腓深神经：小腿肌前群、足背肌和第1～2趾相对缘皮肤

③损伤："马蹄"内翻足

【思考题】

1. 臂丛五大支各管理了哪些肌肉和皮肤，损伤后的临床表现？
2. 股神经和坐骨神经的神经管理及损伤后有哪些临床表现？

第二节　脑神经

【实验目的】

1. 掌握脑神经的名称、性质、连脑部位、进出颅的部位。
2. 了解嗅神经的功能性质和分布。
3. 熟悉视神经的功能性质、行程及被膜。
4. 掌握动眼神经的纤维成分、行程及分布。了解睫状神经节的位置与性质。
5. 掌握滑车神经和展神经的分布。
6. 掌握三叉神经的纤维成分、主要分支和分布概况，三叉神经节的位置与性质。
7. 掌握面神经的纤维成分、主要分支的分布概况。了解翼腭神经节和下颌下神经节的位置与性质。
8. 了解前庭蜗神经的功能性质。
9. 掌握舌咽神经的纤维成分、主要分支的分布概况。了解耳神经节的位置与性质。
10. 掌握迷走神经的纤维成分、主干行程、主要分支及分布概况。
11. 熟悉副神经和舌下神经的分布概况。

【实验教具】

1. 多媒体课件。
2. 标本　视神经、动眼神经、滑车神经、展神经、动眼神经、三叉神经、面神经、舌咽神经、迷走神经、副神经及舌下神经标本。
3. 模型　脑干、三叉神经、头面部神经模型。

【实验内容】

一、脑神经的名称

Ⅰ嗅神经　Ⅱ视神经　Ⅲ动眼神经　Ⅳ滑车神经　Ⅴ三叉神经　Ⅵ展神经　Ⅶ面神经　Ⅷ前庭蜗神经　Ⅸ舌咽神经　Ⅹ迷走神经　Ⅺ副神经　Ⅻ舌下神经

二、脑神经的纤维成分（含 7 种纤维成分）

感觉纤维
- 一般躯体感觉纤维（GSA）：分布于皮肤、肌、肌腱和口、鼻腔大部分黏膜
- 特殊躯体感觉纤维（SSA）：分布于视器和前庭蜗器
- 一般内脏感觉纤维（GVA）：分布于头、颈、胸、腹的脏器
- 特殊内脏感觉纤维（SVA）：分布于味蕾和嗅器

运动纤维
- 躯体运动纤维（GSE）：分布于眼球外肌、舌肌
- 一般内脏运动纤维（GVE）：分布于平滑肌、心肌和腺体
- 特殊内脏运动纤维（SVE）：分布于咀嚼肌、面肌、咽喉肌等（鳃弓肌）

三、感觉性脑神经

神经	神经元胞体	入颅部位	连脑部位（终核）	功能
Ⅰ	嗅细胞（SVA）	筛孔	端脑（嗅球）	嗅觉
Ⅱ	节细胞（SSA）	视神经管	间脑（外侧膝状体）	视觉
Ⅷ	前庭神经节（SSA）	内耳门	脑桥（前庭神经核）	平衡觉
Ⅷ	蜗神经节（SSA）	内耳门	脑桥（蜗神经核）	听觉

四、运动性脑神经

神经	起核及纤维成分	连脑部位	出颅部位	功能
Ⅲ	动眼神经核（GSE）	中脑	眶上裂	上、下、内直肌，下斜肌，上睑提肌
Ⅲ	动眼神经副核（GVE）	中脑	眶上裂	瞳孔括约肌、睫状肌
Ⅳ	滑车神经核（GSE）	中脑	眶上裂	上斜肌
Ⅵ	展神经核（GSE）	脑桥	眶上裂	外直肌
Ⅺ	副神经核（SVE）	延髓	颈静脉孔	胸锁乳突肌、斜方肌
Ⅻ	舌下神经核（GSE）	延髓	舌下神经管	舌肌

五、混合性脑神经

（一）三叉神经

1. 纤维成分
   - 一般躯体感觉纤维：头面部一般感受器→三叉神经节→三叉神经脑桥核和三叉神经脊束核
   - 特殊内脏运动纤维：三叉神经运动核→咀嚼肌

2. 分支：

（1）眼神经（感觉性）：穿海绵窦外侧壁，经眶上裂入眶

分支
- 额神经
- 泪腺神经
- 鼻睫神经

分布于视器、眼裂以上和鼻背皮肤

（2）上颌神经（感觉性）：穿海绵窦外侧壁，经圆孔出颅

分支 { 眶下神经 / 颧神经 / 上牙槽神经 / 翼腭神经 } 分布于上颌牙，口、鼻腔黏膜，硬脑膜及睑裂与口之间皮肤

(3) 下颌神经（混合性）：经卵圆孔出颅

分支 { 耳颞神经 / 颊神经 / 舌神经 / 下牙槽神经 / 咀嚼肌神经 } 分布于硬脑膜、下颌牙、及牙龈、舌前 2/3 及口腔底黏膜、耳颞区和口裂以下皮肤、咀嚼肌

三叉神经损伤表现：同侧的面部皮肤及眼、口和鼻黏膜一般感觉丧失；角膜反射消失；咀嚼肌瘫痪，张口时下颌偏向患侧

(二) 面神经

1. 纤维成分 {
   特殊内脏运动纤维：起于面神经核→表情肌
   一般内脏运动纤维：起于上泌涎核→翼腭神经节和下颌下神经节换元→泪腺、下颌下腺、舌下腺及鼻腔、腭的黏膜腺
   特殊内脏感觉纤维：舌前 2/3 味蕾→面神经膝神经节→孤束核
   一般躯体感觉纤维：传导耳部皮肤一般感觉和表情肌本体觉
}

2. 行程：延髓脑桥沟外侧部→内耳门→内耳道底→面神经管→茎乳孔出颅→穿腮腺到面部

3. 面神经管内的分支

(1) 鼓索 {
   特殊内脏感觉纤维：分布于舌前 2/3 味蕾
   一般内脏运动纤维：下颌下神经节换元→下颌下腺及舌下腺的分泌
}

(2) 岩大神经：一般内脏运动纤维→翼腭神经节换元→泪腺、腭及鼻黏膜的腺体

(3) 镫骨肌神经：支配镫骨肌

4. 颅外分支 {
   颞支：额肌、眼轮匝肌等
   颧支：眼轮匝肌及颧肌
   颊支：颊肌、口轮匝肌及口周围肌
   下颌缘支：下唇诸肌
   颈支：颈阔肌
}

5. 神经节

(1) 翼腭神经节：位于翼腭窝上部，上颌神经下方

(2) 下颌下神经节：位于下颌下腺与舌神经之间

(三) 舌咽神经

1. 纤维成分 {
   特殊内脏运动纤维：疑核→茎突咽肌
   一般内脏运动纤维：下泌涎核→耳神经节换元→腮腺
   一般内脏感觉纤维：咽、舌后 1/3、咽鼓管、鼓室等处黏膜，颈动脉窦，颈动脉小球→下神经节→孤束核
   特殊内脏感觉纤维：舌后 1/3 味蕾→孤束核
   一般躯体感觉纤维：耳后皮肤→上神经节→三叉神经脊束核
}

2. 行程：橄榄后沟上部连于延髓→经颈静脉孔出颅

3. 主要分支
   - 舌支：舌后 1/3 黏膜的一般感觉和味觉
   - 咽支：分布于咽肌和咽黏膜
   - 鼓室神经→鼓室丛→岩小神经→耳神经节换元→腮腺
   - 颈动脉窦支：分布于颈动脉窦和颈动脉小球，反射性地调节血压和呼吸

4. 耳神经节：位于卵圆孔下方，下颌神经内侧

（四）迷走神经

1. 纤维成分
   - 一般内脏运动纤维：迷走神经背核→副交感神经节换元→颈、胸、腹腔脏器
   - 特殊内脏运动纤维：疑核→咽喉部肌
   - 一般内脏感觉纤维：颈、胸、腹腔脏器→下神经节→孤束核
   - 一般躯体感觉纤维：硬脑膜、耳廓、外耳道→上神经节→三叉神经脊束核

2. 行程：橄榄后沟中部出脑→经颈静脉孔出颅→颈内静脉与颈内动脉或颈总动脉之间后方→颈根部

主要分支
- 左迷走神经：左颈总动脉与左锁骨下动脉之间→主动脉弓前方→肺根后方→食管前丛→迷走神经前干→食管裂孔→腹腔
- 右迷走神经：经锁骨下动脉前方→气管右侧→右肺根后方→食管后丛→迷走神经后干→食管裂孔→腹腔

(1) 颈部分支
   - 喉上神经
     - 内支：分布于咽、会厌舌根及声门裂以上喉黏膜
     - 外支：伴甲状腺上动脉下行，支配环甲肌
   - 颈心支→心丛→心脏

(2) 胸部分支
   - 喉返神经
     - 左喉返神经绕主动脉弓
     - 右喉返神经绕右锁骨下动脉
     →气管食管间沟→喉下神经→喉肌（环甲肌除外）、声门裂以下喉黏膜
   - 支气管支和食管支

(3) 腹部分支
   - 迷走神经前干
     - 胃前支：分布于胃前壁，"鸦爪"分布于幽门部前壁
     - 肝支：分布于肝、胆囊
   - 迷走神经后干
     - 胃后支：分布于胃后壁，"鸦爪"分支分布于幽门部后壁
     - 腹腔支：参加腹腔丛，分布于肝、胆、胰、脾、肾及结肠左曲以上消化管

【思考题】

1. 三叉神经的主要分支分布如何？各支的性质如何？
2. 与视器有关的神经及管理？
3. 分布到舌和喉的神经各有哪些？

（王培军）

第四章 内脏神经

【实验目的】
1. 掌握内脏运动神经与躯体运动神经的主要区别，节前神经元、节前纤维、节后神经元节及后纤维的概念。
2. 熟悉交感部低级中枢的部位；交感干的位置与组成；主要椎前节的位置。
3. 了解灰、白交通支的概念；节前纤维和节后纤维的走行规律。
4. 掌握副交感部低级中枢的部位。头面部副交感神经节的位置及功能。
5. 熟悉交感神经与副交感神经的主要区别。
6. 了解内脏感觉神经传入途径及特点。了解牵涉痛的概念。

【实验教具】
1. 多媒体课件。
2. 标本　交感神经标本，内脏大、小神经标本。
3. 模型　内脏神经系统的电动模型。

【实验内容】

内脏神经为分布于内脏、心血管和腺体的神经 $\begin{cases} 内脏感觉神经 \\ 内脏运动神经 \begin{cases} 交感神经 \\ 副交感神经 \end{cases} \end{cases}$

一、内脏运动神经

内脏运动神经调节内脏、心血管运动和腺体分泌的神经，通常不受人的意志控制，是不随意的，故又称为自主神经或植物性神经。

内脏运动神经与躯体运动神经的比较

	躯体运动神经	内脏运动神经
效应器	骨骼肌（受意志支配）	心肌、平滑肌和腺体（不受意志支配）
纤维成分	一种	二种：交感和副交感
低级中枢→效应器	一个神经元	二个神经元：节前神经元（节前纤维） 节后神经元（节后纤维）
纤维种类	较粗的有髓纤维	薄髓（节前纤维）和无髓（节后纤维）细纤维
分布形式	神经干	神经丛

（一）交感神经
1. 交感神经概观
（1）低级中枢：脊髓 $T_1 \sim L_3$ 灰质侧角

(2) 交感神经节
- 椎旁神经节：位于脊柱两侧，每侧约 19～24 个
- 椎前神经节：位于脊柱前方
  - 腹腔神经节
  - 肠系膜上、下神经节
  - 主动脉肾节

(3) 交感干：由椎旁神经节和节间支连接而成，位于脊柱两侧，上起自颅底，下至尾骨前方汇合于奇神经节

(4) 交感神经节前纤维的走行规律：
交感神经节前纤维——→脊神经前根——→脊神经——→白交通支——→交感干
1) 终止于相应的椎旁神经节，并交换神经元
2) 在交感干内上升或下降，在上方或下方的椎旁神经节换元
3) 穿过椎旁神经节至椎前神经节换元
白交通支：由有髓鞘的节前纤维构成，呈白色，连于 T_1～L_3 脊神经与胸交感干之间，共 15 对

(5) 交感神经节后纤维的走行规律
1) 经灰交通支返回脊神经，随脊神经分布至头颈、躯干和四肢的血管、汗腺和竖毛肌
2) 攀附动脉走行，在动脉外膜形成神经丛，随动脉到达所支配的器官
3) 由交感神经节直接分布到所支配的器官
灰交通支：连于交感干与 31 对脊神经之间，由无髓鞘的节后纤维组成，色灰暗，共 31 对

2. 交感神经的分布
(1) 颈部
1) 颈神经节
- 颈上神经节：最大，位于 $C_{1\sim3}$ 颈椎横突前方
- 颈中神经节：最小，位于 C_6 颈椎横突处
- 颈下神经节：位于 C_7 颈椎横突处

2) 分布
①节后纤维经灰交通支连于 8 对颈神经，随颈神经分布到头颈和上肢的血管、汗腺、竖毛肌等
②攀附动脉形成交感神经丛（颈内、外动脉丛，锁骨下动脉丛，椎动脉丛），随动脉分布到头颈部的腺体、竖毛肌、血管、瞳孔开大肌
③咽支：与舌咽神经、迷走神经的咽支共同组成咽丛
④颈上、中、下节发出心上、中、下神经加入心丛

(2) 胸部
1) 胸神经节：10～12 个，位于肋骨小头的前方
2) 分布
①节后纤维经灰交通支返回 12 对胸脊神经，随其分布到胸腹壁的血管、汗腺、竖毛肌等
②胸 1～5 交感神经节发出的节后纤维加入胸主动脉丛、食管丛、肺丛及心丛等
③内脏大、小神经

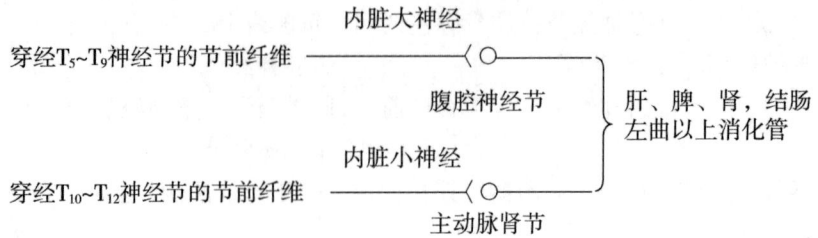

(3) 腰部
1) 腰神经节：4 对，位于腰椎体前外侧与腰大肌内侧缘之间
2) 分布
①节后纤维经灰交通支连于 5 对腰神经，随腰神经分布
②腰内脏神经

```
                                         腰内脏神经        ┌ 结肠左曲以下消化管
      穿经 L₁~L₄ 神经节的节前纤维 ——————⟨○⟩——→ ┤ 盆腔脏器
                                         椎前神经节        └ 下肢
```

(4) 盆部
1) 骶神经节：2～3 对，位于骶骨前面，骶前孔内侧；奇神经节位于尾骨前方
2) 分布
①节后纤维经灰交通支连于骶、尾神经，随其分布于下肢及会阴部的血管、汗腺和竖毛肌
②加入盆丛，分布于盆腔器官

交感神经分布概况

节前纤维	节后纤维
$T_1 \sim T_5$	头、颈、胸腔脏器和上肢的血管、汗腺、竖毛肌
$T_5 \sim T_{12}$	肝、脾、肾，结肠左曲以上消化管
$L_1 \sim L_3$	结肠左曲以下消化管，盆腔脏器，下肢的血管、汗腺、竖毛肌

(二) 副交感神经
1. 低级中枢部：脑干的 4 对副交感神经核和脊髓 $S_{2\sim4}$ 节段的骶副交感核
2. 副交感神经节 ┌ 器官旁节：睫状神经节、下颌下神经节、翼腭神经节、耳神经节
               └ 器官内节：位于所支配器官的壁内
3. 颅部副交感神经

```
                       IV
    动眼神经副核 ○ ——————⟨○⟩——→ 瞳孔括约肌、睫状肌
                   睫状神经节
```

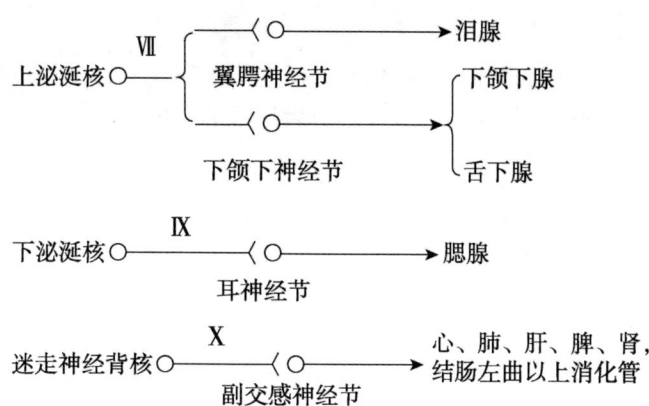

4. 骶部副交感神经

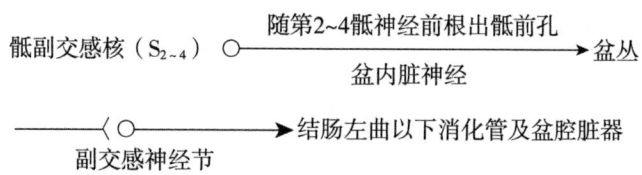

5. 交感神经与副交感神经的区别

	交感神经	副交感神经
低级中枢部位	脊髓胸腰部灰质的中间外侧核	脑干和脊髓骶部的副交感神经核
周围部神经节	椎旁节和椎前节	器官旁节和器官内节
节前、节后纤维	节前纤维短，节后纤维长	节前纤维长，节后纤维短
节前与节后神经元的比例	一个节前神经元的轴突可与许多节后神经元组成突触	一个节前神经元的轴突与较少的节后神经元组成突触
分布范围	分布范围较广，分布于全身血管及胸、腹、盆腔脏器的平滑肌、心肌、腺体及竖毛肌和瞳孔开大肌	分布于胸、腹、盆腔脏器的平滑肌、心肌、腺体（肾上腺髓质除外）及瞳孔括约肌
对心脏的作用	心率加快，收缩力增强，冠状动脉舒张	心率减慢，收缩力减弱，冠状动脉轻度收缩
对支气管的作用	支气管平滑肌舒张	支气管平滑肌收缩
对消化系统的作用	胃肠平滑肌蠕动减弱，分泌减少，括约肌收缩	胃肠平滑肌蠕动增强，分泌增加，括约肌舒张
对泌尿系统的作用	膀胱壁的平滑肌舒张、括约肌收缩（贮尿）	膀胱壁的平滑肌收缩、括约肌舒张（排尿）
对瞳孔的作用	瞳孔散大	瞳孔缩小

【思考题】
1. 交感神经和副交感神经的区别？
2. 交感神经低级中枢位置、节前和节后纤维的去向？

（扈清云）

实验报告（一）

姓名_____　　年级专业_____　　班级_____

请将下图序号所示结构标注在相应的位置上

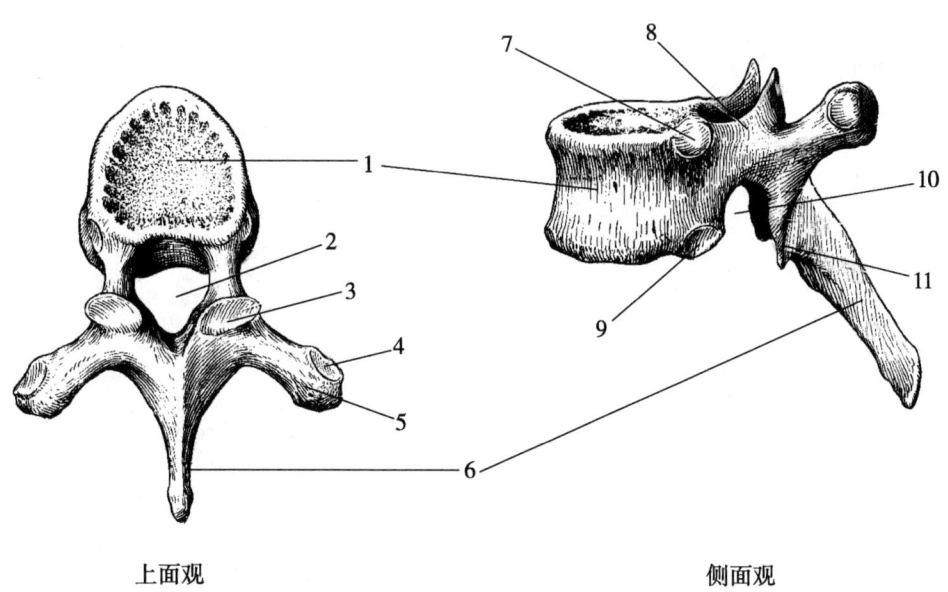

上面观　　　　　　　　　　　　　　　　侧面观

胸　椎

1._____　2._____　3._____　4._____
5._____　6._____　7._____　8._____
9._____　10._____　11._____

实验报告（二）

姓名_____ 年级专业_____ 班级_____

请将下图序号所示结构标注在相应的位置上

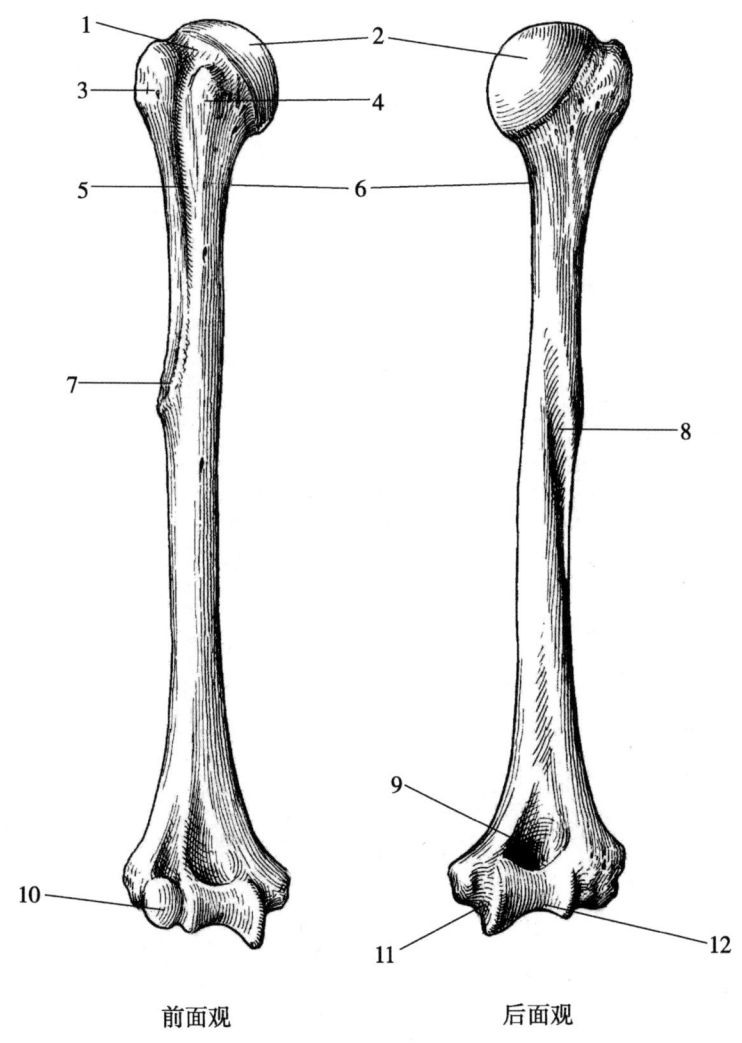

前面观　　　　后面观

肱　骨

1._____ 2._____ 3._____ 4._____
5._____ 6._____ 7._____ 8._____
9._____ 10._____ 11._____ 12._____

实验报告（三）

姓名_____ 年级专业_____ 班级_____

请将下图序号所示结构标注在相应的位置上

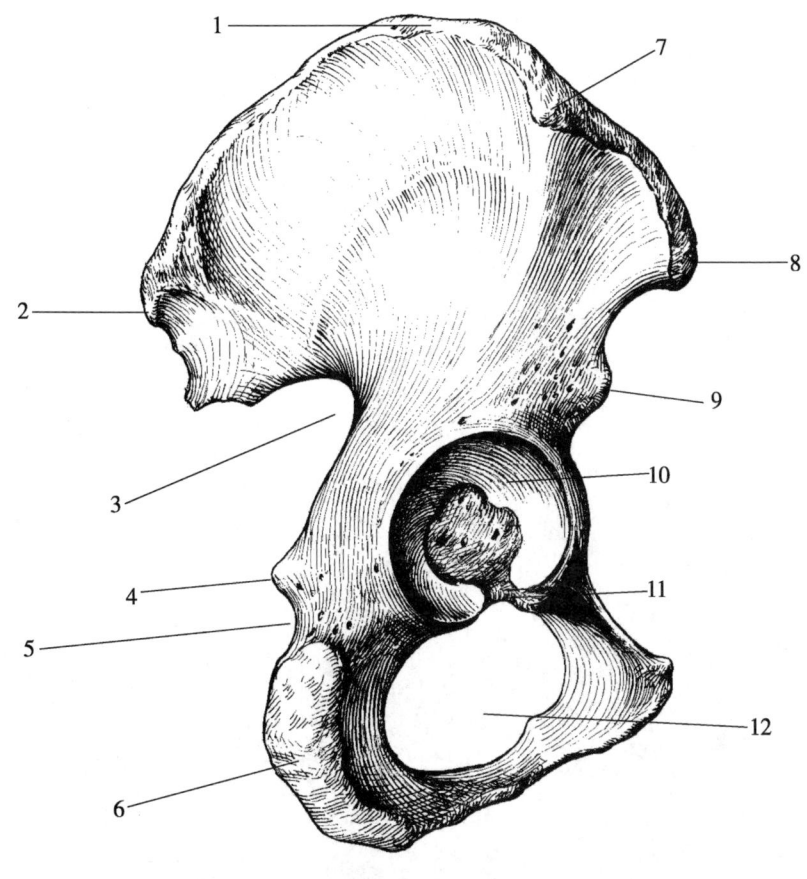

髋 骨（后面观）

1. _____ 2. _____ 3. _____ 4. _____
5. _____ 6. _____ 7. _____ 8. _____
9. _____ 10. _____ 11. _____ 12. _____

实验报告（四）

姓名_____   年级专业_____   班级_____

请将下图序号所示结构标注在相应的位置上

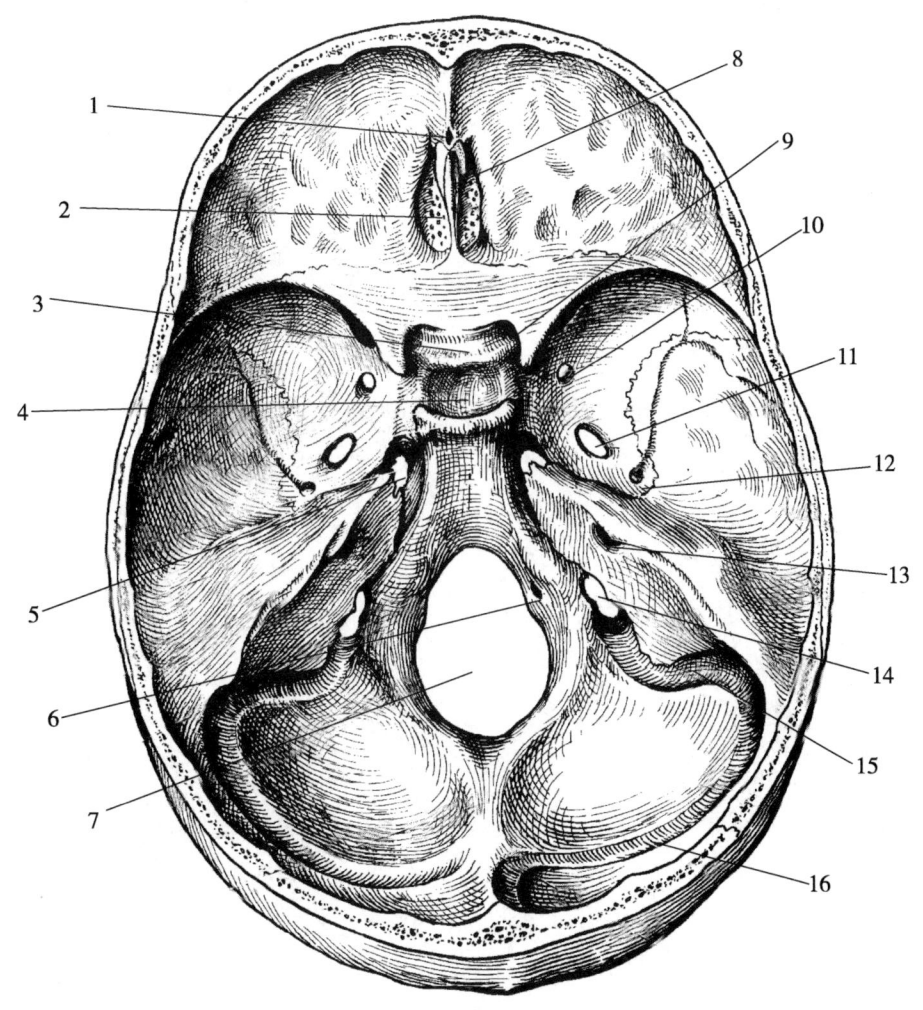

颅后窝

1. _____ 2. _____ 3. _____ 4. _____
5. _____ 6. _____ 7. _____ 8. _____
9. _____ 10. _____ 11. _____ 12. _____
13. _____ 14. _____ 15. _____ 16. _____

实验报告（五）

姓名_____ 年级专业_____ 班级_____

请将下图序号所示结构标注在相应的位置上

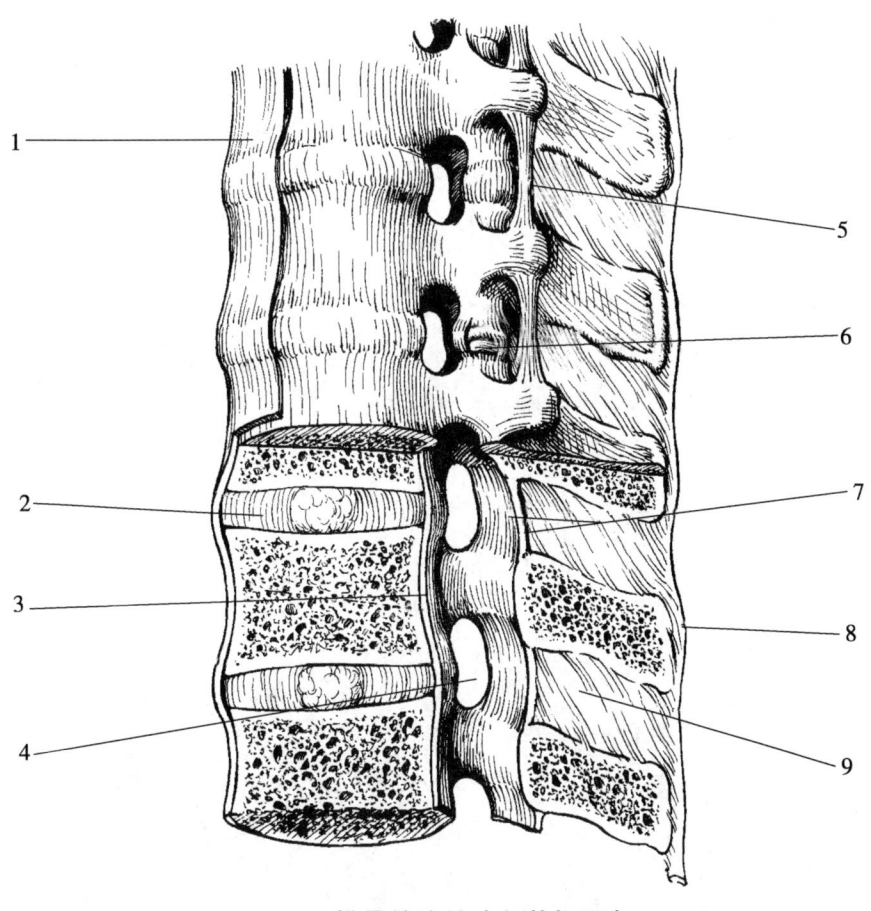

椎骨的连结（矢状切面）

1._____ 2._____ 3._____
4._____ 5._____ 6._____
7._____ 8._____ 9._____

实验报告（六）

姓名_____　年级专业_____　班级_____

请将下图序号所示结构标注在相应的位置上

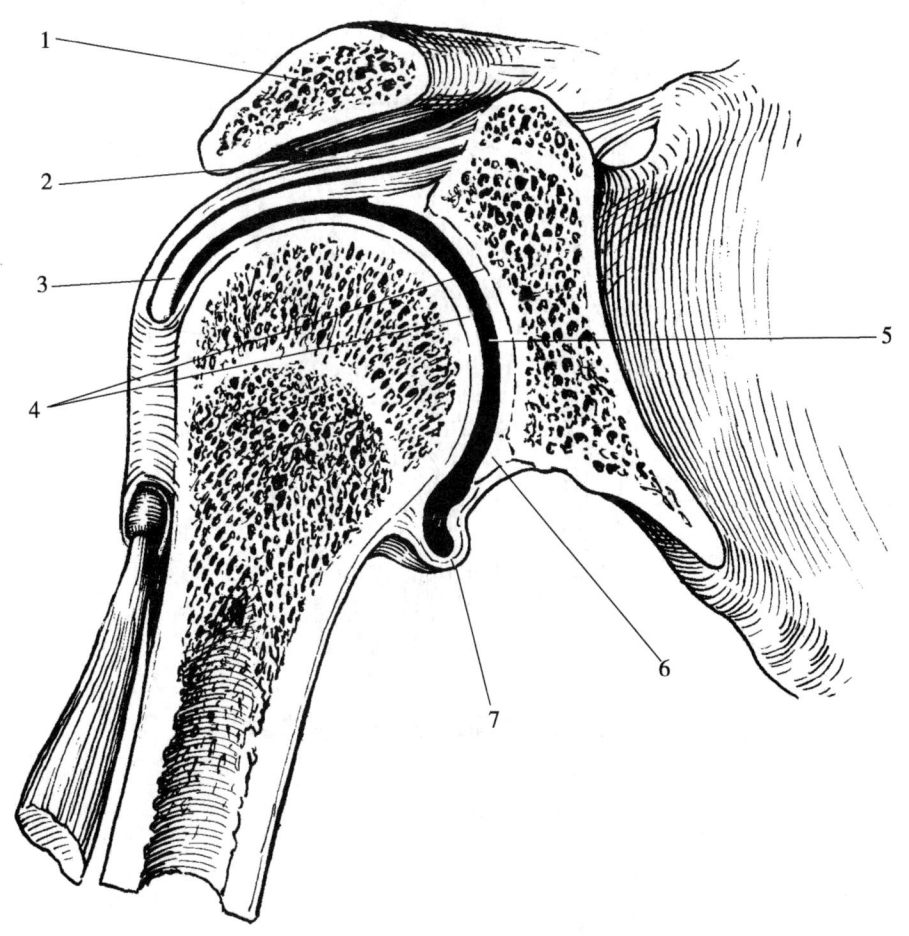

1 肩关节（冠状切面）

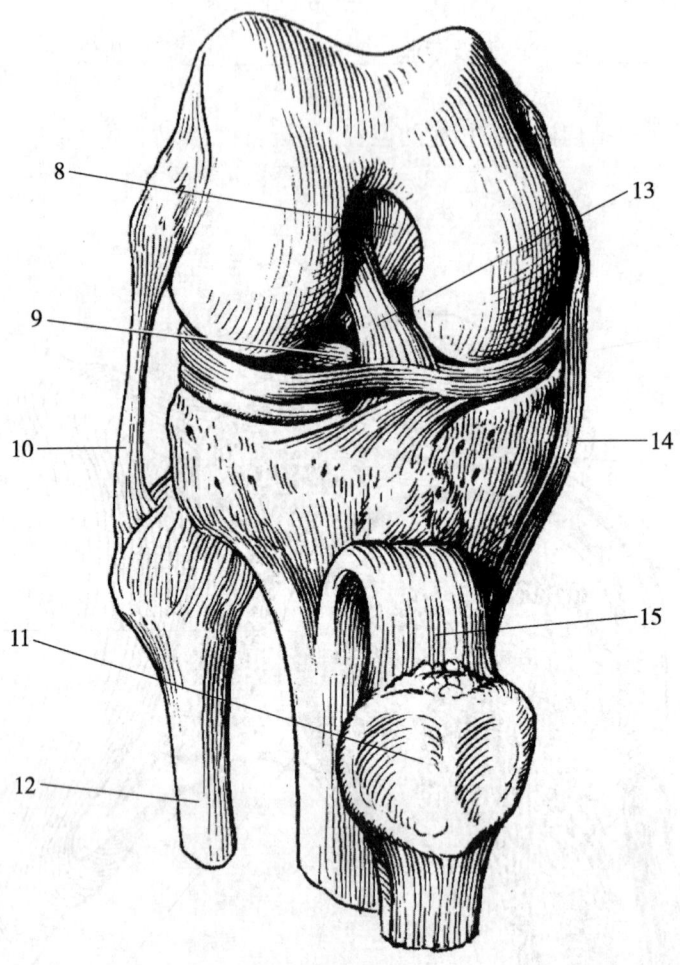

2 膝关节（前面敞开，除去关节囊）

1. _____ 2. _____ 3. _____ 4. _____
5. _____ 6. _____ 7. _____ 8. _____
9. _____ 10. _____ 11. _____ 12. _____
13. _____ 14. _____ 15. _____

实验报告（七）

姓名_____ 年级专业_____ 班级_____

请将下图序号所示结构标注在相应的位置上

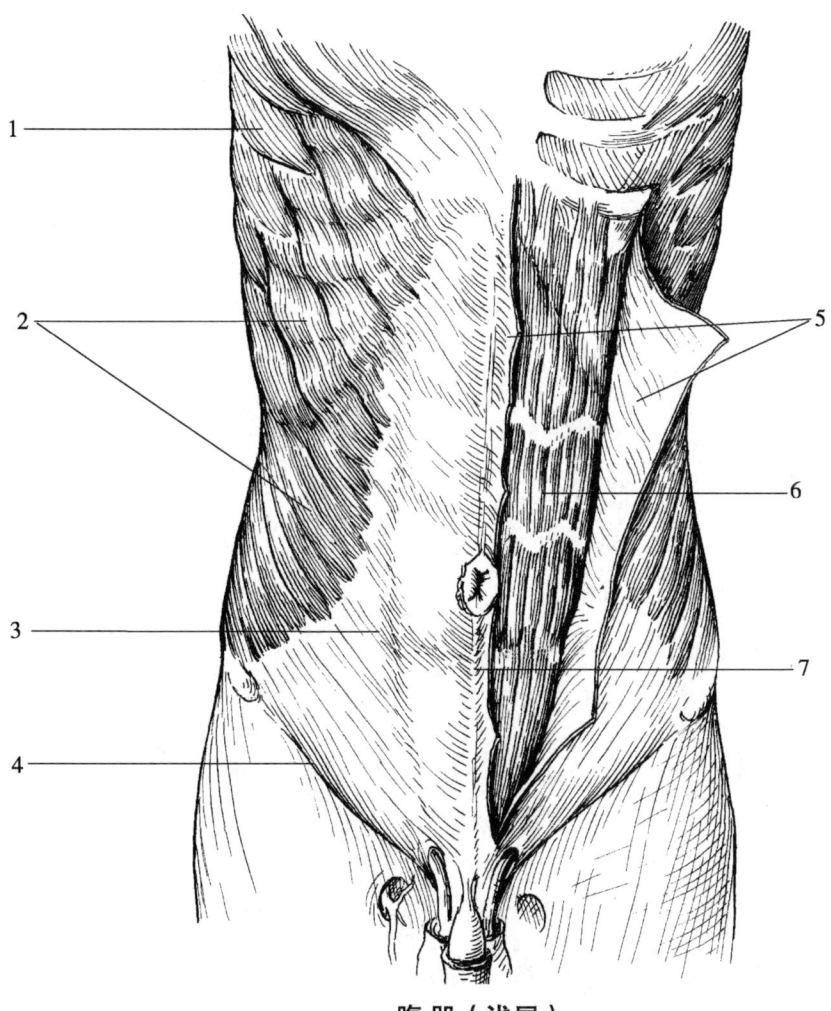

腹肌（浅层）

1._____ 2._____ 3._____ 4._____
5._____ 6._____ 7._____

实验报告（八）

姓名_____ 年级专业_____ 班级_____

请将下图序号所示结构标注在相应的位置上

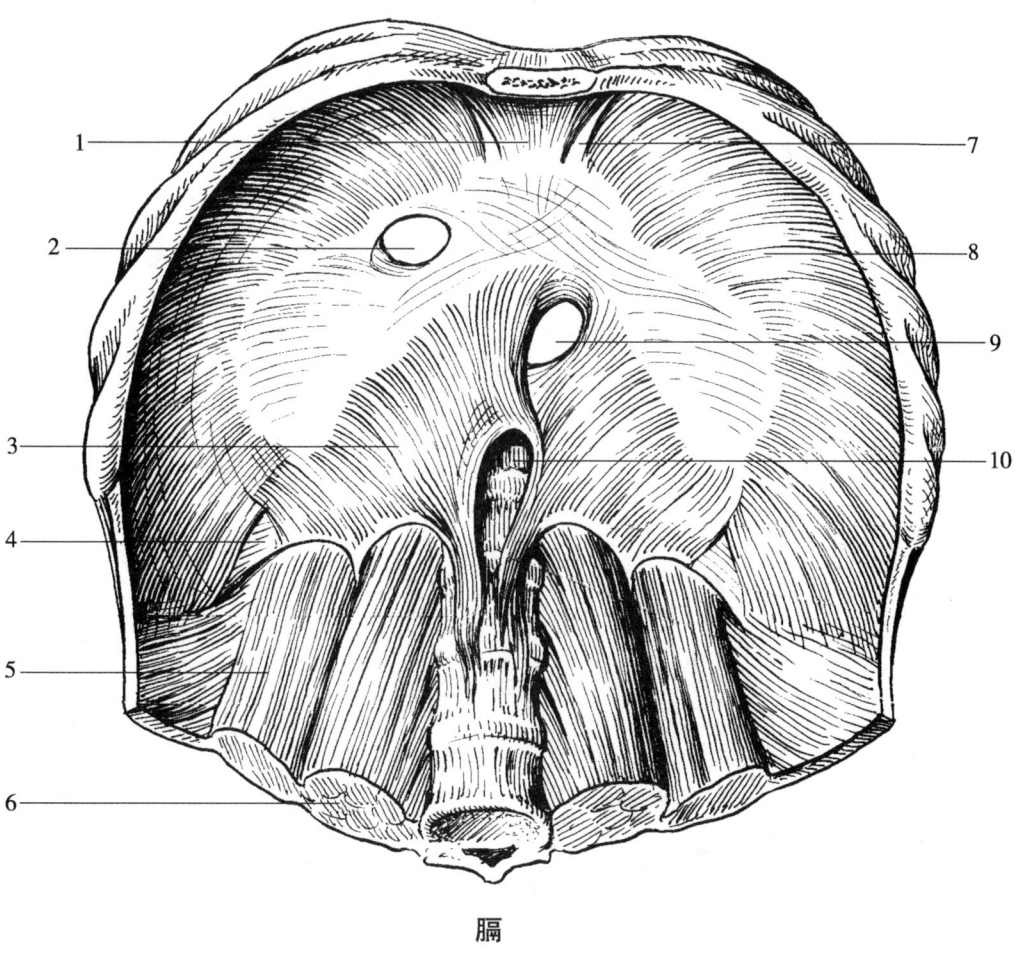

膈

1. _____ 2. _____ 3. _____ 4. _____
5. _____ 6. _____ 7. _____ 8. _____
9. _____ 10. _____

实验报告（九）

姓名_____ 年级专业_____ 班级_____

请将下图序号所示结构标注在相应的位置上

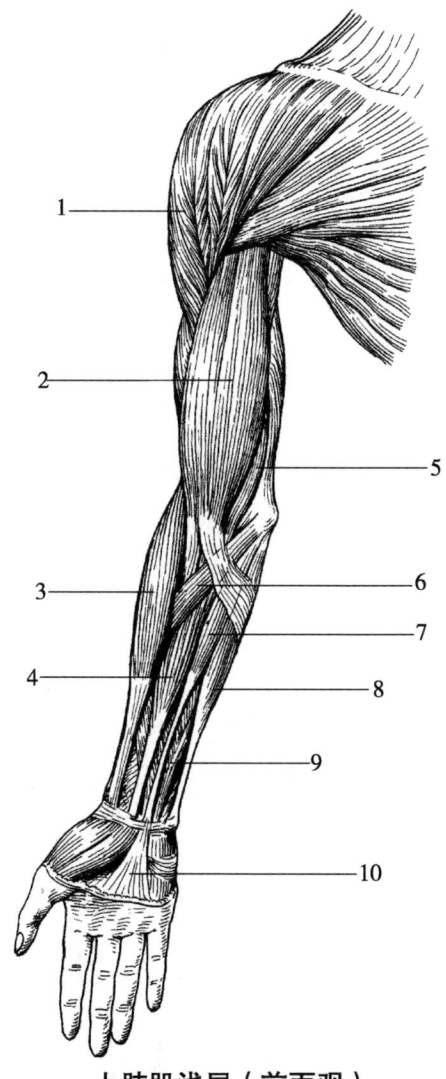

上肢肌浅层（前面观）

1. _____ 2. _____ 3. _____ 4. _____
5. _____ 6. _____ 7. _____ 8. _____
9. _____ 10. _____

实验报告（十）

姓名_____ 年级专业_____ 班级_____

请将下图序号所示结构标注在相应的位置上

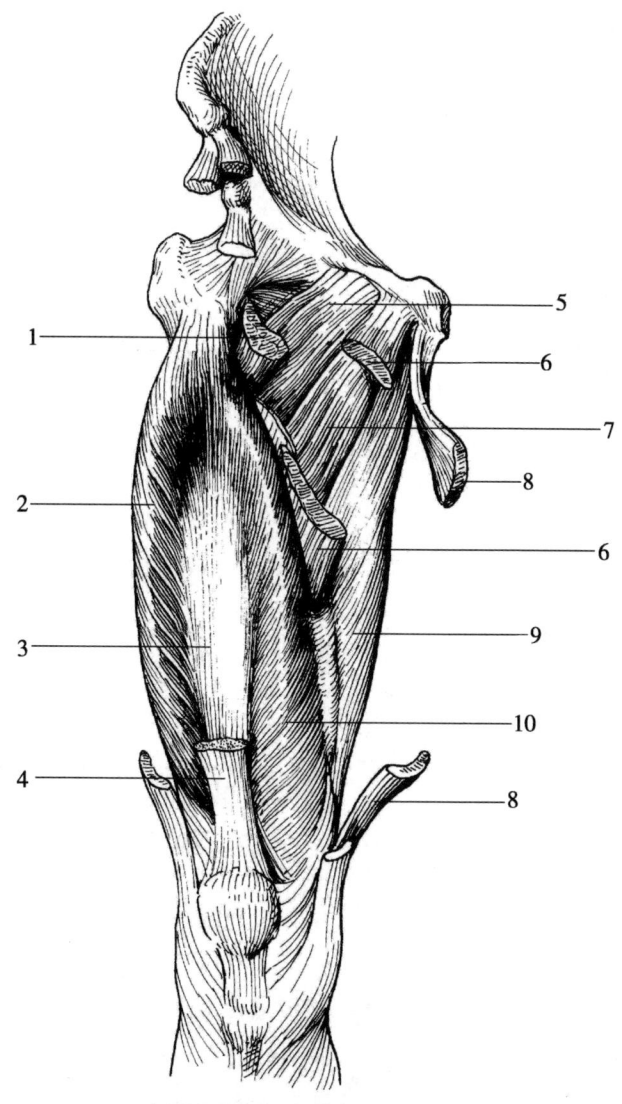

大腿肌深层（前面观）

1. _____ 2. _____ 3. _____ 4. _____
5. _____ 6. _____ 7. _____ 8. _____
9. _____ 10. _____

实验报告(十一)

姓名_____ 年级专业_____ 班级_____

请将下图序号所示结构标注在相应的位置上

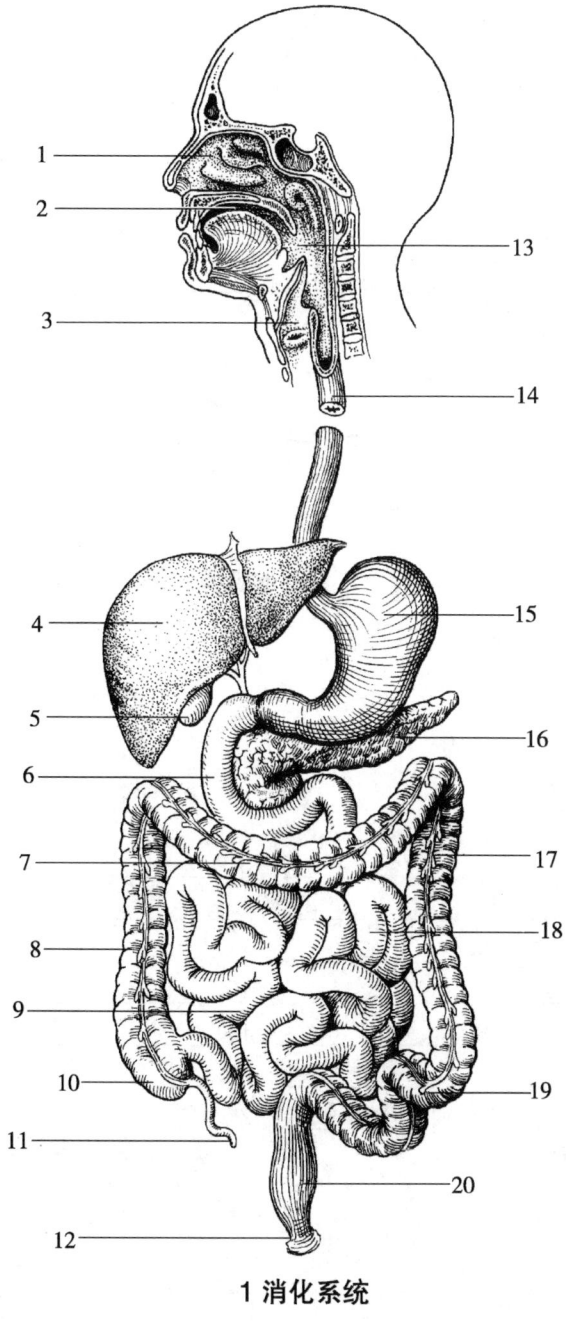

1 消化系统

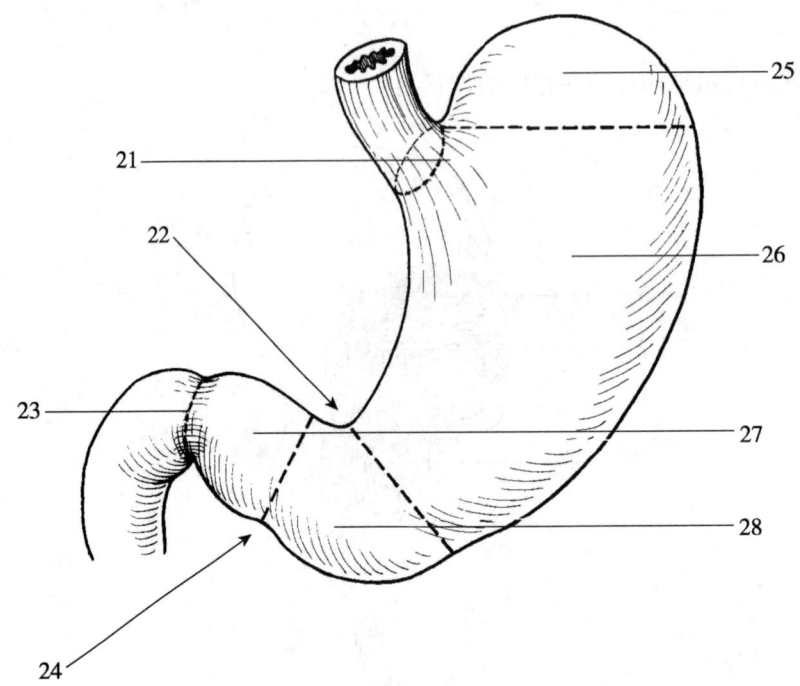

2 胃的形态和分部

1. _____ 2. _____ 3. _____ 4. _____
5. _____ 6. _____ 7. _____ 8. _____
9. _____ 10. _____ 11. _____ 12. _____
13. _____ 14. _____ 15. _____ 16. _____
17. _____ 18. _____ 19. _____ 20. _____
21. _____ 22. _____ 23. _____ 24. _____
25. _____ 26. _____ 27. _____ 28. _____

实验报告（十二）

姓名_____ 年级专业_____ 班级_____

请将下图序号所示结构标注在相应的位置上

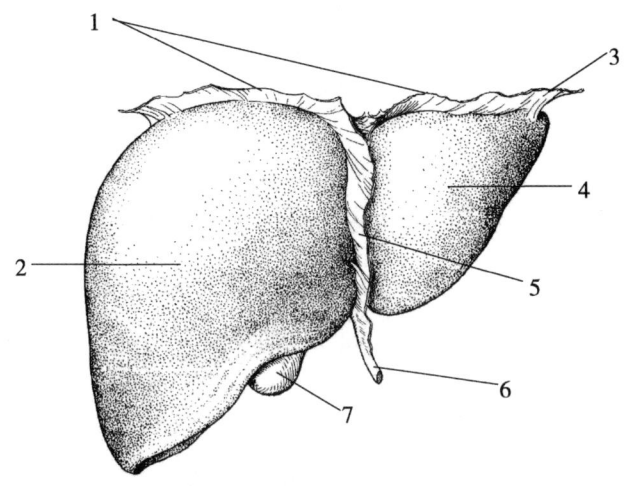

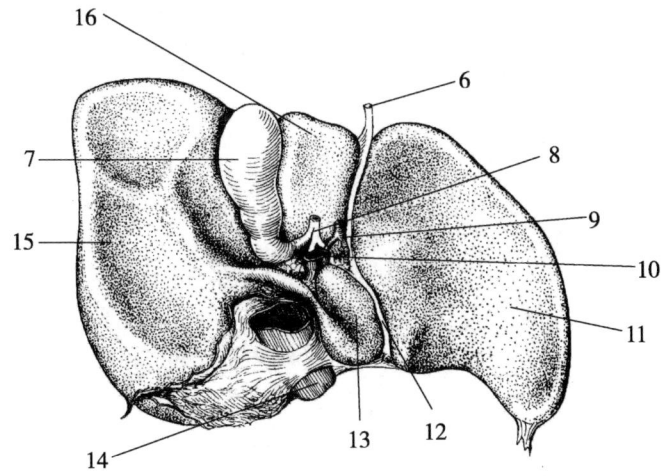

肝（膈面和脏面）

1. _____ 2. _____ 3. _____ 4. _____
5. _____ 6. _____ 7. _____ 8. _____
9. _____ 10. _____ 11. _____ 12. _____
13. _____ 14. _____ 15. _____ 16. _____

实验报告（十三）

姓名_____ 年级专业_____ 班级_____

请将下图序号所示结构标注在相应的位置上

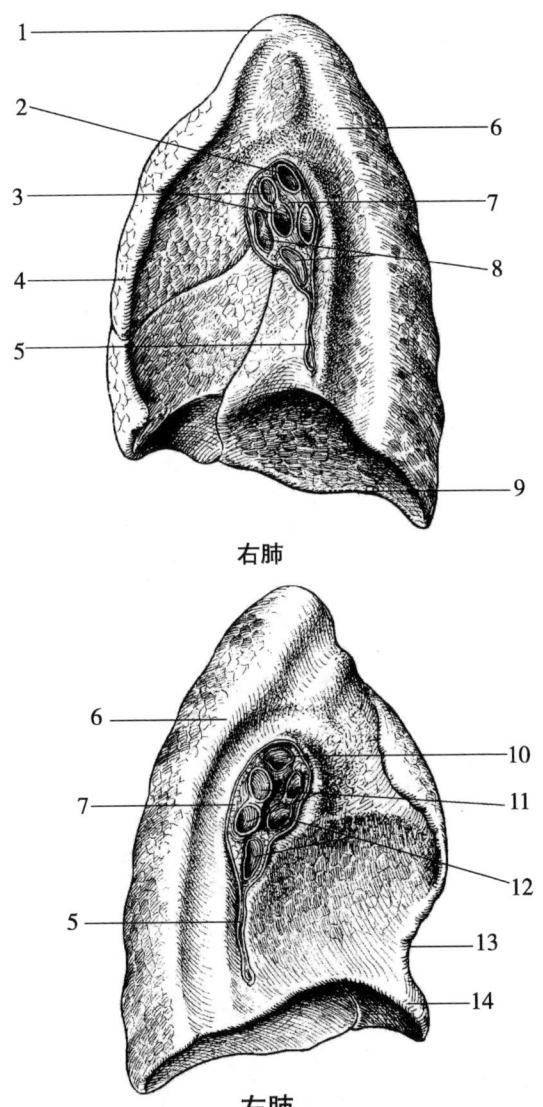

右肺

左肺

1._____ 2._____ 3._____ 4._____
5._____ 6._____ 7._____ 8._____
9._____ 10._____ 11._____ 12._____
13._____ 14._____

实验报告（十四）

姓名_____ 年级专业_____ 班级_____

请将下图序号所示结构标注在相应的位置上

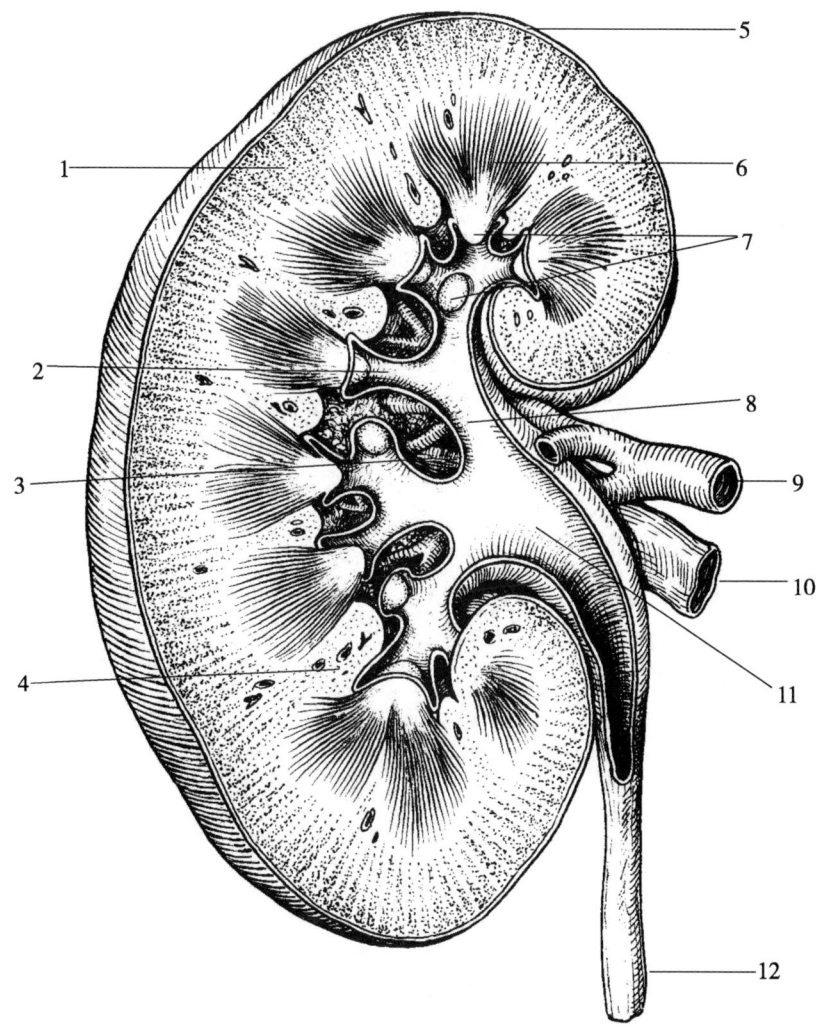

左肾冠状切面（后面观）

1. _____ 2. _____ 3. _____ 4. _____
5. _____ 6. _____ 7. _____ 8. _____
9. _____ 10. _____ 11. _____ 12. _____

实验报告（十五）

姓名_____ 年级专业_____ 班级_____

请将下图序号所示结构标注在相应的位置上

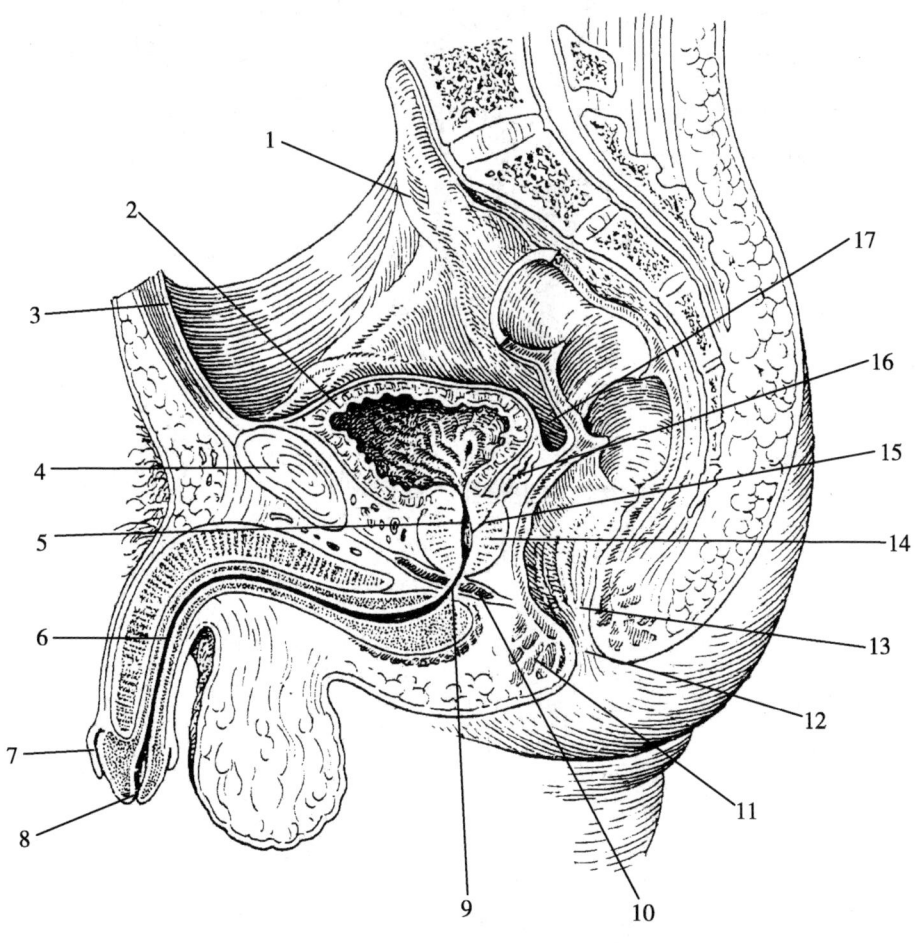

1 男性骨盆正中矢状断面

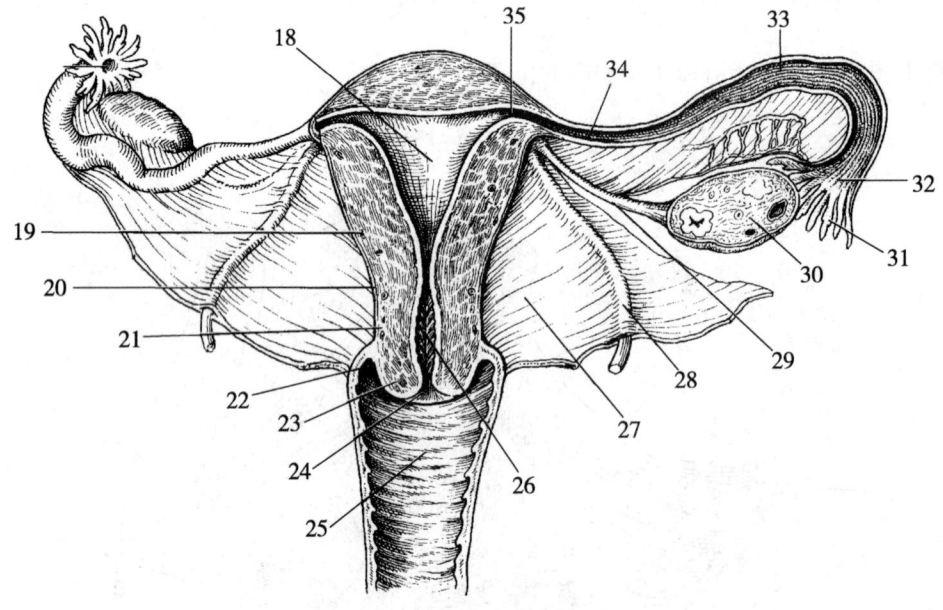

2 女性内生殖器（前面观）

1. _____	2. _____	3. _____	4. _____
5. _____	6. _____	7. _____	8. _____
9. _____	10. _____	11. _____	12. _____
13. _____	14. _____	15. _____	16. _____
17. _____	18. _____	19. _____	20. _____
21. _____	22. _____	23. _____	24. _____
25. _____	26. _____	27. _____	28. _____
29. _____	30. _____	31. _____	32. _____
33. _____	34. _____	35. _____	

实验报告（十六）

姓名_____ 年级专业_____ 班级_____

请将下图序号所示结构标注在相应的位置上

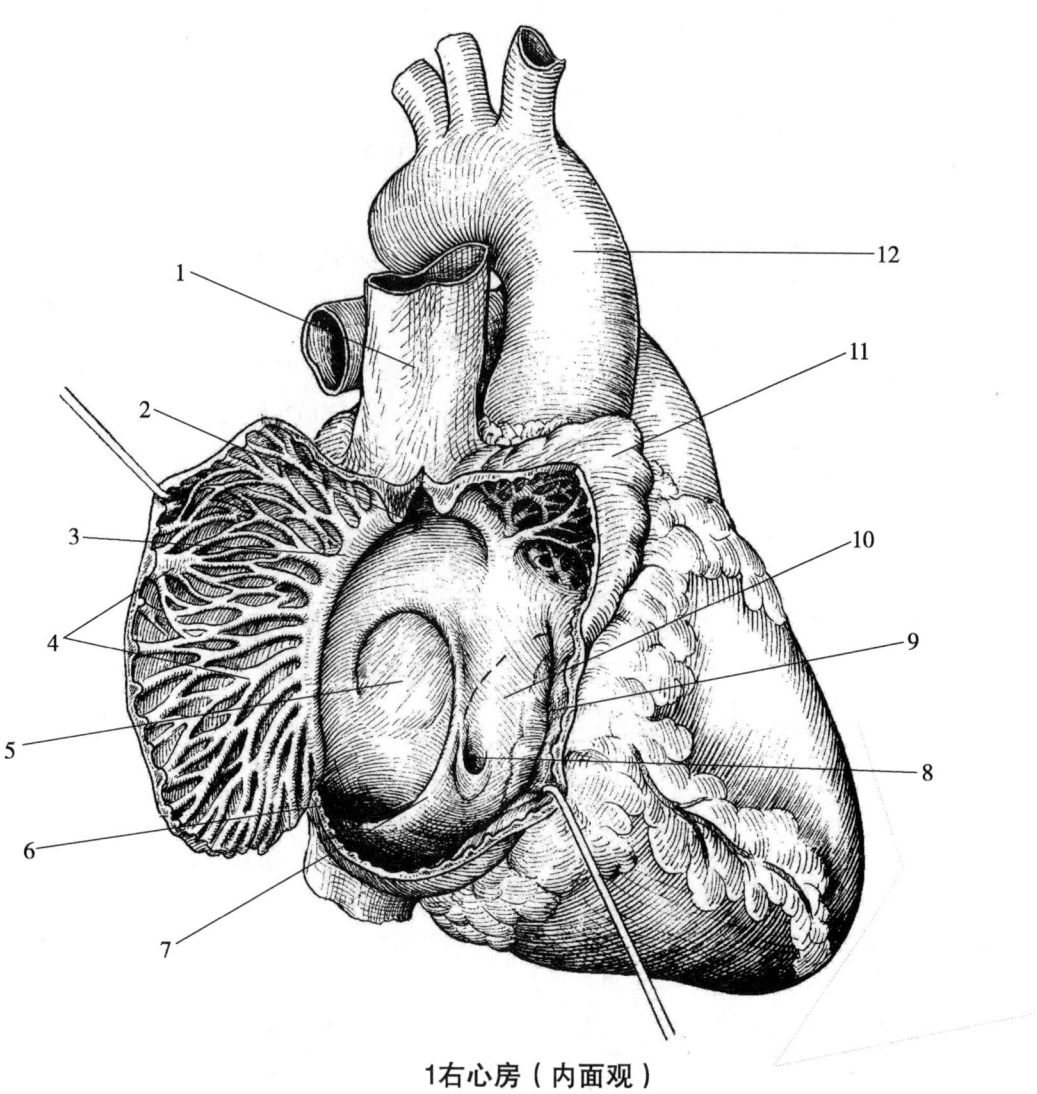

1 右心房（内面观）

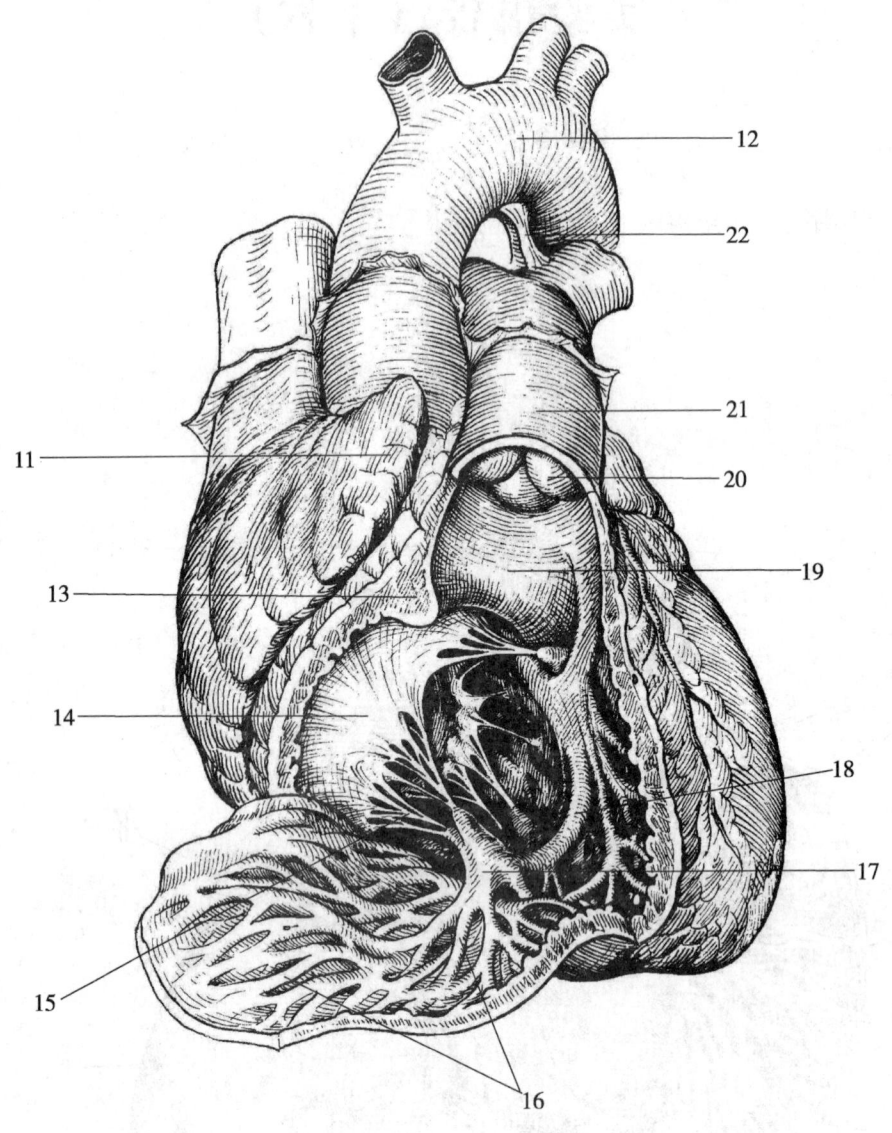

2 右心室（内面观）

1. _____ 2. _____ 3. _____ 4. _____
5. _____ 6. _____ 7. _____ 8. _____
9. _____ 10. _____ 11. _____ 12. _____
13. _____ 14. _____ 15. _____ 16. _____
17. _____ 18. _____ 19. _____ 20. _____
21. _____ 22. _____

实验报告（十七）

姓名_____ 年级专业_____ 班级_____

请将下图序号所示结构标注在相应的位置上

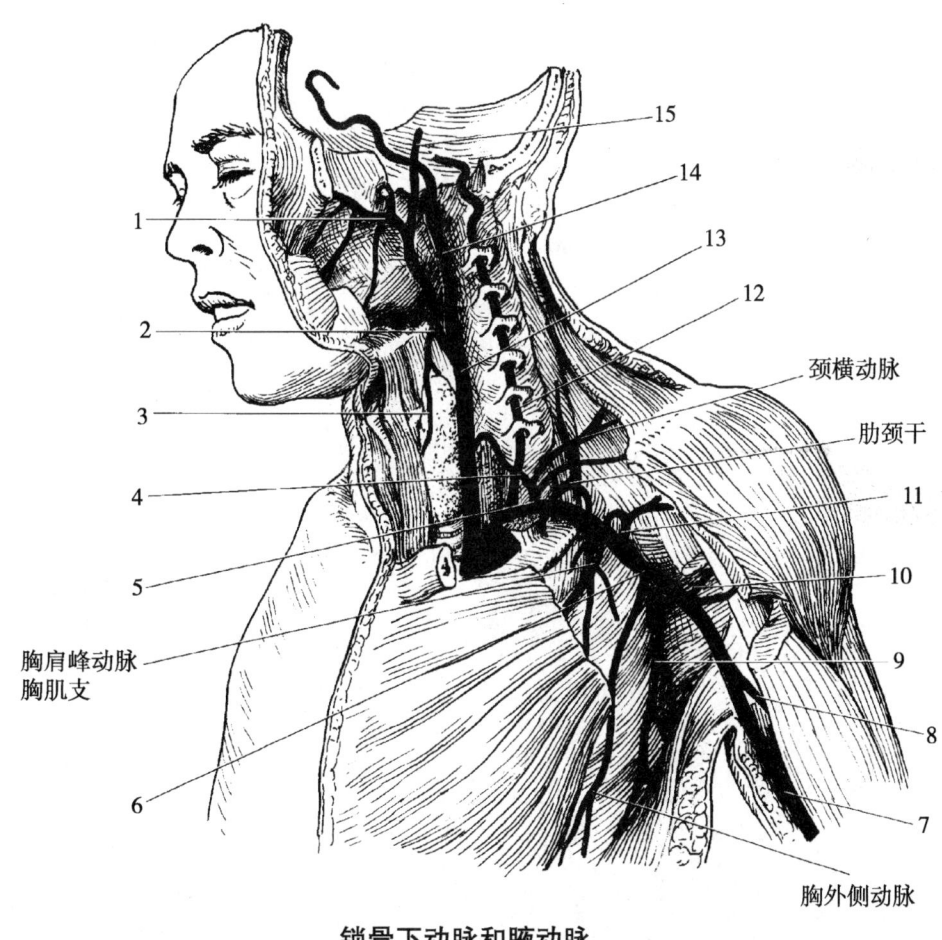

锁骨下动脉和腋动脉

1. _____ 2. _____ 3. _____ 4. _____
5. _____ 6. _____ 7. _____ 8. _____
9. _____ 10. _____ 11. _____ 12. _____
13. _____ 14. _____ 15. _____

实验报告（十八）

姓名_____　　年级专业_____　　班级_____

请将下图序号所示结构标注在相应的位置上

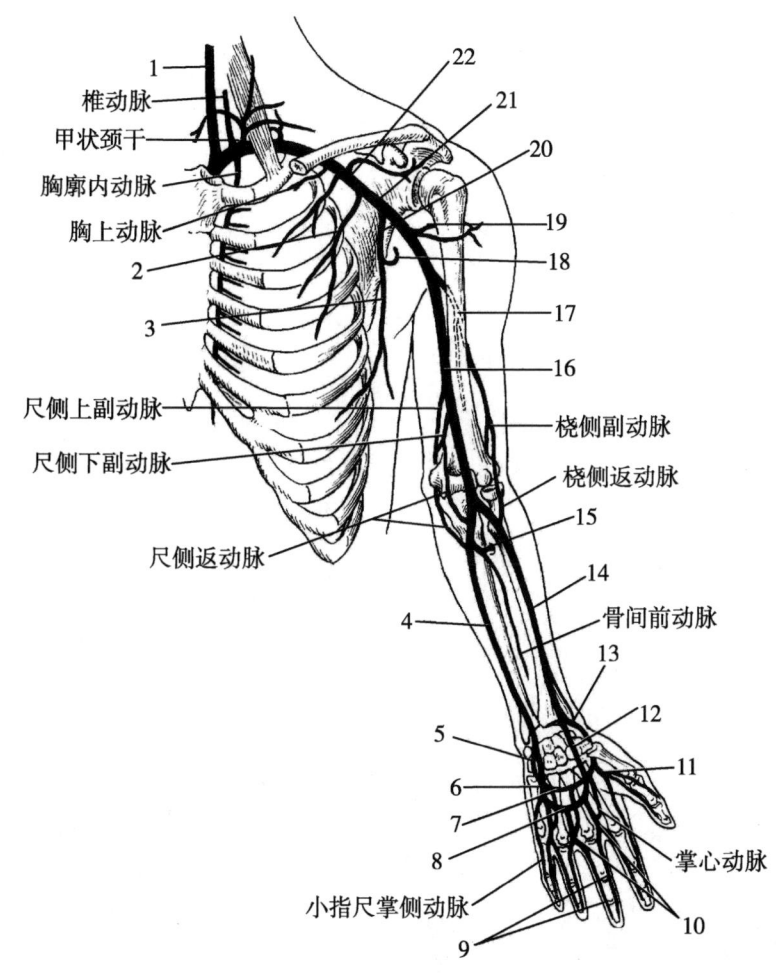

上肢的动脉

1. _____　　2. _____　　3. _____　　4. _____
5. _____　　6. _____　　7. _____　　8. _____
9. _____　　10. _____　　11. _____　　12. _____
13. _____　　14. _____　　15. _____　　16. _____
17. _____　　18. _____　　19. _____　　20. _____
21. _____　　22. _____

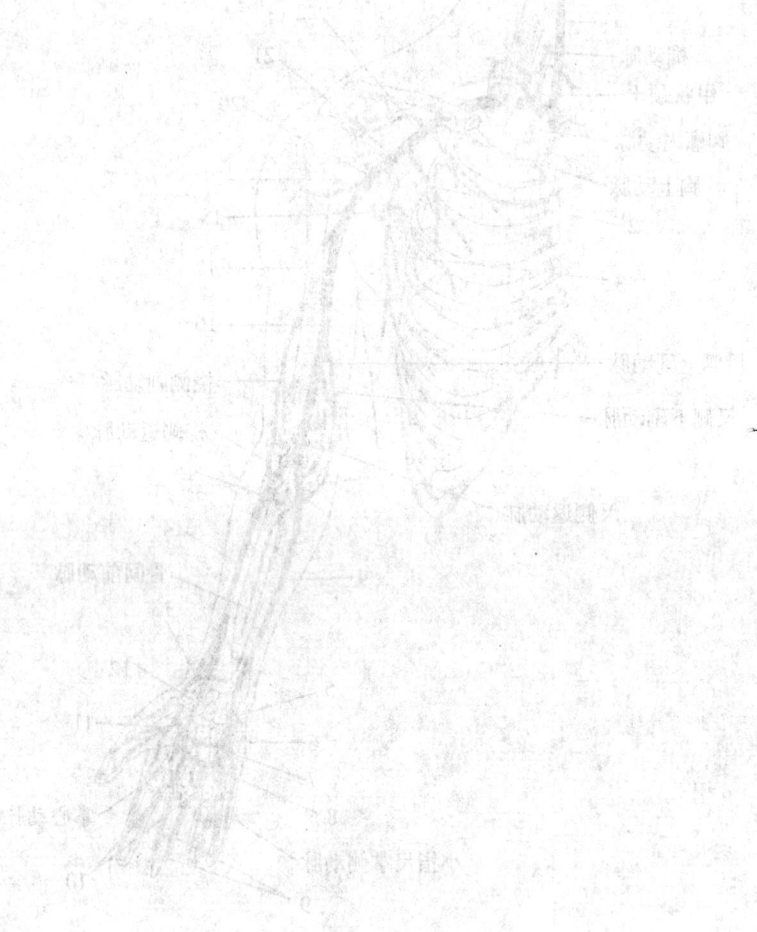

实验报告（十九）

姓名_____ 年级专业_____ 班级_____

请将下图序号所示结构标注在相应的位置上

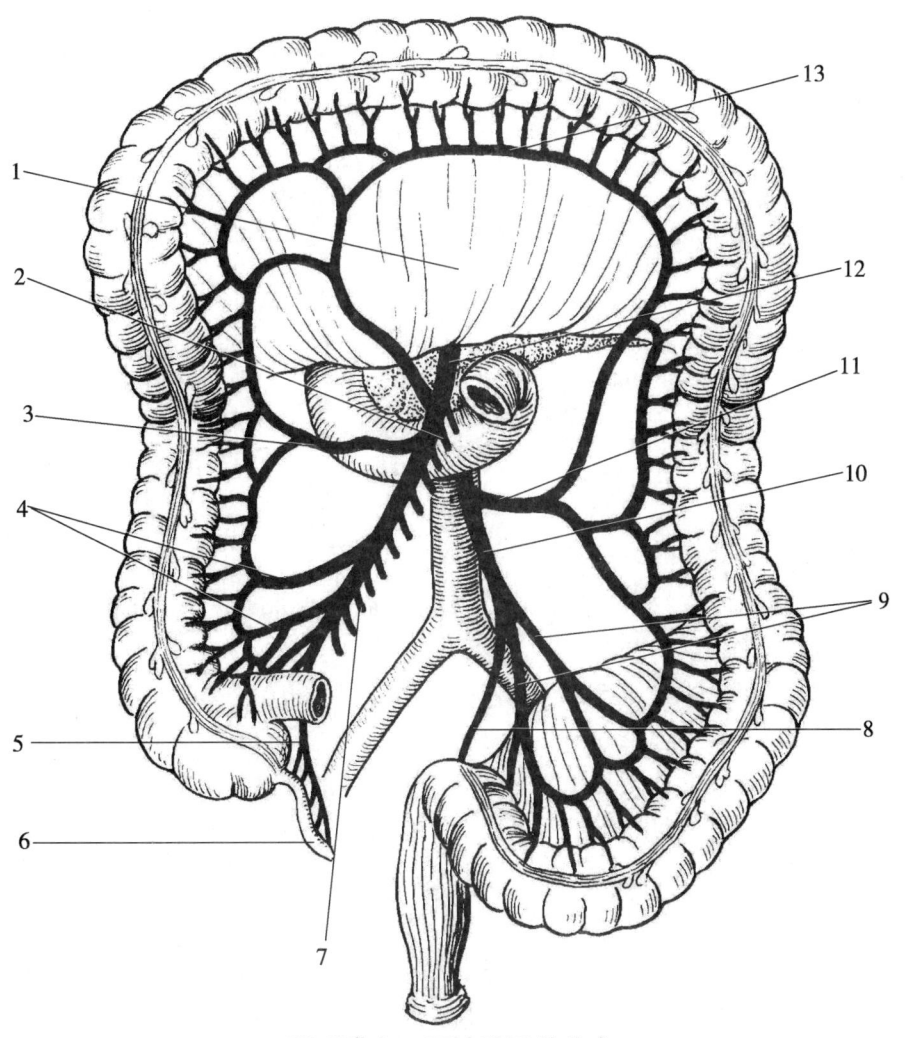

肠系膜上、下动脉及其分支

1._____ 2._____ 3._____ 4._____
5._____ 6._____ 7._____ 8._____
9._____ 10._____ 11._____ 12._____
13._____

实验报告（二十）

姓名＿＿＿＿＿＿＿　　年级专业＿＿＿＿＿＿＿　　班级＿＿＿＿＿＿＿

请将下图序号所示结构标注在相应的位置上

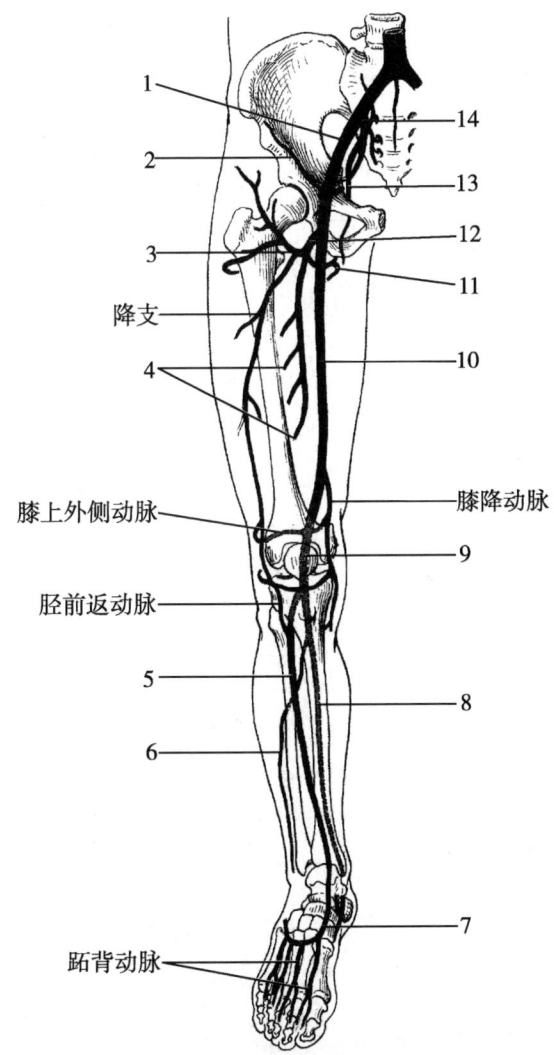

下肢的动脉

1. ＿＿＿＿＿　　2. ＿＿＿＿＿　　3. ＿＿＿＿＿　　4. ＿＿＿＿＿
5. ＿＿＿＿＿　　6. ＿＿＿＿＿　　7. ＿＿＿＿＿　　8. ＿＿＿＿＿
9. ＿＿＿＿＿　　10. ＿＿＿＿＿　　11. ＿＿＿＿＿　　12. ＿＿＿＿＿
13. ＿＿＿＿＿　　14. ＿＿＿＿＿

实验报告（二十一）

姓名_____ 年级专业_____ 班级_____

请将下图序号所示结构标注在相应的位置上

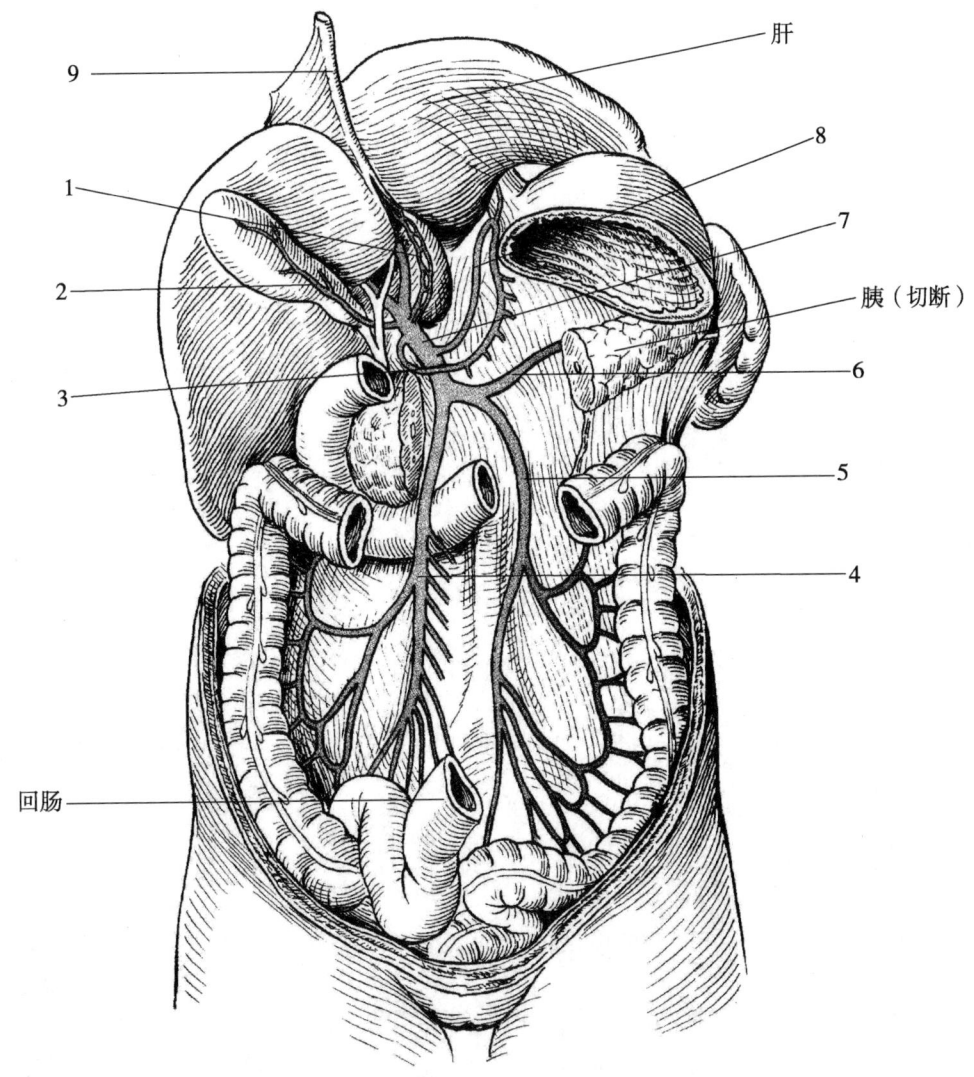

肝门静脉及其属支

1._____ 2._____ 3._____ 4._____
5._____ 6._____ 7._____ 8._____
9._____

实验报告（二十二）

姓名_____　　年级专业_____　　班级_____

请将下图序号所示结构标注在相应的位置上

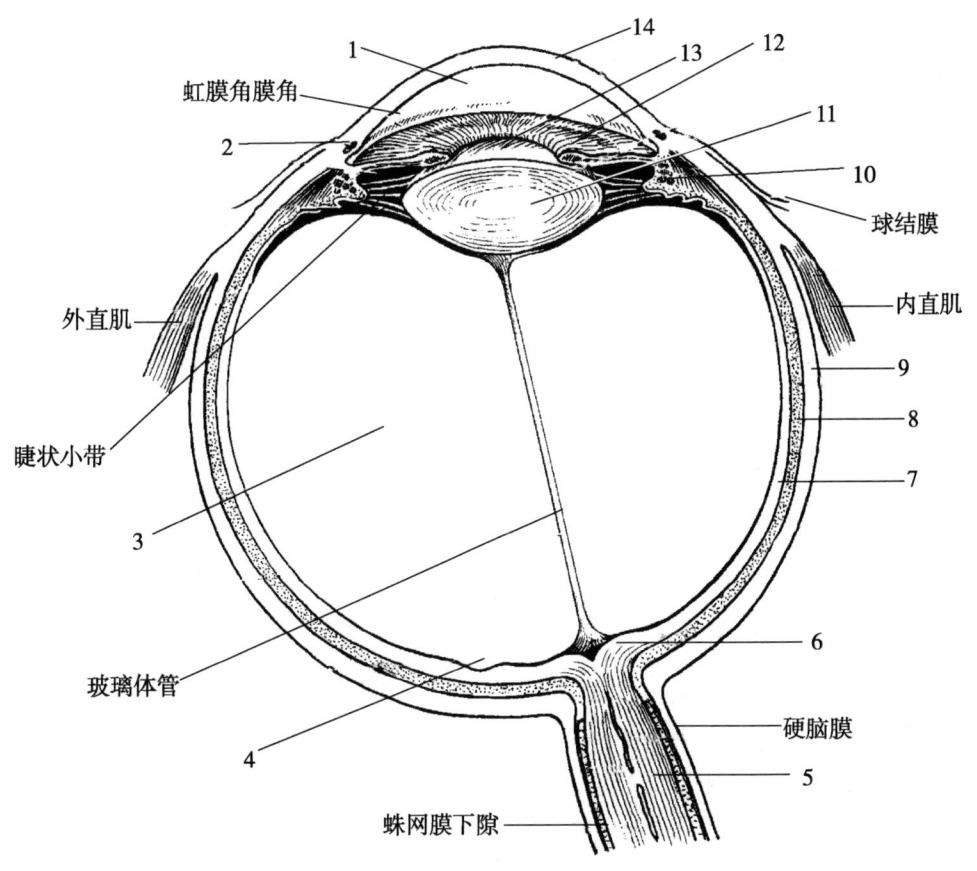

眼球水平切面

1._____　2._____　3._____　4._____
5._____　6._____　7._____　8._____
9._____　10._____　11._____　12._____
13._____　14._____

实验报告（二十三）

姓名_____ 年级专业_____ 班级_____

请将下图序号所示结构标注在相应的位置上

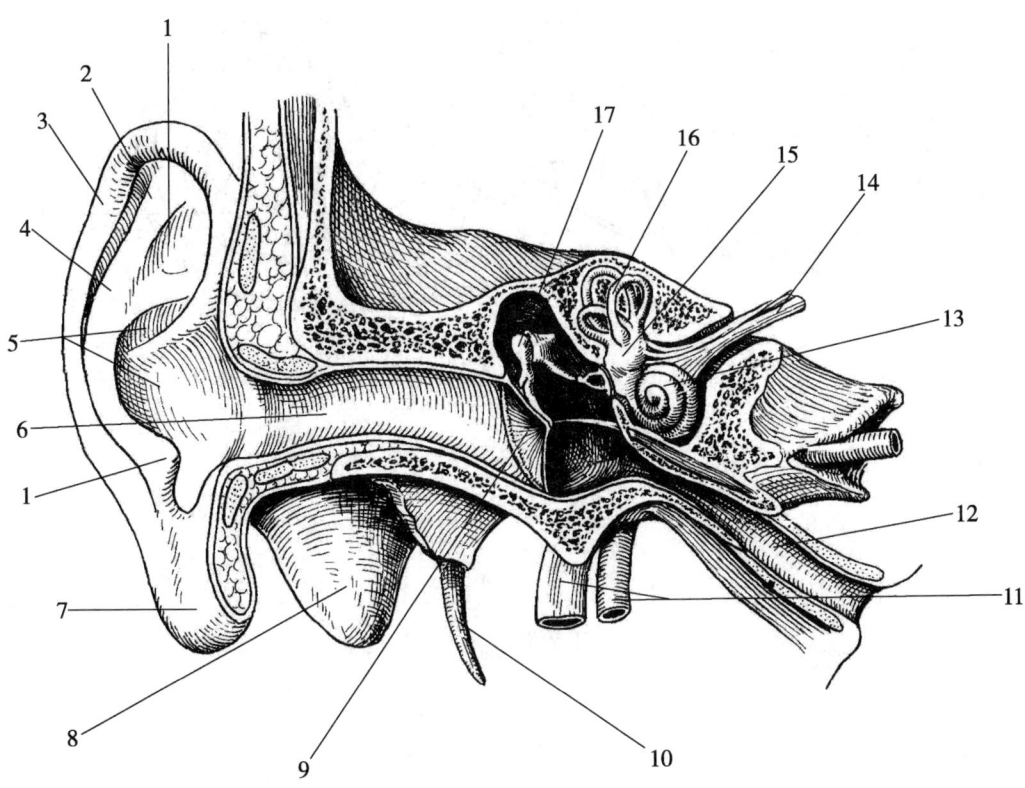

1 前庭蜗器模式图

166　实验报告（二十三）

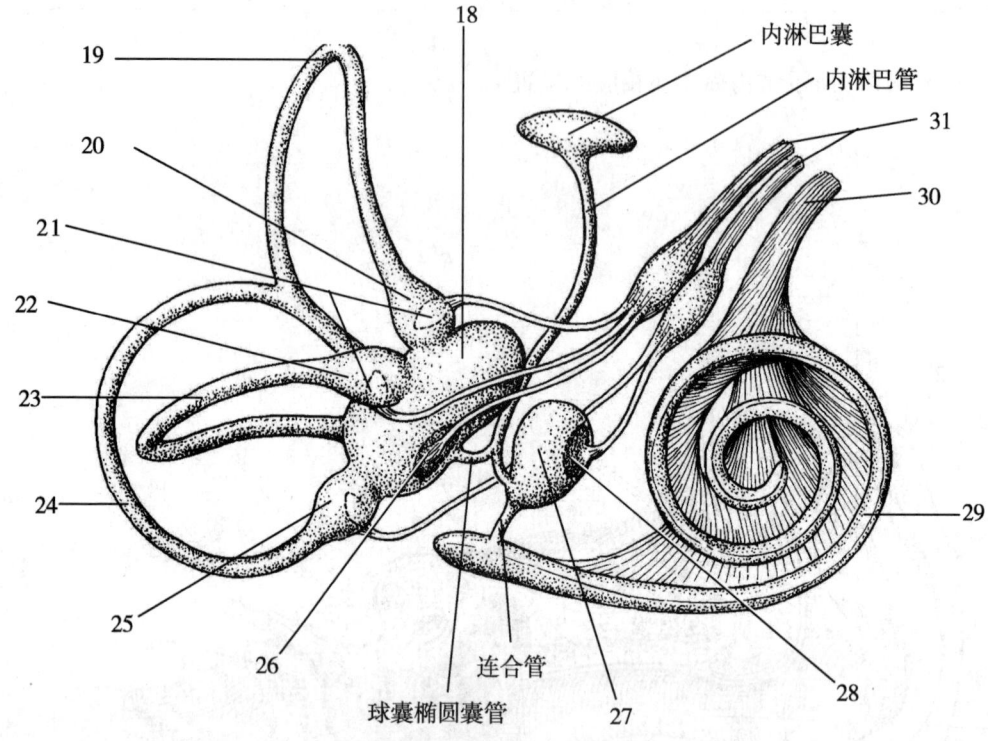

2 膜迷路

1. _____　　2. _____　　3. _____　　4. _____
5. _____　　6. _____　　7. _____　　8. _____
9. _____　　10. _____　　11. _____　　12. _____
13. _____　　14. _____　　15. _____　　16. _____
17. _____　　18. _____　　19. _____　　20. _____
21. _____　　22. _____　　23. _____　　24. _____
25. _____　　26. _____　　27. _____　　28. _____
29. _____　　30. _____　　31. _____

实验报告（二十四）

姓名_____　　年级专业_____　　班级_____

请将下图序号所示结构标注在相应的位置上

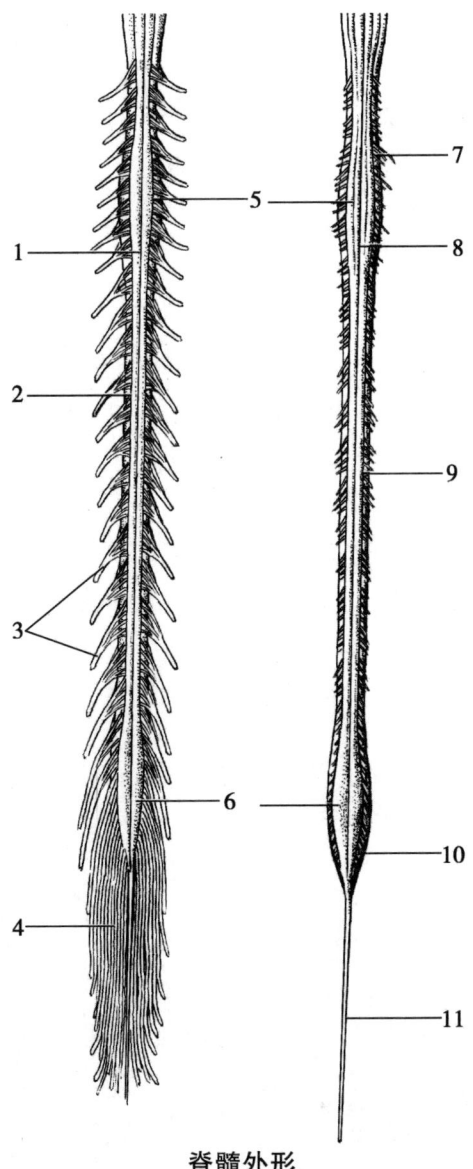

脊髓外形

1. _____　2. _____　3. _____　4. _____
5. _____　6. _____　7. _____　8. _____
9. _____　10. _____　11. _____

实验报告（二十五）

姓名_____ 年级专业_____ 班级_____

请将下图序号所示结构标注在相应的位置上

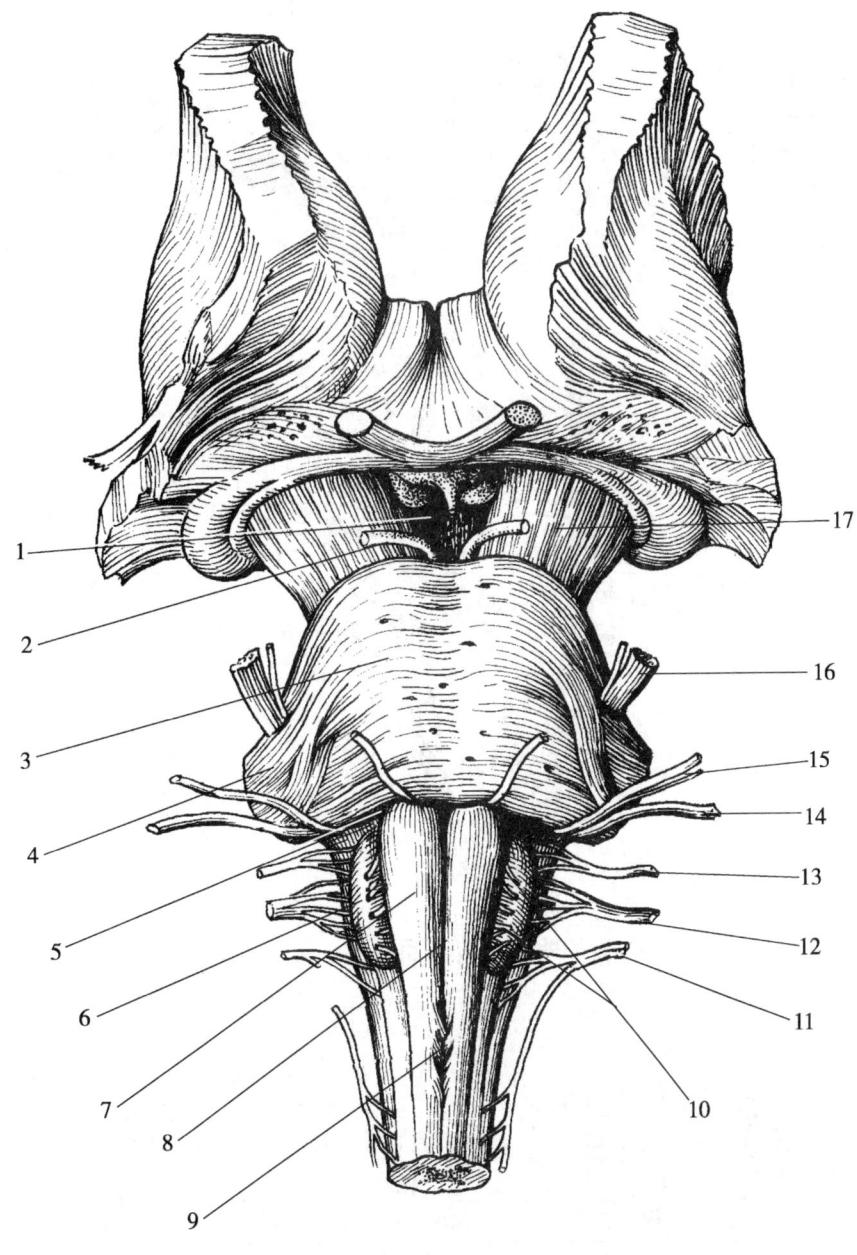

1 脑干外形（腹侧面观）

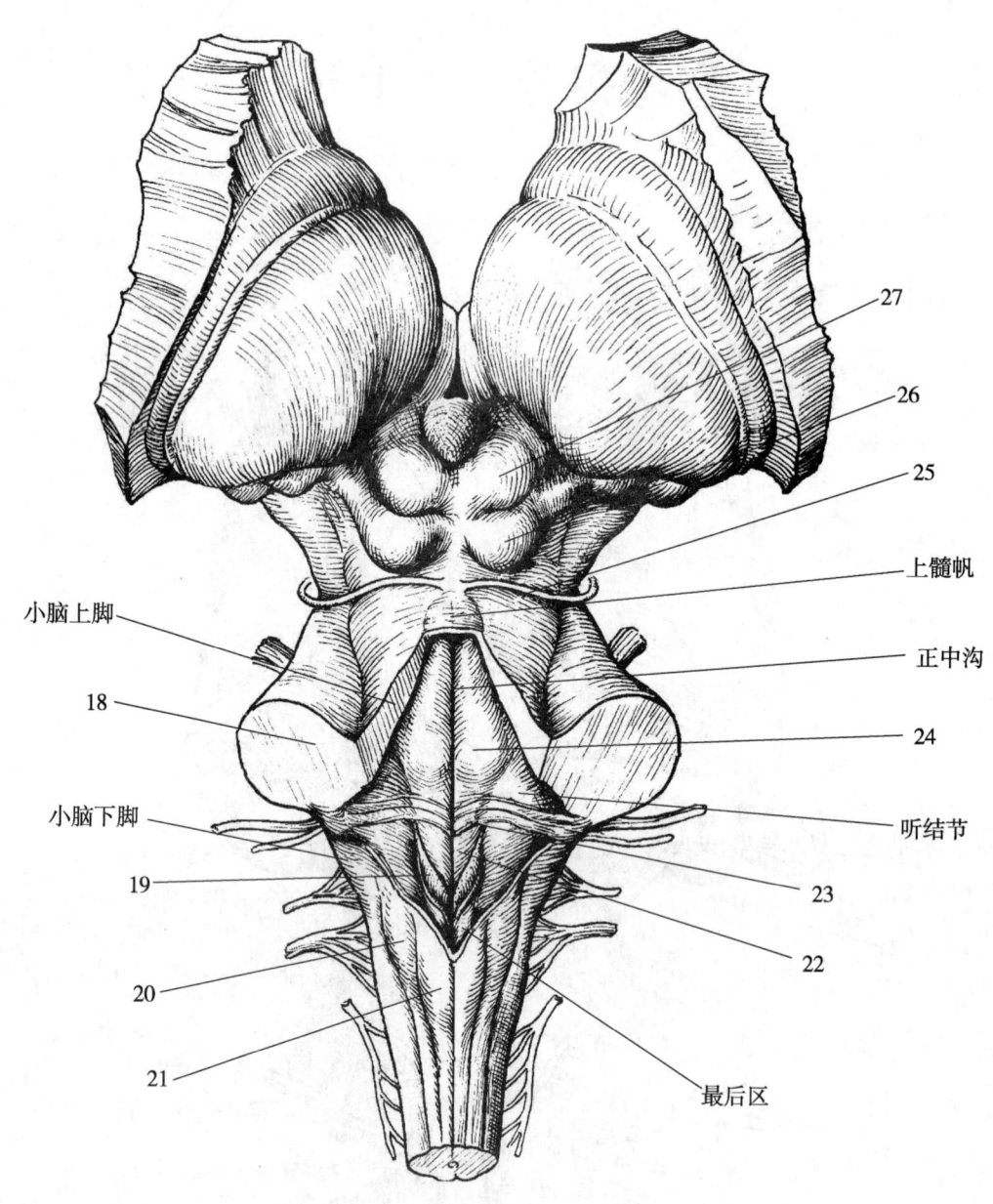

2 脑干外形（背侧面观）

1. _____ 2. _____ 3. _____ 4. _____
5. _____ 6. _____ 7. _____ 8. _____
9. _____ 10. _____ 11. _____ 12. _____
13. _____ 14. _____ 15. _____ 16. _____
17. _____ 18. _____ 19. _____ 20. _____
21. _____ 22. _____ 23. _____ 24. _____
25. _____ 26. _____ 27. _____

实验报告（二十六）

姓名_____ 年级专业_____ 班级_____

请将下图序号所示结构标注在相应的位置上

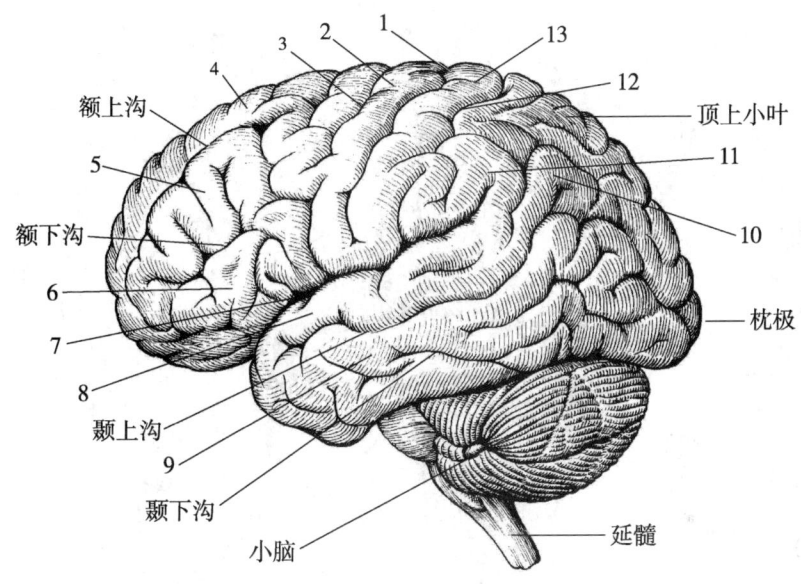

1 大脑半球的上外侧面

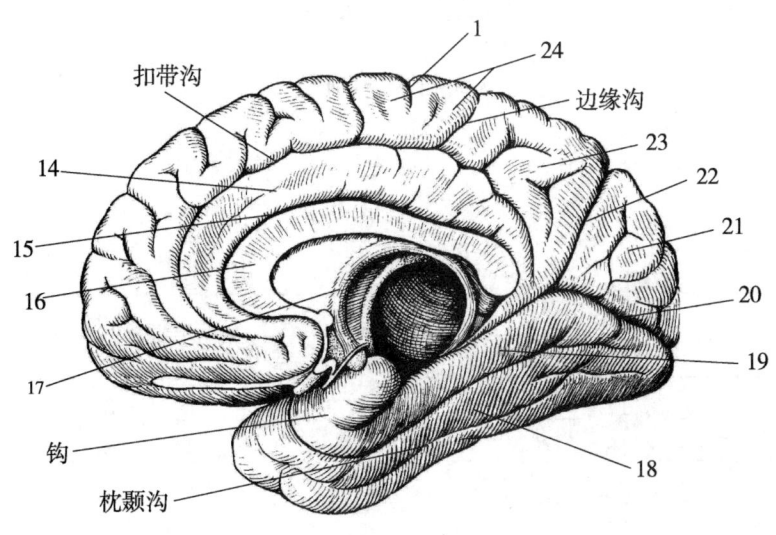

2 大脑半球的内侧面

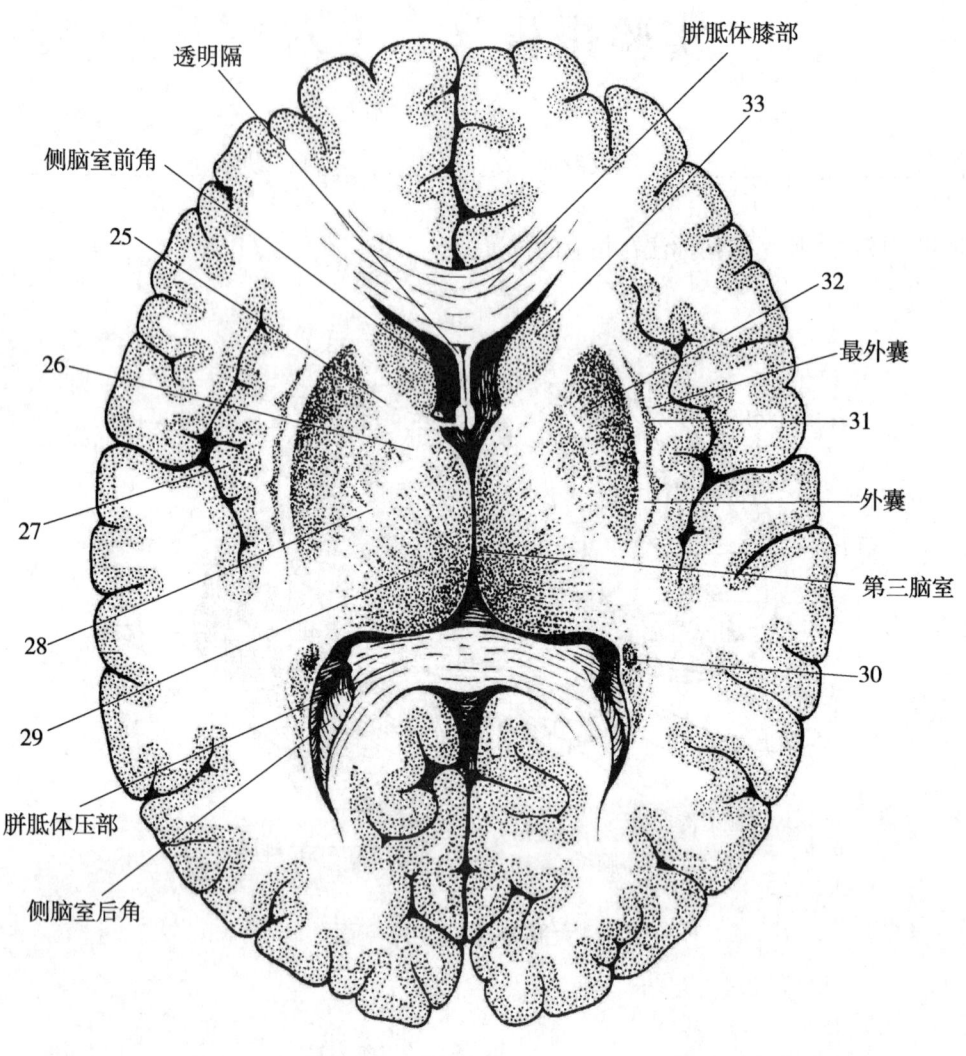

3 大脑水平切面

1. _____ 2. _____ 3. _____ 4. _____
5. _____ 6. _____ 7. _____ 8. _____
9. _____ 10. _____ 11. _____ 12. _____
13. _____ 14. _____ 15. _____ 16. _____
17. _____ 18. _____ 19. _____ 20. _____
21. _____ 22. _____ 23. _____ 24. _____
25. _____ 26. _____ 27. _____ 28. _____
29. _____ 30. _____ 31. _____ 32. _____

实验报告（二十七）

姓名_____ 年级专业_____ 班级_____

请将下图序号所示结构标注在相应的位置上

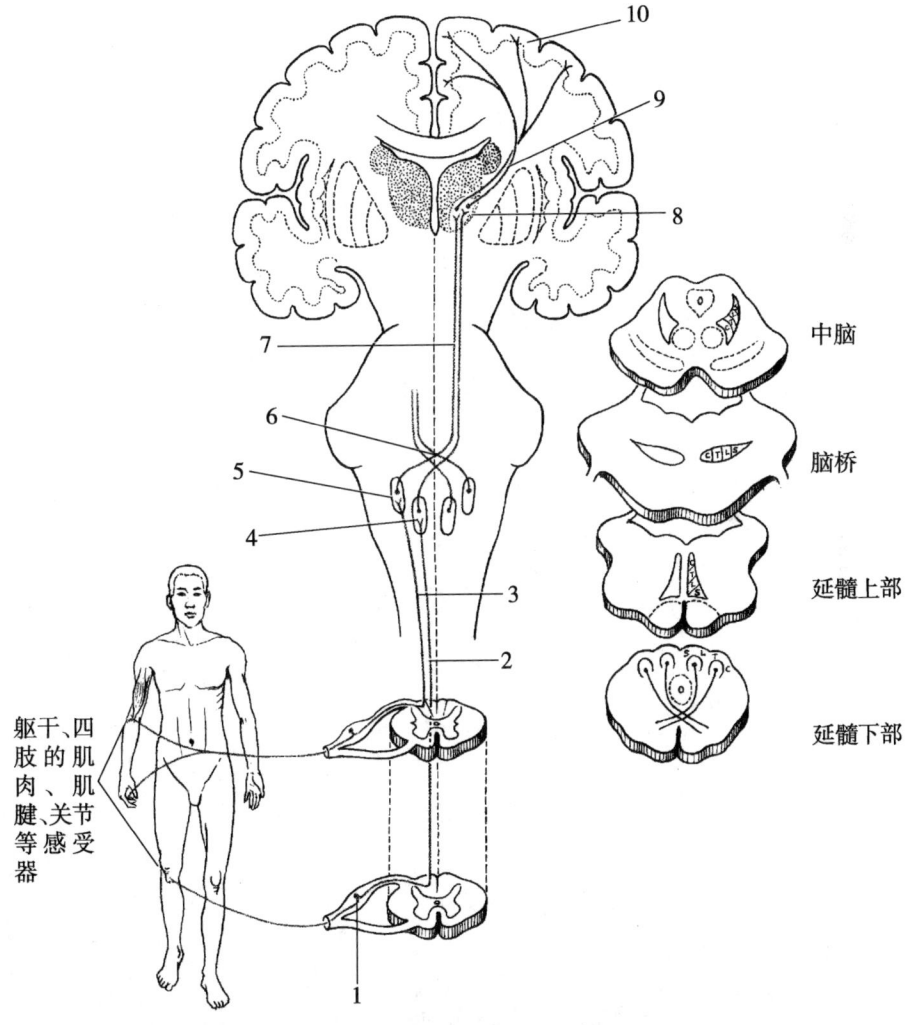

躯干、四肢的意识性本体感觉和精细触觉传导通路

1._____ 2._____ 3._____ 4._____
5._____ 6._____ 7._____ 8._____
9._____ 10._____

实验报告（二十八）

姓名_____ 年级专业_____ 班级_____

请将下图序号所示结构标注在相应的位置上

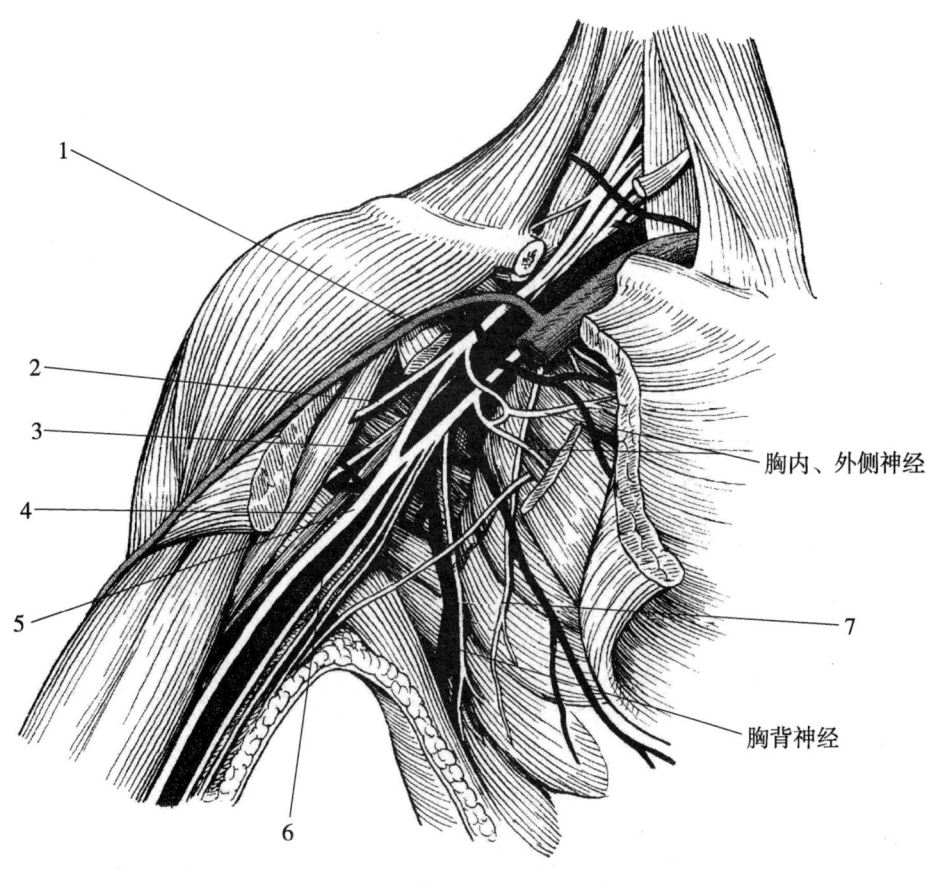

臂丛及其分支

1._____ 2._____ 3._____ 4._____
5._____ 6._____ 7._____

实验报告（二十九）

姓名_____ 年级专业_____ 班级_____

请将下图序号所示结构标注在相应的位置上

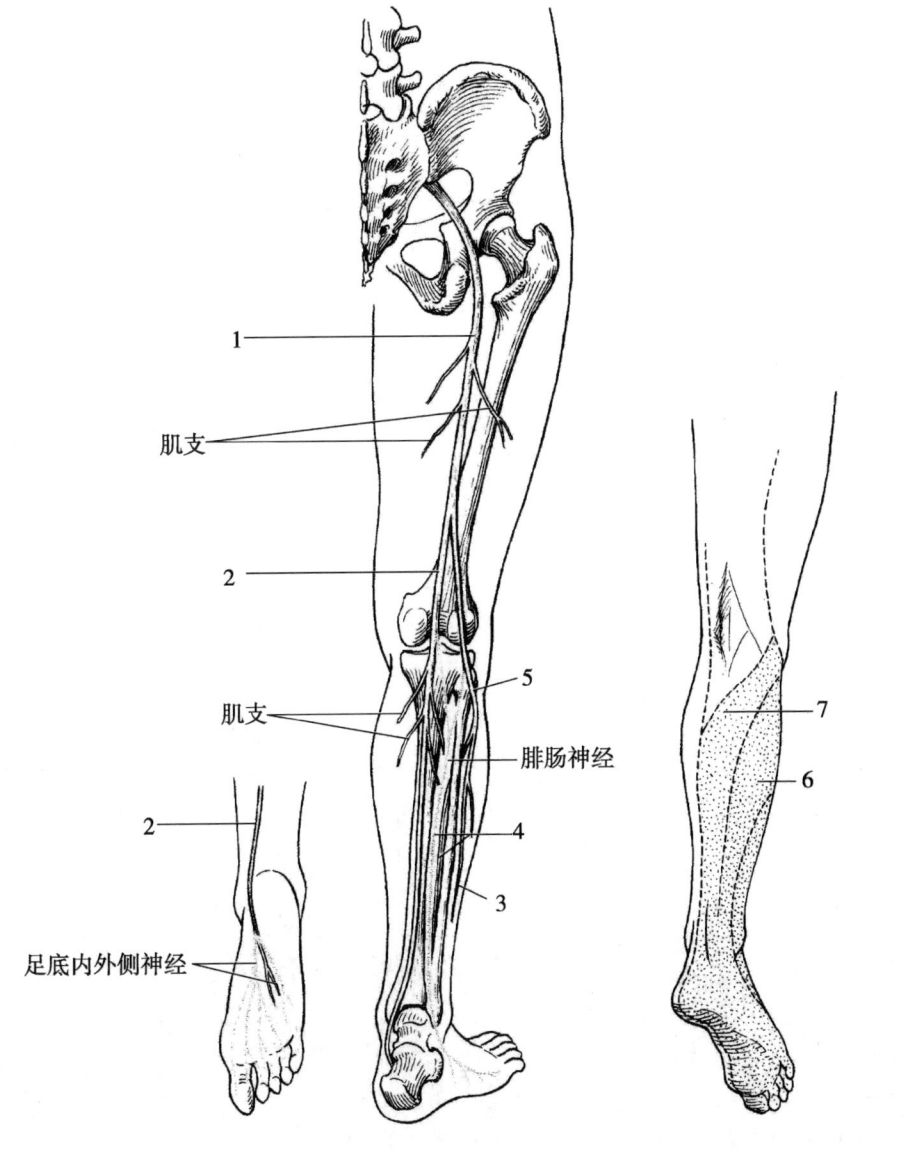

坐骨神经

1._____ 2._____ 3._____ 4._____
5._____ 6._____ 7._____

实验报告（三十）

姓名_____ 年级专业_____ 班级_____

请将下图序号所示结构标注在相应的位置上

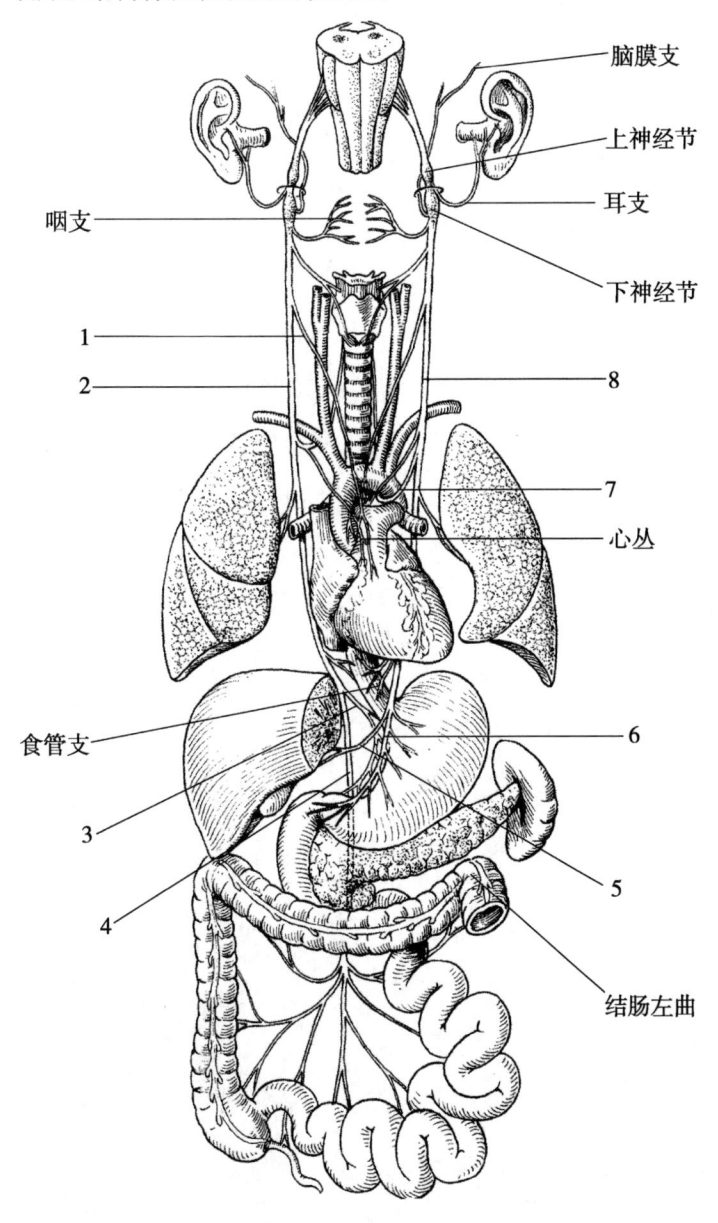

迷走神经

1._____ 2._____ 3._____ 4._____
5._____ 6._____ 7._____ 8._____

实验报告（三十一）

姓名＿＿＿＿＿＿　　年级专业＿＿＿＿＿＿　　班级＿＿＿＿＿＿

请将下图序号所示结构标注在相应的位置上

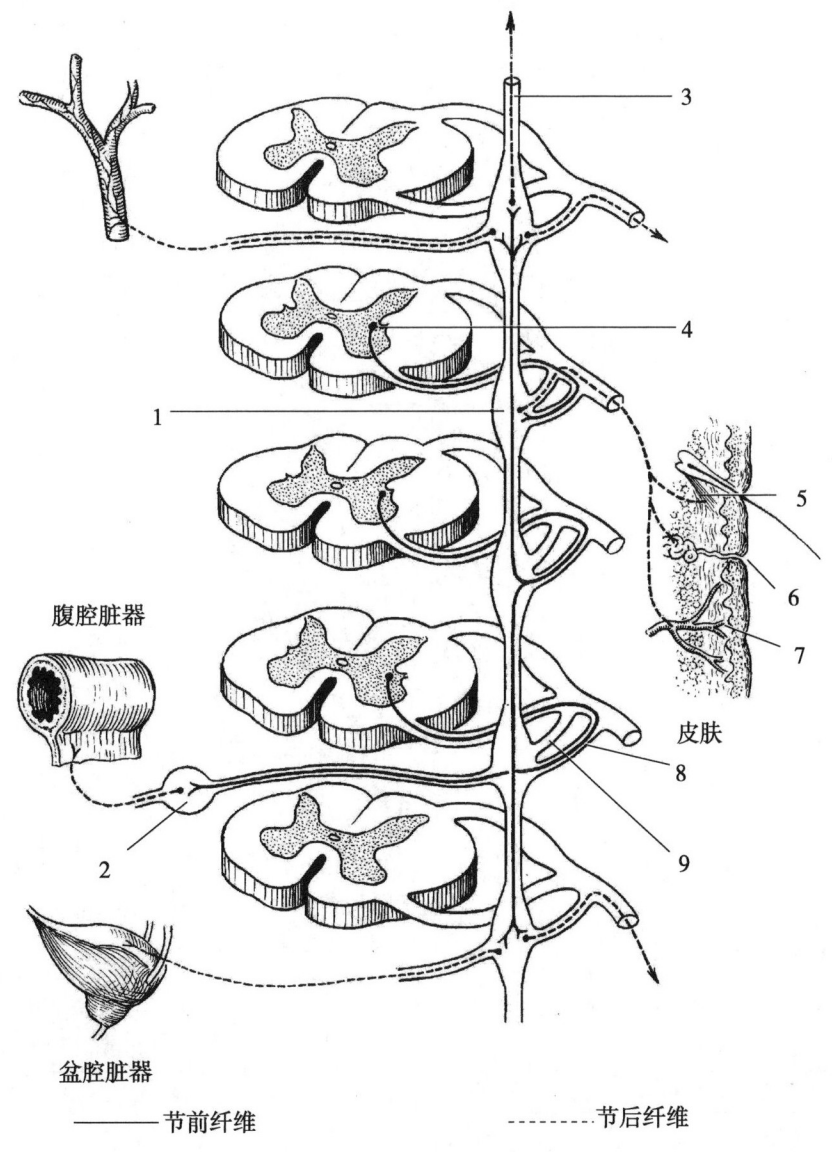

1 交感神经纤维走行模式图

182　实验报告（三十一）

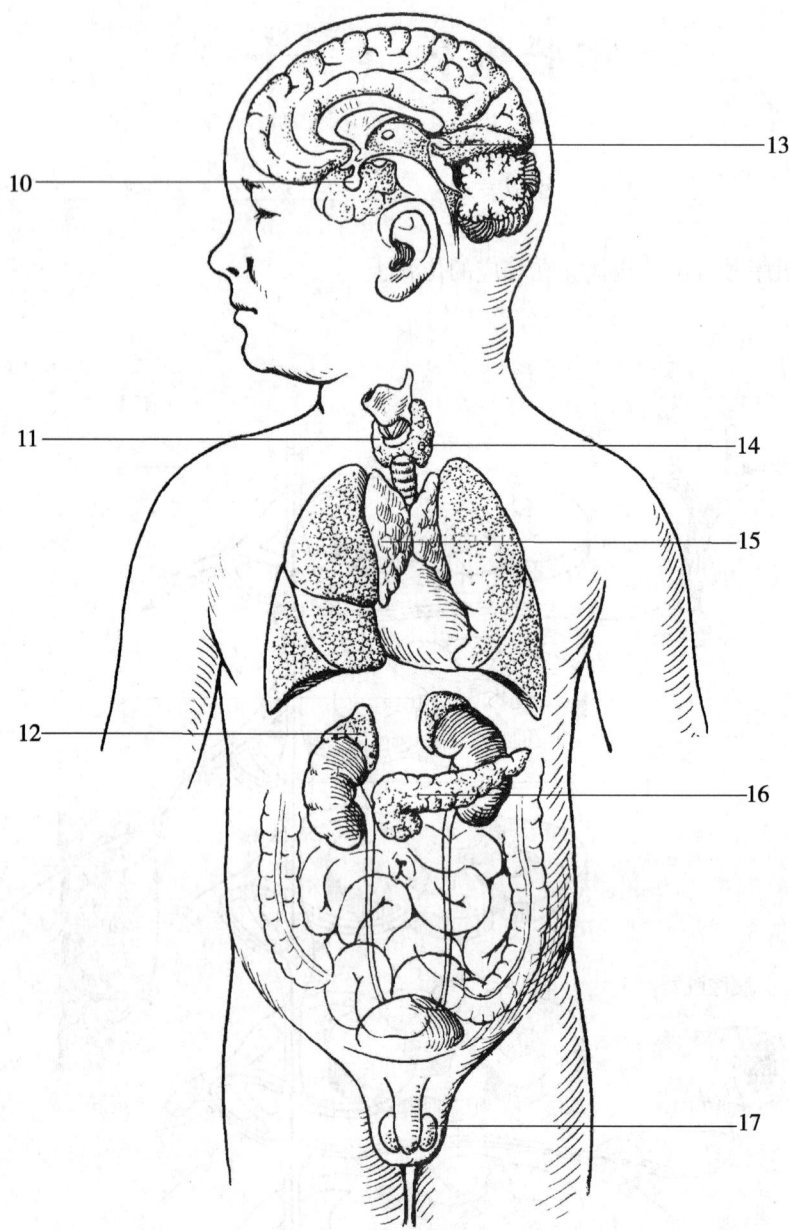

2 内分泌系统

1. _____　2. _____　3. _____　4. _____
5. _____　6. _____　7. _____　8. _____
9. _____　10. _____　11. _____　12. _____
13. _____　14. _____　15. _____　16. _____
17. _____